职业教育汽车专业技能人才培养规划教材

ZHIYE JIAOYU QICHE ZHUANYE JINENG RENCAI PEIYANG GUIHUA JIAOCAI

自动变速器构造与检修

曹翌 主编

梁精明 副主编

人民邮电出版社

北京

图书在版编目（CIP）数据

自动变速器构造与检修 / 曹翌主编. -- 北京 : 人民邮电出版社, 2014.10
职业教育汽车专业技能人才培养规划教材
ISBN 978-7-115-25969-1

Ⅰ. ①自… Ⅱ. ①曹… Ⅲ. ①汽车－自动变速装置－构造－职业教育－教材②汽车－自动变速装置－检修－职业教育－教材 Ⅳ. ①U472.41

中国版本图书馆CIP数据核字(2011)第160835号

内 容 提 要

本书共分为 8 个课题，主要内容包括自动变速器概述，液力变矩器，机械变速机构的工作原理，液压控制系统，电子控制系统，自动变速器的使用、维护和测试，自动变速器故障自诊断，自动变速器的拆装与故障维修等。本书在内容的编排上，以“适度、实用、够用”为原则，重视汽车后市场职业岗位对人才知识与能力的要求，力求与相应的行业资格标准衔接。

本书可作为职业院校汽车类相关专业的教材，也可作为广大汽车维修一线技术人员的自学参考书。

◆ 主　　编　曹　翌
　副 主 编　梁精明
　责任编辑　刘盛平
　责任印制　杨林杰

◆ 人民邮电出版社出版发行　　北京市丰台区成寿寺路 11 号
　邮编　100164　　电子邮件　315@ptpress.com.cn
　网址　http://www.ptpress.com.cn
　大厂聚鑫印刷有限责任公司印刷

◆ 开本：787×1092　1/16
　印张：13.25　　　　2014 年 10 月第 1 版
　字数：334 千字　　　2014 年 10 月河北第 1 次印刷

定价：32.00 元

读者服务热线：(010)81055256　印装质量热线：(010)81055316
反盗版热线：(010)81055315
广告经营许可证：京崇工商广字第 0021 号

前言 PREFACE

随着人们对驾驶汽车舒适性要求的提高，越来越多的轿车安装了自动变速器，而且自动变速器结构和控制技术也在不断演变，从液压式机械变速器到电控自动变速器，到手自一体化和现在 DSG 变速器技术，这些演变提高了对维修人员检测和诊断技术的要求。

自动变速器主要内容包括自动变速器的机械部分、液压控制部分和电子控制部分，作为维修人员只有详细了解这几部分，并能熟练操作，才能正确、高效地维修自动变速器。

本书共分为 8 个课题，主要包括自动变速器概述，液力变矩器，机械变速机构的工作原理，液压控制系统，电子控制系统，自动变速器的使用、维护和测试，自动变速器故障自诊断，自动变速器的拆装与故障维修等每个课题主要以本田和丰田常见的变速器为对象，详细介绍其结构、工作原理及故障诊断。本书主要目标是培养具有高级技能型人才，因此主要介绍主要零部件和操作明确注意事项，并对典型故障现象及原因进行详细分析，结合图片，易学易懂，让读者能快速掌握基本操作流程，更快地获得维修经验。

本书由广东理工职业学院曹翌任主编，广东理工职业学院梁精明任副主编。其中课题一～课题四由曹翌编写，课题五～课题八由梁精明编写。

本书是广东理工职业学院汽车专业教材编写组完成的其中一门，整个编写组编写的教材包括：《汽车发动机构造与检修》、《汽车底盘构造与检修》、《汽车电气构造与检修》、《汽车自动变速器构造与检修》、《汽车电控发动机构造与维修》、《汽车舒乐系统》等一套。编写组成员组成如下：孙志亮（组长）、曹翌、梁精明、李少江、周全、部分企业一线专家。

在编写本书过程中得到了广东理工职业学院领导和相关 4S 店技术人员的大力支持，并参考了一些汽车行业专家学者的著作资料，在此一并表示感谢。

书中有纰漏之处，敬请读者批评指正。

编　者

2014 年 8 月

目录 CONTENTS

课题一　自动变速器概述 ······ 1

1.1　自动变速器的发展与特点 ······ 1
1.2　自动变速器的分类 ······ 2
1.3　自动变速器的组成与原理 ······ 4
1.3.1　组成自动变速器的几个系统 ······ 4
1.3.2　自动变速器基本原理 ······ 5
1.4　自动变速器型号识别 ······ 6

课题二　液力变矩器 ······ 8

2.1　液力耦合器 ······ 8
2.1.1　液力耦合器组成 ······ 9
2.1.2　液力耦合器工作原理 ······ 9
2.2　液力变矩器的结构和工作原理 ······ 10
2.3　液力变矩器的性能改善 ······ 11
2.3.1　液力变矩器的性能分析 ······ 11
2.3.2　导轮增设单向离合器用以提高传动效率 ······ 12
2.3.3　采用锁止离合器提高液力变矩器高速比工况下的传动效率 ······ 14
2.4　综合式液力变矩器 ······ 15
2.5　锁止离合器 ······ 16
2.6　液力变矩器检查和故障排除 ······ 19

课题三　机械变速机构的工作原理 ······ 22

3.1　齿轮变速系统的结构与工作原理 ······ 22
3.2　行星齿轮机构在自动变速器上的应用 ······ 25
3.2.1　辛普森式行星齿轮机构 ······ 25
3.2.2　丰田 A340 自动变速器各挡动力传递路线 ······ 26
3.2.3　拉维娜式变速系统的结构与工作原理 ······ 28
3.2.4　拉维娜式行星齿轮工作方式 ······ 29
3.3　自动变速器换挡执行机构 ······ 32
3.4　平行轴式齿轮变速系统的结构与工作原理 ······ 35
3.4.1　平行轴式自动变速器的特点 ······ 35
3.4.2　本田雅阁平行轴式自动变速器 ······ 36
3.5　带传动系统组成与原理 ······ 44

课题四　液压控制系统 ······ 46

4.1　液压控制系统分类与组成 ······ 46
4.2　液压元件的结构及工作原理 ······ 48
4.2.1　液压油泵及其检修 ······ 48
4.2.2　液压控制系统的各控制阀 ······ 51
4.3　别克 4T65-E 液压控制阀体总成 ······ 56

课题五　电子控制系统 ······ 58

5.1　概述 ······ 58
5.2　电子控制装置结构与工作原理 ······ 58
5.2.1　节气门位置传感器 ······ 59
5.2.2　车速传感器 ······ 60
5.2.3　输入轴转速传感器 ······ 61
5.2.4　液压油温度传感器 ······ 62
5.2.5　电子控制装置中各种控制开关结构与工作原理 ······ 63
5.2.6　电子控制装置中各种执行器结构与工作原理 ······ 64
5.3　电子控制系统原理 ······ 66
5.4　电子控制系统（别克 4T65-E） ······ 69
5.4.1　电控控制系统结构特点 ······ 69
5.4.2　换挡控制 ······ 70

课题六　自动变速器的使用、维护和测试 ······ 74

6.1　自动变速器各挡位标识与控制开关 ······ 74

6.1.1 各挡位标识……74
6.1.2 控制开关……75
6.2 驾驶操控……76
6.3 一般性检查与调整……78
6.3.1 发动机怠速的检查……78
6.3.2 液压油品质和油面高度的检查……78
6.3.3 自动变速器液压油的更换……80
6.3.4 操纵手柄位置和节气门拉索的检查……81
6.4 道路试验……82
6.5 失速试验……84
6.6 油压试验……86
6.6.1 油压试验的准备……87
6.6.2 油压试验的内容和方法……87
6.7 延时试验……91
6.8 手动换挡试验……92
6.9 别克自动变速器 4T65-E 的维护……93
6.9.1 油液液位的检查……93
6.9.2 ATF 油液的更换……94
6.9.3 失速试验……94
6.9.4 压力检测……95
6.9.5 自动变速器的道路试验……96

课题七 自动变速器故障自诊断……100

7.1 自动变速器在检修中的注意事项……100
7.2 自动变速器基本故障诊断……101
7.3 自诊断系统……101
7.4 自动变速器故障的检测……102
7.5 自动变速器维修须知……107
7.6 自动变速器故障的自诊断与故障代码（01N）……108
7.6.1 自动变速器故障的自诊断……108
7.6.2 自动变速器自诊断流程……115
7.7 自动变速器主要电气电子元件的检测……116
7.7.1 控制单元 J217 的拆卸与安装……116
7.7.2 自动变速器控制单元的端子含义……117

课题八 自动变速器的拆装与故障维修……120

8.1 自动变速器的拆卸……120
8.2 自动变速器的总成分解……122
8.2.1 拆卸自动变速器前后壳体、油底壳及阀板……122
8.2.2 拆卸油泵总成……123
8.3 自动变速器各部件的分解……125
8.3.1 油泵的分解……125
8.3.2 离合器、制动器的分解……126
8.3.3 行星排、单向超越离合器的分解……130
8.3.4 阀板的分解……132
8.4 部件的组装……136
8.4.1 油泵的组装……136
8.4.2 离合器、制动器的装配……136
8.4.3 阀板的装配……137
8.5 自动变速器的故障诊断与排除……140

学习测试……163

工作测试……183

参考文献……203

课题一

1 自动变速器概述

学习目标

◎ 能识别自动变速器生产厂家的型号。
◎ 熟悉自动变速器的结构。
◎ 理解自动变速器的工作原理。

任务内容组成

自动变速器构造
- 了解自动变速器的分类和结构
- 掌握自动变速器型号
- 理解自动变速器的工作原理
- 理解自动变速器与手动变速器区别

1.1 自动变速器的发展与特点

变速器在汽车传动系中主要起改变转速和转矩的作用。传统的手动变速器（机械变速器，指不带液力变矩器的齿轮传动变速器）具有传动效率高、工作可靠、结构简单和价格低廉等优点，但它也存在以下缺点。

（1）不能充分利用发动机功率。

（2）换挡操作复杂，增加了行车不安全因素。

（3）换挡操作产生动载荷影响发动机和传动系的寿命。

（4）不易把握换挡的最佳时机，影响汽车的行驶性能并增加油耗。

（5）换挡操作使行车不平稳影响乘坐舒适性。

图 1-1　自动变速器、手动变速器换挡手柄的比较

自动变速器、手动变速器换挡手柄的比较如图 1-1 所示。为满足人们对安全、舒适、节油和

排放的要求，自动变速器便应运而生。1939 年美国通用汽车公司首先在其生产的奥兹莫比尔（Oldsmobile）轿车上安装了液力变矩器行星齿轮组成的液力变速器。至 20 世纪 40 年代末 50 年代初，出现了根据车速和节气门开度自动控制换挡的液力控制换挡自动变速器。到 1975 年，自动变速器在重型汽车及公共汽车上的应用已相当普及。20 世纪 70 年代末电子控制技术开始应用于汽车变速器，日本丰田汽车公司研制成功了世界上第一台电子控制变速装置，并在 1976 年实现了批量生产。目前，美国大部分的汽车装用了自动变速器，日本和西欧国家汽车自动变速器普及率也达到了 80%左右。如图 1-2 所示，国产轿车中采用自动变速器最早的车型当属第一汽车制造厂生产的红旗 CA770 型三排座高级轿车，其所装用的自动变速器在结构上与美国克莱斯勒汽车公司生产的 Power Filte 自动变速器相似，一汽大众 1998 年底在国内首家推出批量生产的装有电控自动变速器的轿车捷达 AT，该车采用德国大众原厂生产的第三代 95 型 01M 电控 4 挡自动变速器。神龙富康汽车公司亦于 1999 年初展示了其装备自动变速器的富康 988 轿车，这种电控 4 挡自动变速器由法国的雪铁龙和雷诺公司共同研制，在意大利生产，1998 年 6 月才开始应用。

（a）红旗CA770

（b）大众捷达AT

（c）神龙富康 988

图 1-2　自动变速器在国产轿车上的应用

1.2 自动变速器的分类

不同车型所装用的自动变速器在形式、结构上往往有很大的差异，下面从不同的角度对自动变速器进行分类。

1．按汽车驱动方式分类

自动变速器按照汽车驱动方式的不同，可分为后驱自动变速器和前驱自动变速器，如图 1-3 所示。这两种自动变速器在结构和布置上有很大的不同。

（a）前驱自动变速器

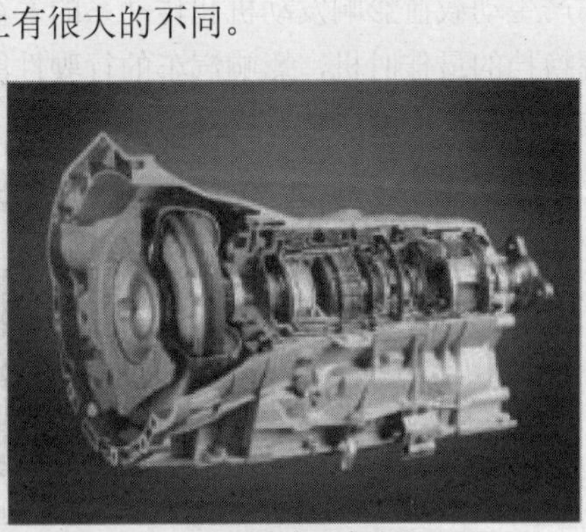
（b）后驱自动变速器

图 1-3　前驱、后驱自动变速器实物解剖图

后驱自动变速器的变扭器和齿轮变速器的输入轴及输出轴在同一轴线上，因此轴向尺寸较大；阀板总成则布置在齿轮变速器下方的油底壳内。

前驱自动变速器（又叫自动变速器驱动桥）除了具有与后驱动自动变速器相同的组成外，在自动变速器的壳体内还装有差速器和主减速器。前驱动汽车的发动机有纵置和横置两种。纵置发动机的前驱自动变速器的结构和布置与后驱自动变速器基本相同，只是在后端增加了一个差速器。

横置发动机的前驱自动变速器由于汽车横向尺寸的限制，要求有较小的轴向尺寸，因此通常将输入轴和输出轴设计成两个轴线的方式；变扭器和齿轮变速器输入轴布置在上方，输出轴则布置在下方。这样的布置减少了变速器总体的轴向尺寸，但增加了变速器的高度，因此常将阀板总成布置在变速器的侧面或上方，以保证汽车有足够的最小离地间隙。

2．按自动变速器前进挡位分类

自动变速器按前进挡的挡数的不同，可分为 2、3、4 挡 3 种。早期的自动变速器通常有 2～3 个前进挡，没有超速挡，其最高挡为直接挡。新型轿车装用的自动变速器基本上都是 4 个前进挡，即设有超速挡。这种设计虽然使自动变速器的构造更加复杂，但由于设有超速档，大大改善了汽车的燃油经济性。

3．按变矩器的类型分类

液力变矩器的类型，自动变速器大致可分为普通液力变矩器式、综合液力变矩器式和带锁止离合器的液力变矩器 3 种。普通液力变矩器是指由泵轮、导轮和涡轮 3 个元件组成的液力变矩器。综合式液力变矩器是指在导轮与固定导轮的套管之间装有单向离合器的液力变矩器，新型轿车的自动变速器普遍采用带锁止离合器的液力变矩器，如图 1-4 所示。

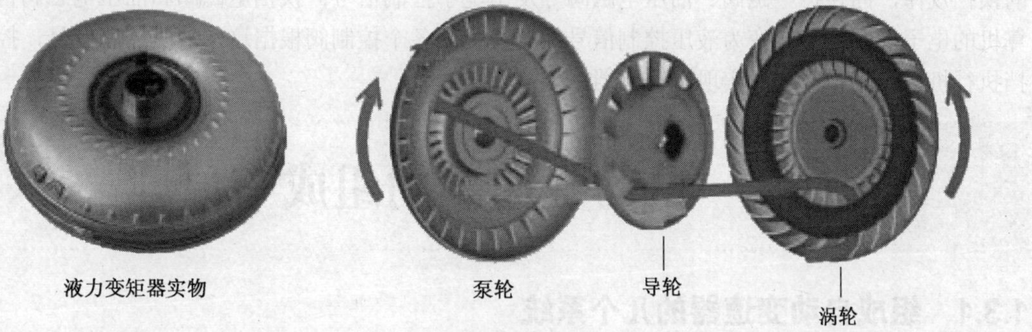

图 1-4 液力变矩器

轿车自动变速器基本上都是采用结构简单的单级三元件综合式液力变矩器。这种变矩器又分为有锁止离合器和无锁止离合器两种。早期的变矩器中没有锁止离合器，在任何工况下都是以液力的方式传递发动机动力，因此传动效率较低。新型轿车自动变速器大都采用带锁止离合器的变矩器，这样当汽车达到一定车速时，控制系统使锁止离合器接合，液力变矩器输入部分和输出部分连成一体，发动机动力以机械传递的方式直接传入齿轮变速器，从而提高了传动效率，降低了汽车的燃油消耗。

4．按传动机构的类型分类

自动变速器按其传动机构的类型不同，可分为平行轴式、行星齿轮式与钢带传动式 3 种，如图 1-5 所示。普通齿轮式自动变速器体积较大，最大传动比较小，只有少数几种车型使用，如本田 Accord。行星齿轮式自动变速器结构紧凑，能获得较大的传动比，为绝大多数轿车采用。

（a）平行轴式　　（b）行星齿轮式　　（c）钢带传动式

图 1-5　不同传动机构的自动变速器

5．按控制方式分类

自动变速器按控制方式不同，可分为液力控制自动变速器和电子控制自动变速器两种，液力控制自动变速器是通过机械的手段，将汽车行驶时的车速及节气门开度这两个参数转变为液压控制信号；阀板中的各个控制阀根据这些液压控制信号的大小，按照设定的换挡规律，通过控制换挡执行机构的动作，实现自动换挡。

电子控制自动变速器是通过各种传感器，将发动机转速、节气门开度、车速、发动机水温、自动变速器液压油温度等参数转变为电信号，并输入计算机；计算机根据这些电信号，按照设定的换挡规律，向换挡电磁阀、油压电磁阀等发出电子控制信号；换挡电磁阀和油压电磁阀再将计算机的电子控制信号转变为液压控制信号，阀板中的各个控制阀根据这些液压控制信号，控制换挡执行机构的动作，从而实现自动换挡。

1.3 自动变速器的组成与原理

1.3.1 组成自动变速器的几个系统

自动变速器主要由液力变矩器、变速机构、输油系统等几个部分组成。

（1）液力变矩器。位于自动变速器的最前端，安装在发动机的飞轮上。其作用与采用手动变速器的汽车中的离合器相似，可在一定范围内实现减速增矩，如图 1-6 所示。

图 1-6　液力变矩器

（2）变速机构。它包括传动机构和换挡执行机构。换挡执行机构可以使行星齿轮组处于不同的啮合状态，以实现不同的传动比，如图 1-7 所示。

（3）输油系统。该系统由油泵、输油管路和自动变速器油散热器组成。油泵通常安装在液力变矩器之后，由飞轮通过液力变矩壳直接驱动，为液力变矩器、控制系统及换挡执行机构的工作提供一定压力的自动变速器油。

在自动变速器的外部安装自动变速器油散热器，用于散发自动变速器油在工作过程中产生的热量。

（4）控制系统。新型汽车自动变速器的控制系统有液压式和电液式两种。液压式控制系统包括由许多控制阀组成的阀体总成以及液压管路，如图 1-8 所示。电液式控制系统除了阀体及液压管路之外，还包括计算机、传感器、执行器及控制电路等。

（a）行星齿轮式　（b）平行轴式　（c）钢带传动式

图 1-7　变速机构形式

图 1-8　自动变速器的阀体总成

1.3.2　自动变速器基本原理

在液力自动变速器中（见图 1-9），液压控制装置根据节气门（油门）开度和变速器输出轴上速控阀输送来的液压信号控制升降挡。根据节气门开度变化，液压控制装置中的调节阀产生与加速踏板踏下量成正比的液压，该液压作为节气门开度“信号”加到液压控制装置；另外，有装配在输出轴上的速控液压阀可产生与转速（车速）成正比的液压，作为车速“信号”加到液压控制装置。因此，就有节气门开度“信号”和车速“信号”，液压控制装置根据这两个“信号”自动调节变速器油量，从而控制换挡时机。也就是说在汽车驾驶中，驾驶员踏下加速踏板（油门踏板），控制节气门开度和汽车的行驶速度（变速器输出轴转速），就能自动控制变速器内的液压控制装置，液压控制装置会利用液力去控制传动系统的离合器和制动器，以改变行星齿轮的传动状态。自动变速器的核心控制装置是液压控制装置，液压控制装置由油泵、阀体、离合器、制动器以及连接所有这些部件的液体通路所组成。关键部件是阀体，因此它是自动变速器的控制中心。阀体的作用是根据发动机和底盘传动系的负载状况（节气门开度和输出轴转速），对油泵输出到各执行机构的油压加以控制，以控制液力变矩器，控制执行元件（各离合器和制动器）的结合与分离实现自动换挡。

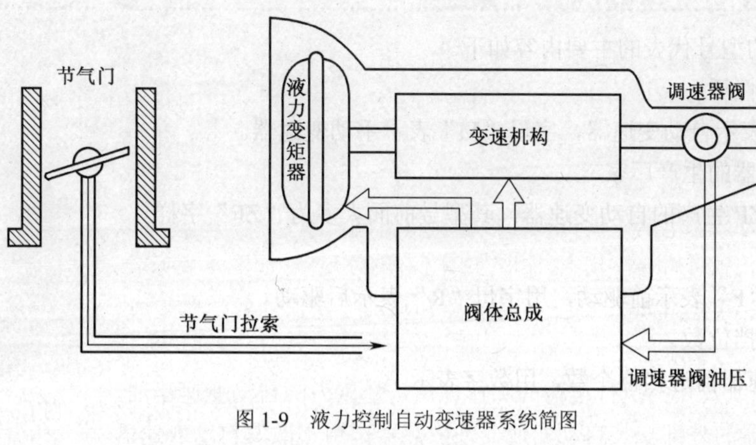

图 1-9　液力控制自动变速器系统简图

以上是自动变速器的基本控制形式，如果是电子控制自动变速器，就要在上述基础上增加电磁阀，ECU（电控单元）借助电磁阀控制自动变速器工作过程。ECU 输入电路接受传感器和其他装置输入的信号，对信号进行过滤处理和放大，然后转换成电信号驱动被控的电磁阀工作。因此，电子控制自动变速器就要增加节气门位置传感器、车速传感器、水温传感器、液压温度传感器、发动机转速传感器、挡位开关、制动灯开关等数字信号汇入 ECU，从而使得 ECU 精确控制电磁阀，使换挡和锁止时间准确，令汽车运行更加平稳和节省燃油。

电控液力控制自动变速器系统简图如图 1-10 所示。

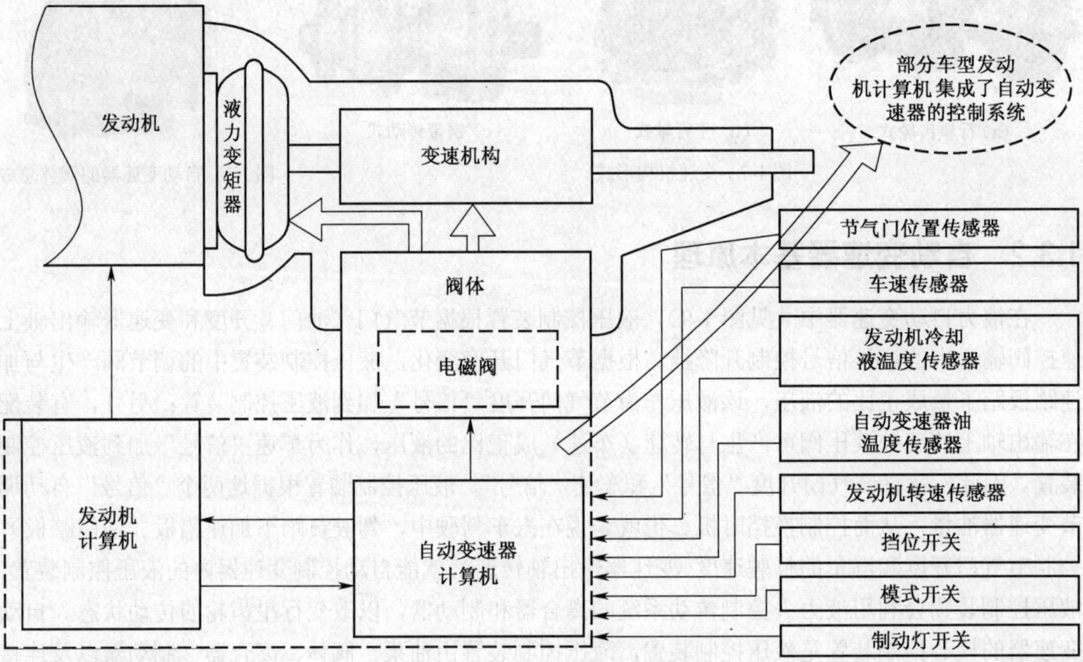

图 1-10 电控液力自动变速器系统简图

1.4 自动变速器型号识别

自动变速器的型号代表的主要内容如下。

1．变速器的性质

字母“A”，表示自动变速器，字母“M”表示手动变速器。

2．自动变速器的生产厂家

例如，德国 ZF 生产的自动变速器，其型号前面大多为“ZF”字样。

3．驱动方式

一般用字母“F”表示前驱动，用字母“R”表示后驱动。

4．前进变速挡位数

表示自动变速器前进挡位个数，用数字表示。

5．控制类型

主要说明变速器是电控、液控，还是电液控制，电控一般用字母“E”表示，液控一般用“L”

表示，电液控制用“EH”表示。

6．改进序号

自动变速器在原变速器基础上改进的顺序号。

7．额定驱动转矩

在通用、宝马等公司的自动变速器型号中有此参数。

下面将几个主要公司的自动变速器具体型号含义举例说明如下。

（1）宝马 ZF4HP22EH。德国 ZF 公司生产，前进挡位数为 4。控制类型“H”代表液压控制，齿轮类型“P”代表行星齿轮，额定转矩 22N·m。末尾的“EH”表示电液控制类型，如图 1-11 所示。

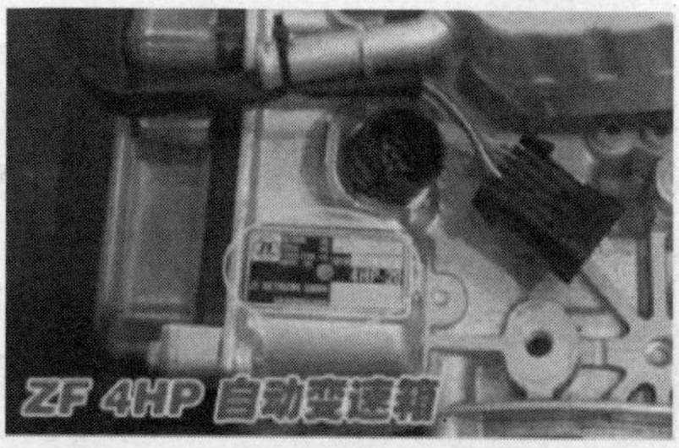

图 1-11　ZF4HP 自动变速器型号标记

（2）通用公司自动变速器型号。该公司自动变速器的型号主要有 4T60E、4L60E 等。第 1 位阿拉伯数字表示前进挡的个数，“4”表示有 4 个前进挡。第 2 位字母表示驱动方式，“T”表示自动变速器横置（Transverse）；“L”表示后置后驱动。第 3 位、第 4 位数字表示看自动变速器的额定驱动转矩。第 5 位字母表示控制类型，“E”表示电子控制。

（3）丰田公司自动变速器型号。丰田自动变速器的型号分为两大类：一类为型号中除字母外有两位阿拉伯数字，另一类为型号中除字母外有 3 位阿拉伯数字。

型号中有两位阿拉伯数字的自动变速器，如 A40、A41、A55、A55F、A40D、A42DL、A43DL、A44DL、A45DL、A45DF、A43D 等。字母“A”代表自动变速器。若左起第 1 位阿拉伯数字分别为“1”、“2”、“5”，则表示该自动变速器为前驱动车辆用，即自动变速器内含主减速器与差速器。若左起第 1 位阿拉伯数字分别为“3”、“4”，则表示该自动变速器为后驱动车辆用。左起第 2 位阿拉伯数字代表生产序号。数字后附字母的含义分别为：“H”或“F”表示该自动变速器用于四轮驱动车辆；“D”表示该自动变速器有超速档；“L”表示该自动变速器有锁止离合器；“E”表示该自动变速器为电控式，同时带有锁止离合器；若无“E”则表示为全液压控制自动变速器。

型号中有 3 位阿拉伯数字的自动变速器，如 A130L、A131（L）、A132（L）、A140L、A240L、A241L、A243L、A440L、A440F、A442F、A340E、A340H、A340F、A341F、A140E、A141E、A240E、A241E、A54E、A540H 等。左起第 1 个字母“A”表示自动变速器，左起第 1 位阿拉伯数字以及后附字母的解释同上。左起第 2 位阿拉伯数字代表该自动变速器前进挡的个数。左起第 3 位阿拉伯数字代表生产序号。

课题二 2 液力变矩器

学习目标

◎ 熟悉（解剖件）液力变矩器各组成零件。
◎ 会拆装综合式液力变矩器（解剖件）。
◎ 熟悉液力变矩器的工作原理。
◎ 能完成单向离合器的检查。
◎ 能完成驱动盘偏摆的测试和齿圈检查。
◎ 能完成变矩器轴套偏摆的测量。

任务内容组成

变矩器安装在发动机的飞轮上，利用工作油液将发动机的转矩传递给自动变速器中的齿轮变速机构，具有降低转速增加转矩和自动变速的功能。新型汽车自动变速器中所用的综合式液力变矩器，综合了液力耦合器和液力变矩器的优点。

2.1 液力耦合器

液力变矩器是从液力耦合器（见图 2-1）发展而来，叶轮与外壳刚性连接且与曲轴一起旋转，为耦合器的主动元件，称为泵轮。与从动轴相连的叶轮，为耦合器的从动元件，称为涡轮。泵轮与涡轮统称为工作轮。泵轮与涡轮装合后，通过轴线的纵断面呈环形，称为循环圆。在环状壳体中储有工作油液。

图 2-1　液力耦合器

传动原理：发动机的动能通过泵轮传给工作油液，工作油液在循环流动的过程中又将动能传给涡轮输出。工作油液在循环流动的过程中，除了与泵轮和涡轮之间的作用力之外，没有受到其他任何附加的外力。根据作用与反作用力相等的原理，工作油液作用在涡轮上的转矩应等于泵轮作用在工作油液上的转矩，即，发动机传给泵轮的转矩与涡轮上输出的转矩相等。

涡轮与泵轮的转速差越大，传动比越小，传动效率就越低；反之，传动效率就越高。

2.1.1 液力耦合器组成

液力耦合器主要由泵轮、涡轮以及壳体组成，如图 2-2 所示。

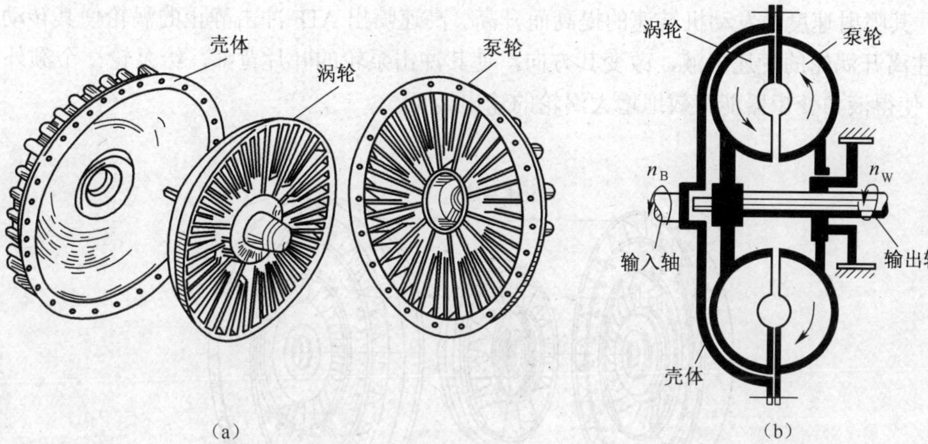

图 2-2 液力耦合器组成及工作原理示意图

2.1.2 液力耦合器工作原理

液力耦合器的工作原理可用两个对置的电风扇来描述（见图 2-3），当一台接通电源的电风扇（相当于泵轮）旋转时，产生的气流可以吹动不接电源的电风扇转动。只是耦合器中对置的泵轮与涡轮之间使用的是液体，而不是空气。即当曲轴驱动泵轮转动时，带动泵轮中的工作风扇（相当于涡轮）使其旋转液回转。随着泵轮转速升高，离心力使工作液沿着泵轮叶片表面从泵轮中心开始向外侧喷出，将工作液喷射到涡轮的叶片上，驱使涡轮转动，将动力传递至变速器输入轴。

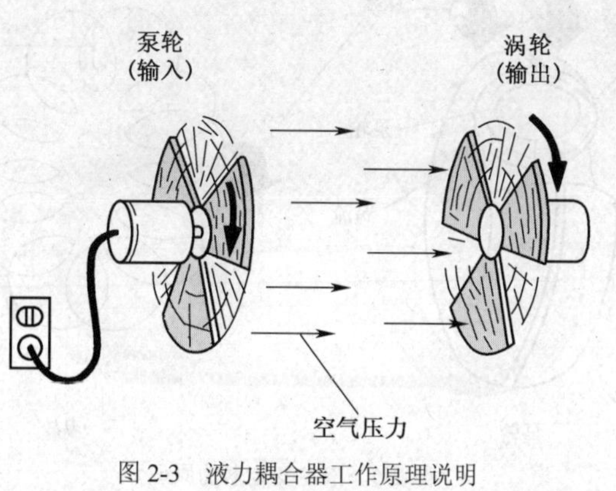

图 2-3 液力耦合器工作原理说明

2.2 液力变矩器的结构和工作原理

液力变矩器（见图 2-4）主要由泵轮、涡轮和导轮组成。导轮位于泵轮和涡轮之间，并与泵轮和涡轮保持一定的轴向间隙，通过导轮固定套固定于变速器壳体上。

导轮的作用是改变涡轮上的输出转矩。

液力变矩器的泵轮、涡轮和导轮安装在完全充满变速器液（ATF）的密封变矩器壳体内，壳体通过驱动盘与曲轴相连。当发动机运转时，将带动泵轮一同旋转，泵轮内的 ATF 依靠离心力向外喷出，其喷射速度随发动机转速的提高而升高。高速喷出 ATF 冲击静止的涡轮使其转动。导轮叶片截住离开涡轮的变速器液，改变其方向，使其冲击泵轮的叶片背部，给泵轮一个额外的“助推力”，使得液力变矩器能有效地增大涡轮的输出转矩。

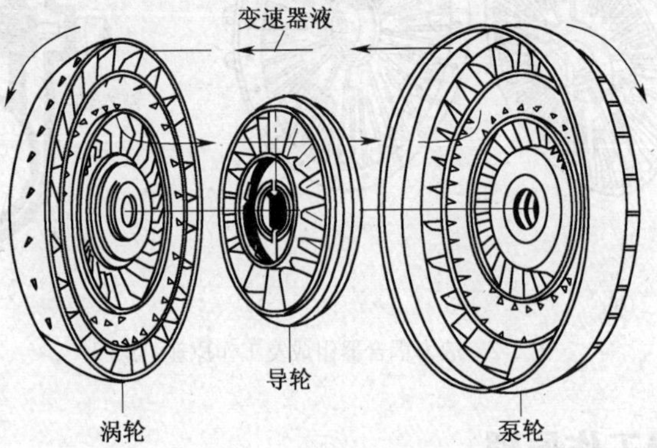

图 2-4 液力变矩器

液力变矩器的原理就像给两个对置的电风扇添加了一个空气管道（见图 2-5），空气通过空气道从没有电源的电风扇回流到有电源的电风扇，从而增加了有电源电风扇吹出的气流。导轮就起到了这种空气管道的作用，增加了从泵轮流出 ATF 的动能。实际上 ATF 以循环的方式流过液力变矩器，在其内部形成一条首尾相接的环行螺旋流线，如图 2-6 所示。

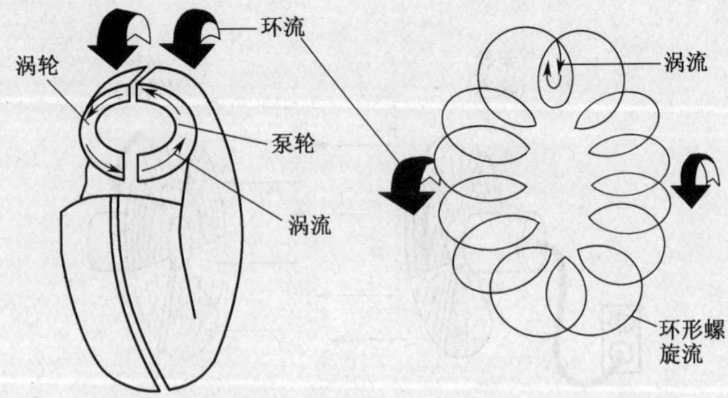

（a） （b）

图 2-5 液力变矩器的原理

由上可知，泵轮将发动机的机械能转变为 ATF 的动能，涡轮将 ATF 的动能转变为涡轮轴上的机械能，而导轮改变 ATF 的流动方向，从而达到增矩的作用。

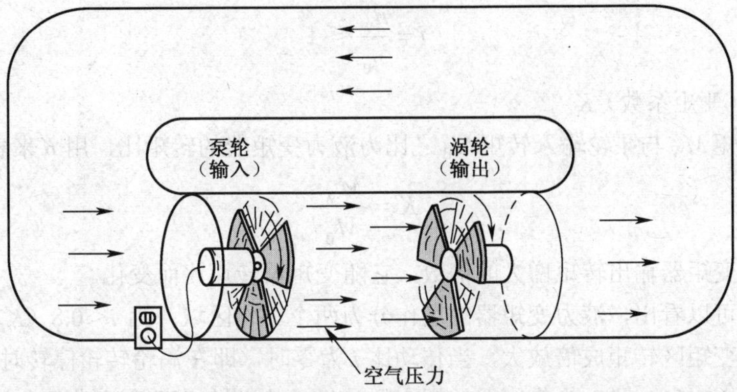

图 2-6　循环的方式流过液力变矩器

2.3 液力变矩器的性能改善

2.3.1 液力变矩器的性能分析

液力变矩器的性能一般用其特性曲线来描述。液力变矩器的特性曲线反映的是当发动机转速和转矩一定（即泵轮转速 n_B 和转矩 M_B 一定）时，液力变矩器的转矩比（K）、转速比（i）和传动效率（η）三者之间的变化关系，图 2-7 所示为车用液力变矩器的特性曲线。

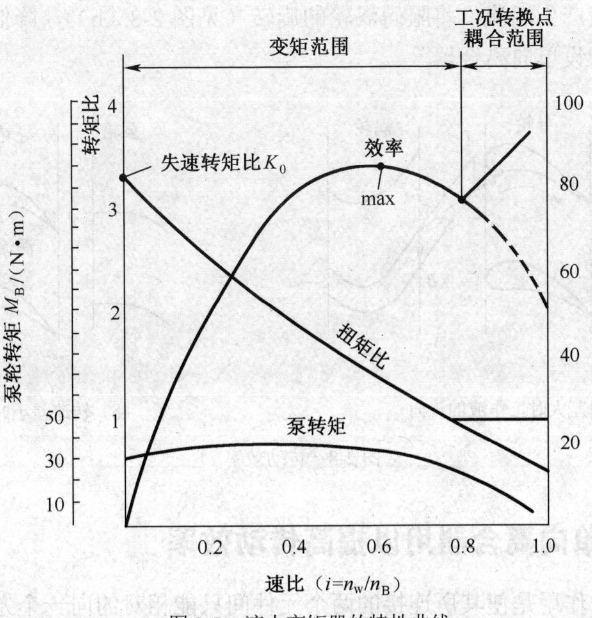

图 2-7　液力变矩器的特性曲线

1．转速比（速比）i

涡轮转速 n_W 与泵轮转速 n_B 之比为液力变矩器的速比，一般以 i 来表示，即速比说明液力变矩器输出转速降低的倍数，用来描述变矩器的工况。

$$i = \frac{n_W}{n_B} \leqslant 1$$

2．转矩比（变矩系数）K

涡轮输出转矩 M_W 与泵轮输入转矩 M_B 之比为液力变矩器的转矩比，用 K 来表示，即

$$K = \frac{M_W}{M_B}$$

转矩比说明变矩器输出转矩增大的倍数，它随变矩器转速比而变化。

从图 2-7 中可以看出，液力变矩器的运作分为两个工作区域：当 $i<0.8$（$K>1$）时，为变矩器的变矩区，在变矩区转矩成倍放大，当传动比 i 为零时，即在涡轮转轮停转时，转矩比 K 达到最大；当 $i\geqslant 0.8$（$K\leqslant 1$）时，为变矩器的耦合区，只是传送转矩而并无转矩放大。K=1 的速比点是这两个区域的转换点，亦称为"耦合点"。

3．传动效率 η

涡轮输出功率与泵轮输入功率之比为变矩器的传动效率，用 η 表示，即传动效率说明变矩器输出轴上所获得的功率比输入功率小的倍数。液力变矩器的传动效率是随传动比而变化的抛物线，其最高效率 η_{max} 在 i=0.6 时获得，一般约为 80%～86%。

若液力变矩器中的导轮在工作时始终固定，则自耦合点起在大速比的耦合范围内，转矩比曲线变成 $K<1$，且传动效率急剧下降（见图 2-7 中的虚线）。这是由于固定不动的导轮，在速比较小的范围内，能起到增大转矩的作用，因为此时由循环流动的速度 A 和圆周流动的速度 B 所合成工作液按速度 C 流向导轮前部，经固定不动的导轮后改变了液流方向冲向泵轮的背面（见图 2-8（a）），产生增矩作用。但在速比较大的工作范围内，工作液的合成速度 C 将流向导轮的背面，固定不动的导轮使工作液产生涡流，将阻碍涡轮的旋转（见图 2-8（b）），降低其传动效率。其解决的办法就是在导轮上增设单向离合器。

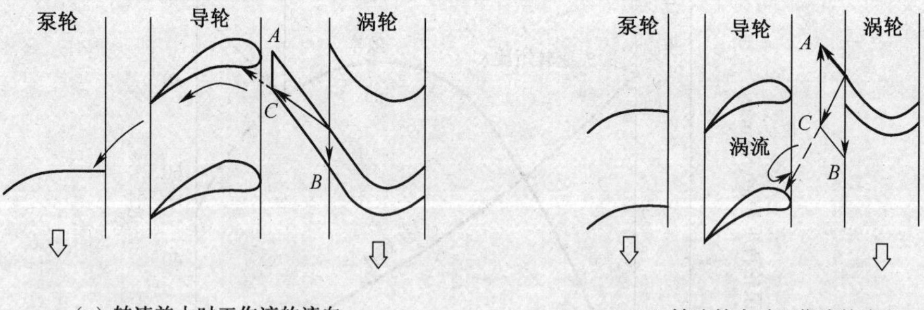

（a）转速差大时工作液的流向　　（b）转速差小时工作液的流向

图 2-8　传动效率

2.3.2　导轮增设单向离合器用以提高传动效率

导轮单向离合器的作用是使其所连接的两个元件间只能相对的向一个方向转动，而无法朝相反方向转动，即它按受力关系不同，自动地实现锁定不动或分离自由旋转两种状态。其常见的结

构形式有楔块式（见图 2-9）和滚柱式（见图 2-10）两种。

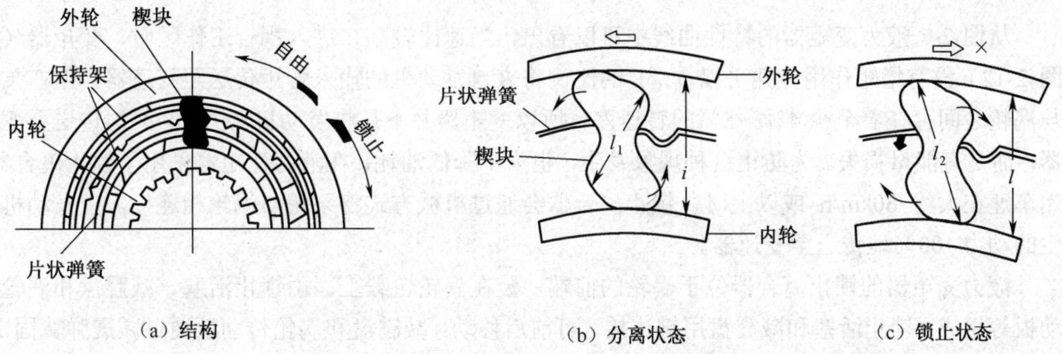

图 2-9　楔块式单向离合器的结构和工作原理

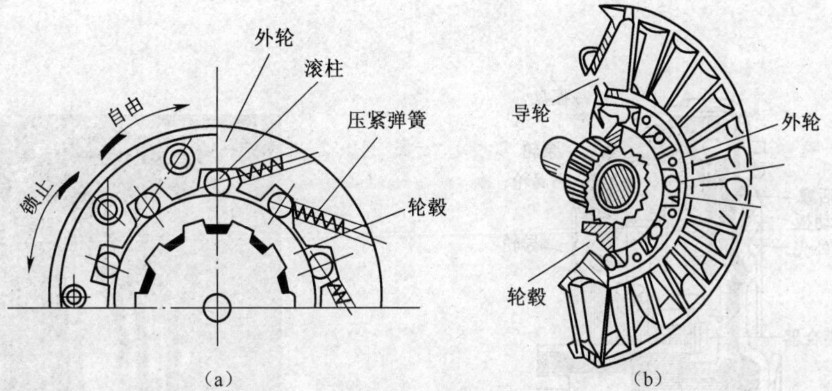

图 2-10　滚柱式单向离合器

设置单向离合器后，当速比较小，泵轮与涡轮转速差较大时，沿涡轮叶片流动的工作液速度（涡流速度）A 亦大，速度 A 在涡轮旋转速度（环流速度）B 的影响下方向发生偏移，工作液实际上按速度 C 的方向流向导轮，冲击导轮叶片的正面，使导轮与泵轮有反向转动趋势，但由于导轮被单向离合器锁住不转动。因此液体经固定导轮的叶片使流向改变，冲击到泵轮的背面，增强泵轮转动，产生增矩作用（见图 2-11（a））。

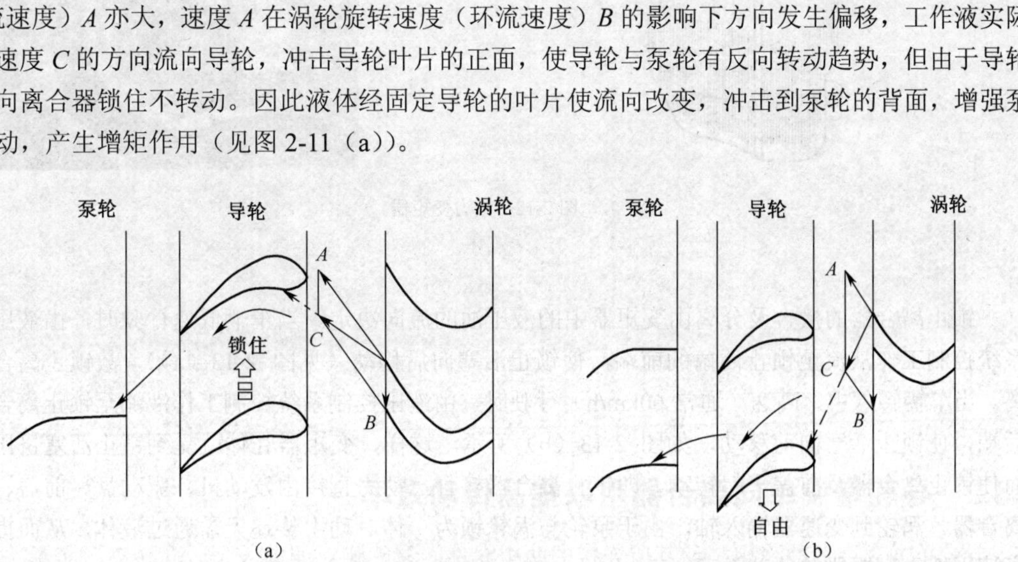

图 2-11　导轮增设单向离合器用以提高传动效率

2.3.3 采用锁止离合器提高液力变矩器高速比工况下的传动效率

从图 2-7 液力变矩器的特性曲线中可以看出，当速比较高，进入耦合工作区时，变矩器（见图 2-12）没有增矩作用，几乎以 1∶1 的比例将来自发动机的输入转矩传送至变速器。但在泵轮与涡轮之间存在着至少 4%～5%的转速差。所以变矩器并不是将发动机动力 100%地传送至变速器，而是有能量损失。为防止这种现象发生，也为了降低油耗，在液力变矩器采用了锁止离合器。当车速在大约 60km/h 或以上时，锁止离合器会通过机械方式将泵轮与涡轮相连接，使发动机产生的动力 100%地传送至变速器。

液力变矩器的锁止离合器位于涡轮的前端，装在涡轮轮毂上。由锁止活塞、减震盘和涡轮传动板等组成。锁止活塞和减震盘用键连接，可前后移动；减震盘和涡轮传动板通过减震弹簧固定，能衰减在离合器接合时的扭转振动；在变矩器壳体或变矩器锁止活塞上粘有一种摩擦材料，用以防止离合器接合时打滑。

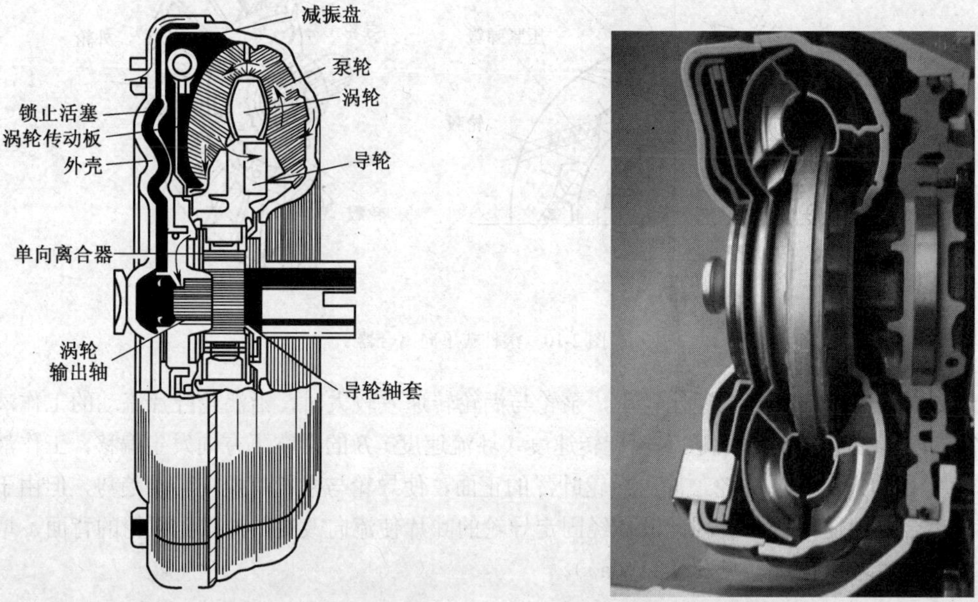

图 2-12 液力变矩器

锁止离合器的接合及分离由变矩器中的液压油的流向决定。当车辆低速行驶时，由液压控制系统控制工作液流至锁止活塞的前端，使锁止活塞向后移动（见图 2-13（a）），故锁止离合器分离。当车辆转入中、高速（通常 60km/h）行驶时，由液压控制系统控制工作液流至锁止离合器的后端，使锁止活塞向前移动，如图 2-13（b）所示。这样，变矩器壳体就受到锁止活塞挤压，从而使锁止离合器及前盖一起转动，即锁止离合器接合，动力直接由发动机、驱动盘、前盖、锁止离合器、涡轮到变速器输入轴。由于泵轮与涡轮锁为一体，动力传递无需通过液体，从而提高了高速下液力变矩器的传动效率。

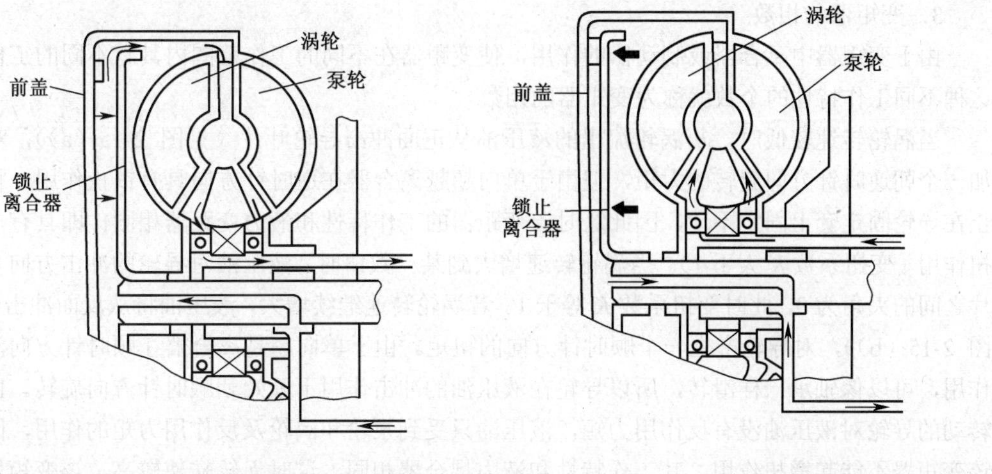

（a）锁止离合器分离　　（b）锁止离合器结合

图 2-13　锁止离合器

2.4 综合式液力变矩器

在导轮与导轮固定套之间装有单向离合器的液力变矩称为综合式液力变矩器。单向离合器使导轮可以朝顺时针方向旋转（从发动机前面看），但不能朝逆时针方向旋转。

综合式液力变矩器（见图 2-14）在发展过程中曾出现过许多很复杂的类型，这些类型可以用变矩器的元件数、级数和相数来表示。

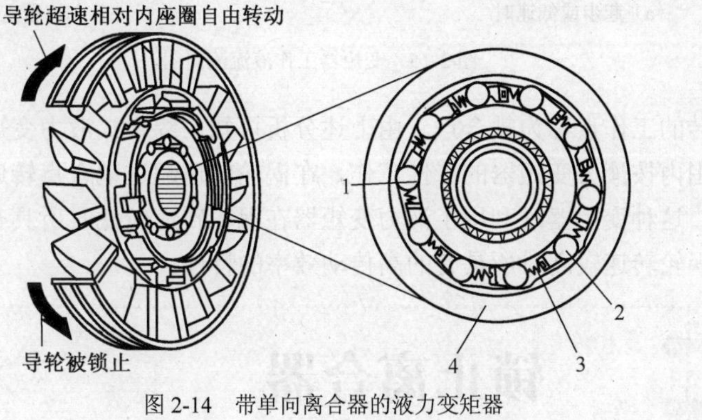

图 2-14　带单向离合器的液力变矩器

1—内座圈；2—滚柱；3—弹簧；4—外座圈

1．变矩器的元件数

变矩器的元件数是指变矩器中泵轮、涡轮、导轮的总个数，如 3 元件、4 元件、5 元件等。有一种 4 元件的液力变矩器，它由 1 个泵轮、1 个涡轮、2 个带单向超越离合器的导轮组成。

2．变矩器的级数

变矩器的级数是指涡轮的列数。只有 1 列涡轮的称为单级变矩器，有 2 列以上涡轮的称为多级变矩器。

3．变矩器的相数

由于变矩器中离合器或制动器的作用，使变距器在不同的工作范围内具有不同的工作特性。这种不同工作特性的个数就称为变矩器的相数。

当涡轮转速较低时，从涡轮流出的液压油从正面冲击导轮叶片（见图 2-15（a）），对导轮施加一个朝逆时针方向旋转的力矩，但由于单向超越离合器在逆时针方向具有锁止作用，将导轮锁止在导轮固定套上固定不动，因此这时该变距器的工作特性和液力变距器相同，即具有一定的增扭作用（变扭系数 K 大于 1）。当涡轮转速增大到某一数值时，液压油对导轮的冲击方向与导轮叶片之间的夹角为 0，此时变扭系数 K 等于 1。若涡轮转速继续增大，液压油将从反面冲击导轮（见图 2-15（b）），对导轮产生一个顺时针方向的扭矩。由于单向超越离合器在顺时针方向没有锁止作用，可以像轴承一样滑转，所以导轮在液压油的冲击作用下开始朝顺时针方向旋转。由于自由转动的导轮对液压油没有反作用力矩，液压油只受到泵轮和涡轮及反作用力矩的作用，因此这时该变矩器不能起增扭作用，其工作特性和液力耦合器相同。这时涡轮转速较高，该变矩器亦处于高效率和工作范围。

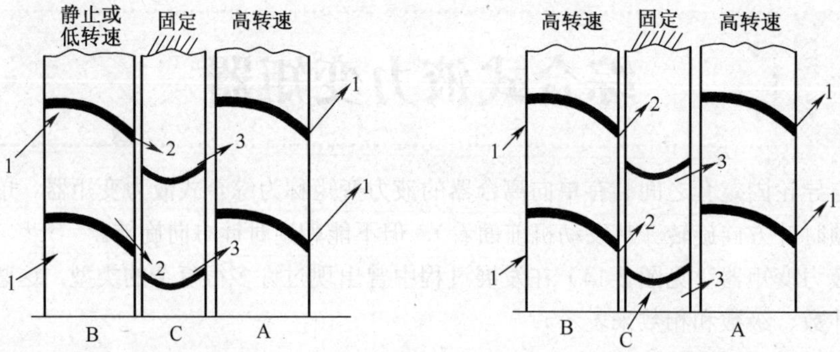

（a）起步或低速时　　（b）车速较高时

图 2-15　变矩器工作液流流向图

导轮开始空转的工作点称为耦合点。由上述分析可知，综合式液力变矩器在涡轮转速由 0 至耦合点的工作范围内按液力变矩器的特性工作，在涡轮转速超过耦合点转速之后按液力耦合器的特性工作。因此，这种变矩器既利用了液力变矩器在涡轮转速较低时所具有的增扭特性，又利用了液力耦合器在涡轮转速较高时所具有的高传动效率的特性。

2.5 锁止离合器

锁止离合器由主动部分、从动部分和控制部分组成。主动部分为液力变矩器壳，从动部分为一个可作轴向移动的压盘（通过花键套与输出轴连接）。锁止控制阀有油道与压盘的左右油腔相接，通过改变压盘两侧的油压使锁止离合器处于分离或接合状态。

当车速较低时，锁止离合器处于分离状态。

当车速等因素满足锁止离合器的锁止条件时，锁止离合器处于接合状态，这时输入液力变矩器的动力通过锁止离合器的机械连接，由压盘直接传至输出轴输出，传动效率为 100%。带锁止离合器实物如图 2-16 所示。

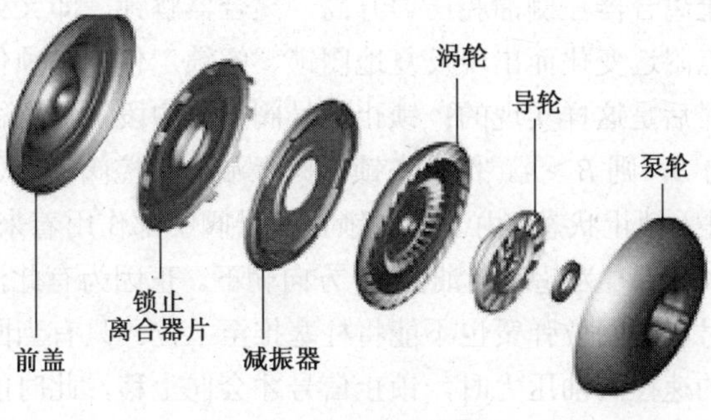

图 2-16　锁止离合器实物

1．液压锁止控制

液压锁止控制由锁止信号阀和锁止中继阀来完成。

锁止中断阀在弹簧作用下，落到最低位置。从主油路主调压阀来的油经锁止中断阀上部通道，从锁止离合器左侧进入液力变矩器，液力变矩器内的油液则经锁止中断阀下部通道去散热器，如图 2-17 所示。此时，锁止离合器左右两控阀的油压进入锁止信号阀的上方，并克服锁止信号阀的弹簧弹力，锁止信号阀柱塞下移，打开锁止信号中部的油路通道，将来自 3～4 换挡阀的油压送到锁止中断阀的底部，使得锁止中断阀柱塞上移。上移后，来自主油路主调压阀的油改道从右侧进入液力变矩器，此时液力变矩器的油不再送往散热器去降温。另外，柱塞上移后还将液压变矩器左侧的油道泄压，使得锁止离合器右侧的压力大于左侧，锁止离合器被压紧，进入锁止状态，如图 2-18 所示。

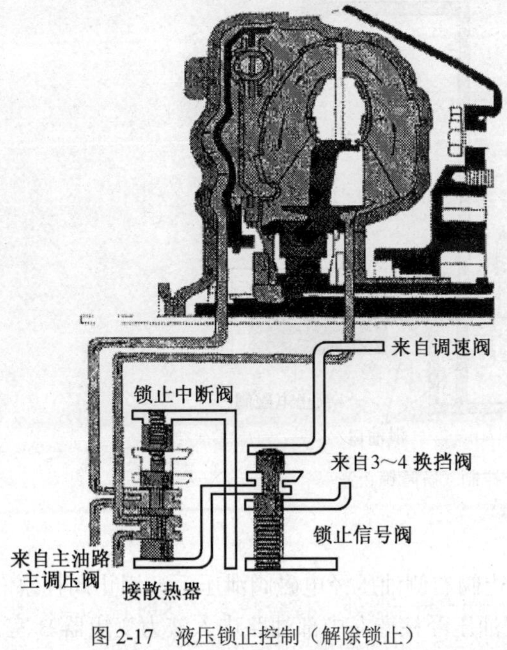

图 2-17　液压锁止控制（解除锁止）

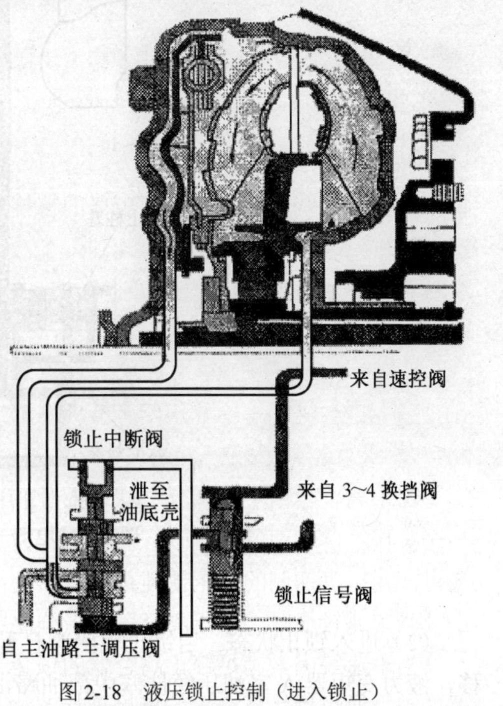

图 2-18　液压锁止控制（进入锁止）

如车速下降，离心速控阀油压降低，锁止信号阀在其回位弹簧的作用下回到上位，锁止中断阀柱塞也回至下位，锁止离合器左侧油腔压力升高，离合器解锁，即又处于分离状态。为防止锁止离合器因车速在锁止点附近变化而出现反复地闭锁、解锁工作，必须使锁止点与解锁点的车速不同，即有一个滞后。滞后是这样实现的：锁止信号阀柱塞中段上部直径较下部为小，设上部的面积为 A，下部的面积为 B，则 $B>A$。作用在锁止阀上端的速控阀油压大于弹簧力，锁止信号阀柱塞下移，锁上离合器进入锁止状态。由于此时锁止信号阀中部作用着来自超速挡换挡阀的油压，作用力大小等于$(B\sim A)\times P_c$（P_c为超速挡油压），方向朝下。正因为有此油压力的作用，即使车速较锁止点略低，锁止信号阀的回位弹簧也不能将柱塞推至上位。只有当回位弹簧能克服其柱塞中部超速挡油压力和上端的速控阀油压力时，锁止信号才会向上移，此时的车速较锁止点就低得多了，从而避免了锁止离合器频繁地锁止和解锁。

2.电子—液压控制

（1）解除锁止状态。当锁止电磁阀关闭时，主油压加在锁止阀的右侧，锁止阀柱塞左移，变矩器油压经锁止阀右中部油路进入液力变矩器是A室后再进入B室，此时锁止活塞两侧压力相等，锁止离合器处于解锁分离状态。从变矩器B室出来的油又经过锁止阀左中部油路去散热器冷却，如图2-19所示。

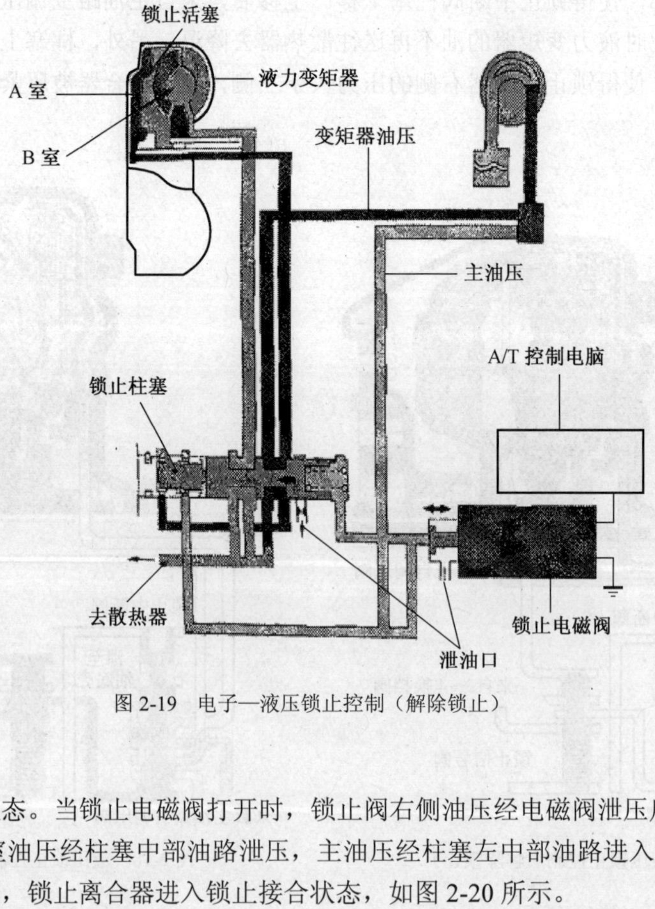

图 2-19 电子—液压锁止控制（解除锁止）

（2）进入锁止状态。当锁止电磁阀打开时，锁止阀右侧油压经电磁阀泄压后，锁止阀柱塞右移，液力变矩器A室油压经柱塞中部油路泄压，主油压经柱塞左中部油路进入液力变矩器B室，锁止活塞被压向左侧，锁止离合器进入锁止接合状态，如图2-20所示。

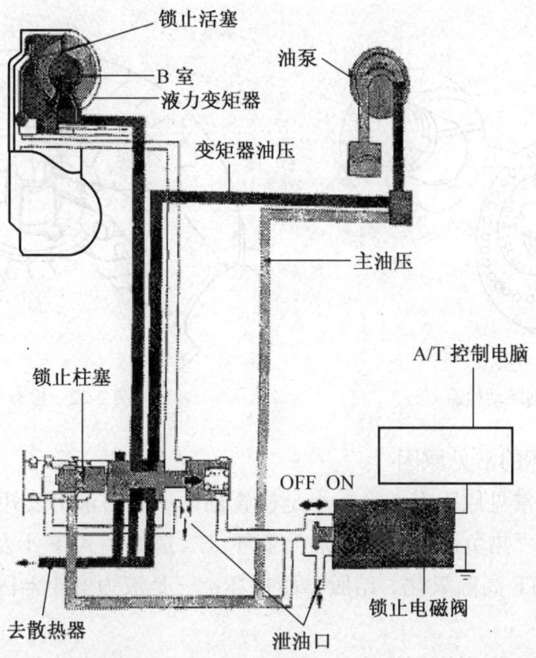

图 2-20 电子—液压锁止控制（进入锁止）

2.6 液力变矩器检查和故障排除

1．清洗

（1）倒出变矩器中残留的液压油。

（2）向变矩器内加入 2L 干净的液压油，摇动变矩器，以清洗其内部，然后将液压油倒出。

（3）再次向变矩器内加入 2L 干净的液压油，清洗后倒出。

2．常规的检测与故障排除

（1）目视法（外观检查）。检查液力变矩器外部有无损坏和裂纹，轴套外径有无磨损，驱动油泵的轴套缺口有无损伤。如有异常，应更换液力变矩器。

（2）径向圆跳动检查。将液力变矩器安装在发动机飞轮上，按图 2-21 所示方法检查变矩器轴套的径向圆跳动。转动飞轮一周，千分表的指针偏摆应小于 0.03mm，否则，需转换一个角度重新安装，然后再进行测量。如果径向圆跳动在允许的范围之内，应作一记号，以保证安装正确。如果径向圆跳动始终不能调整到允许的范围以内，则应更换液力变矩器。

（3）检查导轮单向离合器。用专用工具插入变矩器。转动单向离合器内座圈，检查单向离合器是否良好，如图 2-22 所示。

顺时针转动时应能自由转动，逆时针转动应锁止。如果顺时针转动时有卡滞，或逆时针转动，都应更换液力变矩器。

（4）清洗。用 2L ATF 加入液力变矩器内部，摇动，清洗内部，倒出油液。按同样方法再清洗一次即可。

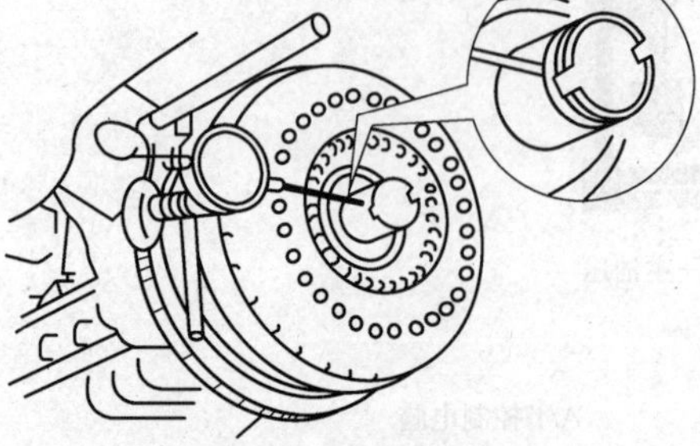

图 2-21 径向圆跳动检查

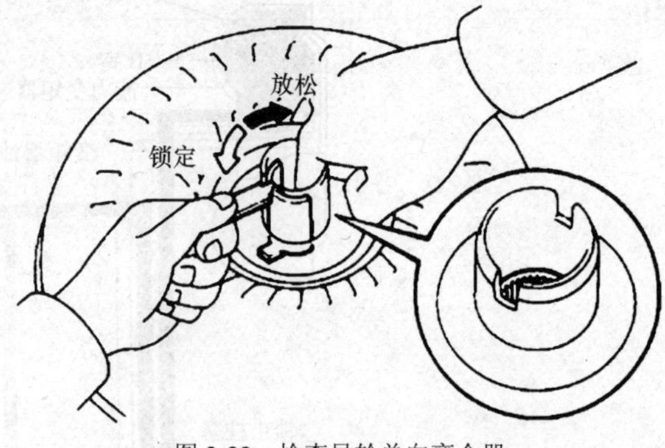

图 2-22 检查导轮单向离合器

3．液力变矩器损坏的常见原因

液力变矩器损坏的常见原因有 3 个：一是检查油面不及时液力变矩器因 ATF 泄漏、蒸发而长时间缺油运转，以致因“热负荷”加大，油质变坏；二是更换 ATF 不及时，液力变矩器因油质变坏（磨料微粒污染和 ATF 高温氧化、结胶）而损坏；三是液力变矩器因使用了非规定牌号的 ATF 或劣质 ATF 而损坏。

应该说明：多数 ATF 的更换周期为 4 万 km～5 万 km，换油时有 1/4～1/3 的 ATF 残存于液力变矩器中（个别车例外），残存 ATF 中的杂质和磨料微粒往往是液力变矩器损坏的主要原因。

4．液力变矩器的常见故障

液力变矩器为不可拆式总成，一旦它产生了故障，能用于判断故障的参数只有发动机转速（泵轮转速）、涡轮转速（变速器输入轴转速）和 ATF 温度信号，只能通过对数据流进行机理分析和换件试验的方法排除故障。为了能正确地判断故障，维修人员对多个具有不同故障的液力变矩器进行了解剖、检查和分析，总结出 3 种常见的“机械”故障现象及故障判断方法（见表 2-1），供参考。

表 2-1　　3 种常见的“机械”故障现象及故障判断方法

故障现象	故障原因	故障判断方法
汽车起步时液力变矩器增大转矩的能力变差，甚至在起步加速时发动机熄火	单向离合器打滑，导轮因不能锁止而反向旋转	将变速杆依次置于 D 位和 R 位下进行失速试验，如失速转速远低于标准值（>600r/min）或发动机熄火，则单向离合器打滑
汽车加减速时液力变矩器中的异响增大，严重时出现“挂挡熄火”（将变速杆从 N 位挂入 D 位或 R 位时发动机熄火）现象	1．泵轮、涡轮和导轮间的轴承损坏（滚针飞脱，使各轮间的轴向冲击增大，产生异响；严重时，滚针将涡轮卡住在液力变矩器壳内，使两套变为刚性连接（无相对滑转），以致汽车一起步，发动机便熄火 2．锁止离合器内减振弹簧的弹力降低引发异响；减振弹簧在断裂后可能将涡轮卡住在液力变矩器壳内，以致发生“挂挡熄火”现象	1．如在汽车停驶状态下将变速杆依次挂入 D 位和 R 位时发动机熄火或在汽车强行起步、加速时发动机的转速较高（多为 1 500r/min），则泵轮、涡轮和导轮间的轴承损坏 2．在汽车停驶状态下不断改变发动机的转速，如液力变矩器中的异响增大（只能用听诊器检查），则减振弹簧的弹力降低（还可在将液力变矩器拆下后通过不断晃动液力变矩器的方法来检查）

续表

故障现象	故障原因	故障判断方法
汽车高速行驶时，发动机相应的转速偏高，发动机冷却液温度和ATF温度也偏高	1．由于液力变矩器锁止阀泄漏，锁止离合器频繁接合与分离，使其摩擦片磨损量过大 2．锁止离合器锁止电磁阀卡滞，锁止离合器或油压调节阀有故障	1．当车速为100km/h条件下（锁止离合器应已接合）急促加速时，车速和发动机转速应同步上升，如车速上升的幅度不大，而发动机转速猛升，则锁止离合器摩擦片磨损量过大 2．根据解码器读得的下列参数的数据流进行判定：发动机转速、挡位、输入轴转速、输出轴转速、锁止离合器的状态和ATF温度

课题三 3 机械变速机构的工作原理

学习目标

◎ 熟悉行星齿轮变速机构的结构。
◎ 熟悉单行排的组成与工作原理。
◎ 熟悉多行排的组成与工作原理。
◎ 熟悉拉维娜式变速机构的结构与工作原理。
◎ 熟悉平行轴式齿轮变速机构的结构与工作原理。

任务内容组成

3.1 齿轮变速系统的结构与工作原理

1．单排行星齿轮组成

单排行星齿轮机构的 3 个基本元件是：太阳齿轮、齿圈、行星齿轮及行星齿轮架，如图 3-1 所示。

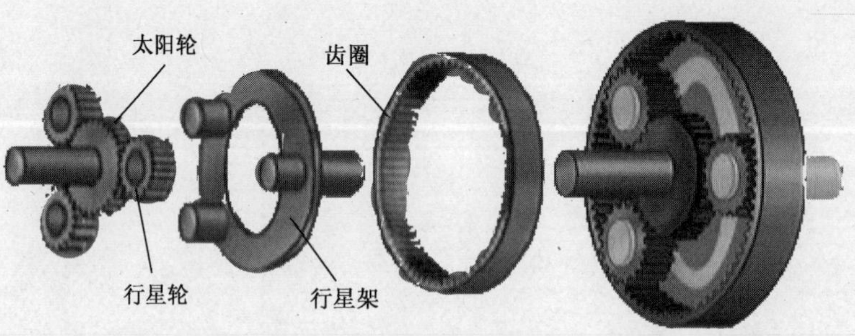

图 3-1　齿轮变速系统的结构

2．太阳齿轮位于中心位置

几个行星齿轮借助于滚针轴承和行星齿轮轴安装在行星齿轮架上，这些行星齿轮与太阳齿轮相啮合，并一般均匀布置在太阳齿轮周围；外面是同行星齿轮相啮合的齿圈。

3．单排行星齿轮机构

通过固定不同的元件或改变联锁关系，可得出不同的传动状态（见图 3-2）。

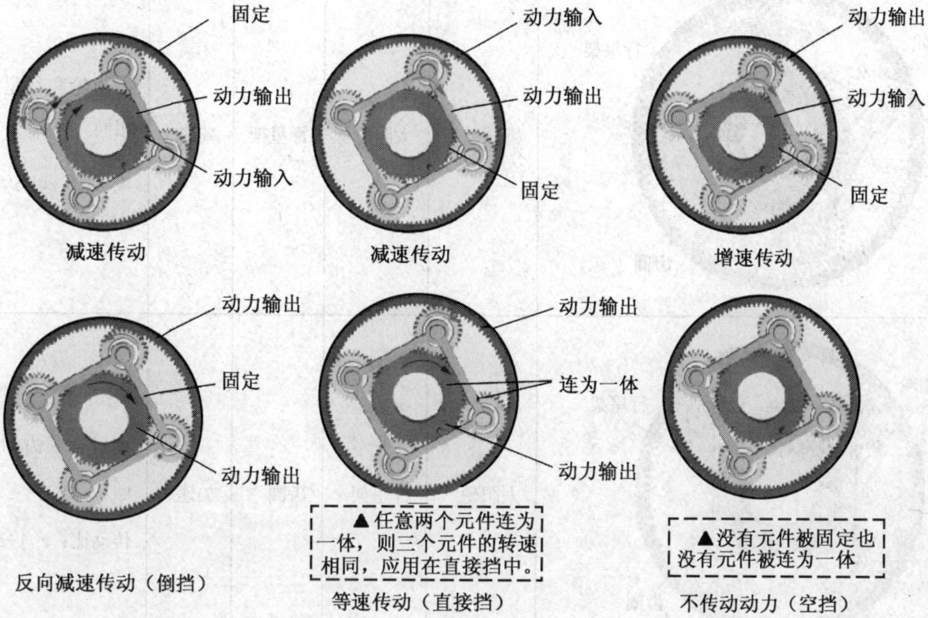

图 3-2　行星齿轮机构的动力传递

单排行星齿轮的各种动作，行星齿轮机构将以下列基本规则进行动作（见图 3-3）。

（1）当行星架为主动部件时，从动部件超速运转。

（2）当行星架为从动部件时，行星架引起转速下降。

（3）当行星架固定时，主动和从动部件按相反方向旋转。

（4）当太阳轮为主动部件时，从动部件引起转速下降。

（5）当太阳轮为从动部件时，从动部件高速运转。

（6）当两个主动部件以相同转速，按相同方向旋转时，行星齿轮机构以直接传动操作。

（7）当仅有一个主动部件并且两个其他部件未被夹持时，行星齿轮机构处于空挡状态。

	固定件	主动件	从动件	状态	说　明
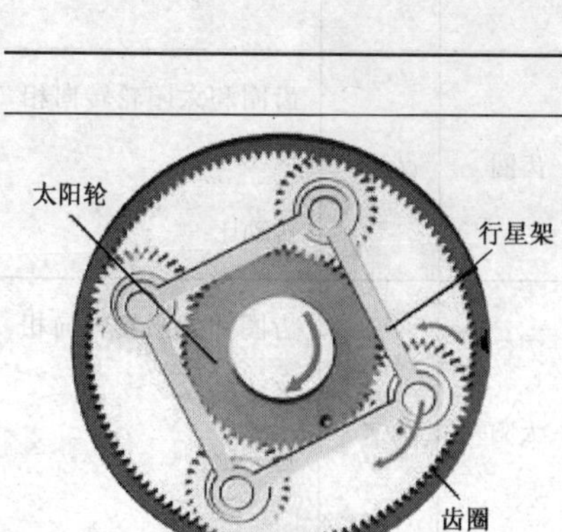	齿圈	行星架	太阳轮	加速	行星架和太阳轮转向相同 传动比：$z_1/1+z_2$

续表

	固定件	主动件	从动件	状态	说　明
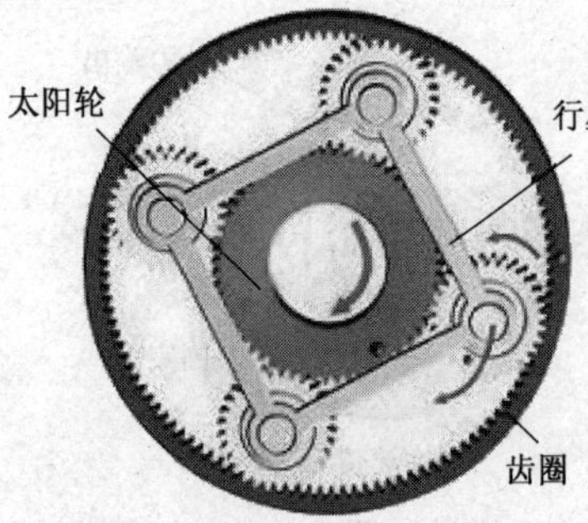	齿圈	太阳轮	行星架	减速	太阳轮和行星架转向相同 传动比：$1+z_2/z_1$
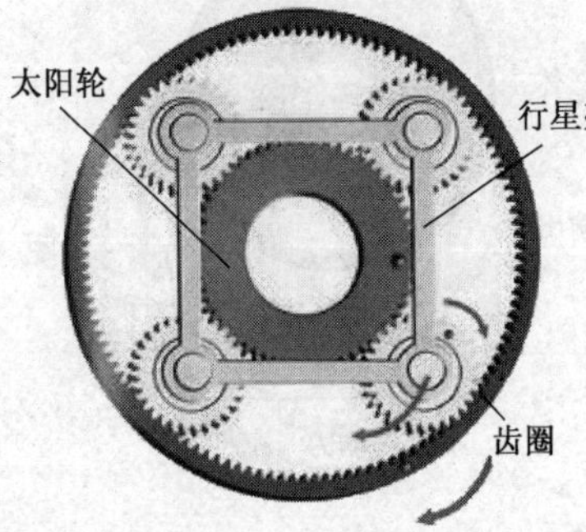	太阳轮	行星架	齿圈	加速	行星架和齿圈转向相同 传动比：$z_2/1+z_1$
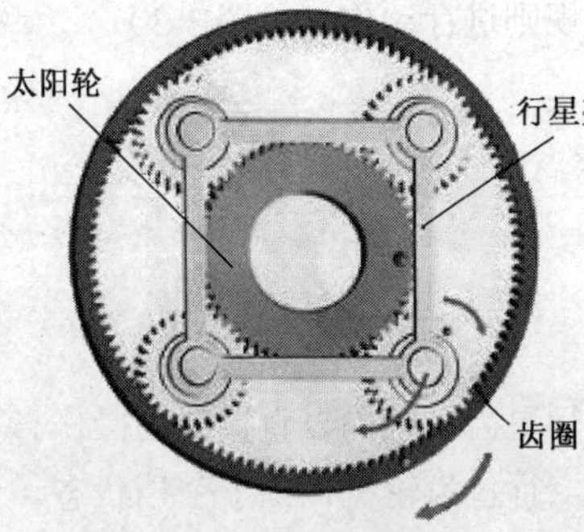	太阳轮	齿圈	行星架	减速	行星架和齿圈转向相同 传动比：$1+z_1/z_2$
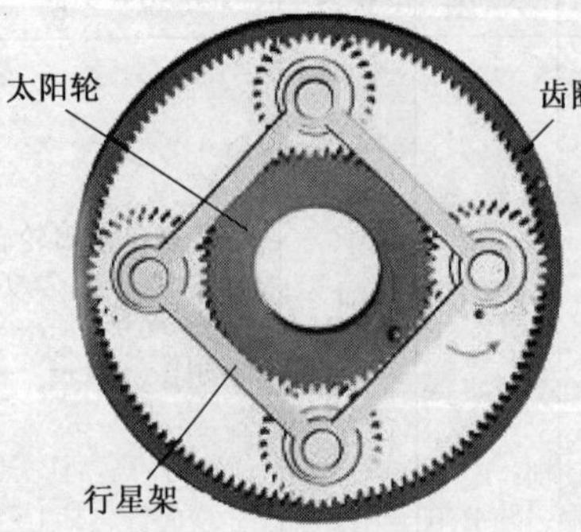	行星架	太阳轮	齿圈	减速	齿圈和太阳轮转向相反 传动比：$-z_2/z_1$
		齿圈	太阳轮	加速	齿圈和太阳轮转向相反 传动比：$-z_1/z_2$

续表

	固定件	主动件	从动件	状态	说　明
	在 $n_3=n_1$ 或 $n_2=n_3$ 时，同时可得 $n_1=n_2=n_3$。故，若使三元件中的任何两个元件连成一体旋转，则第三元件转速必与二者转速相等，即行星排按直接挡传动，传动比 i=1				
	即所有元件都不受约束，可以自由转动，则行星齿轮机构失去传动作用，此种状态相当于空挡				

图 3-3　单排行星齿轮的各种动作

3.2 行星齿轮机构在自动变速器上的应用

在现代汽车行星齿轮变速器中，广泛地采用了辛普森式（Simpson）双排行星齿轮机构和拉维娜（Ravigneaux 或译为“拉维奈尔赫”）式复合行星齿轮机构。拉维娜式复合行星齿轮系统的结构特点为：两排行星齿轮机构共用一个齿圈和一个行星齿轮架。行星齿轮架上的两套行星齿轮互相啮合。其中，短行星齿轮与小太阳齿轮相啮合，长行星齿轮与大太阳齿轮相啮合。辛普森式行星齿轮系统由共用一个太阳齿轮的前、后两排行星齿轮机构组成。

3.2.1 辛普森式行星齿轮机构

辛普森式行星齿轮机构是一种双排行星齿轮机构，其结构特点是：前后两个行星排的太阳轮连接为一个整体称为共用太阳轮组件。前一个行星排的行星架和后一个行星排的齿圈连接为另一个整体，称为前行星架和后齿圈组件。输出轴通常与前行星架和后齿圈组件连接，经过上述的组合后，该机构成为一种具有 4 个独立元件的行星齿轮机构。这 4 个独立元件是：前齿圈/前后太阳轮组件，行星星架，前行星架和后齿圈组件。

辛普森式行星齿轮机构以其简单、传动效率高以及运转平稳、噪声低等优点而著称，尤其因为其制造成本低而获得了广泛的应用（见图 3-4 和图 3-5）。

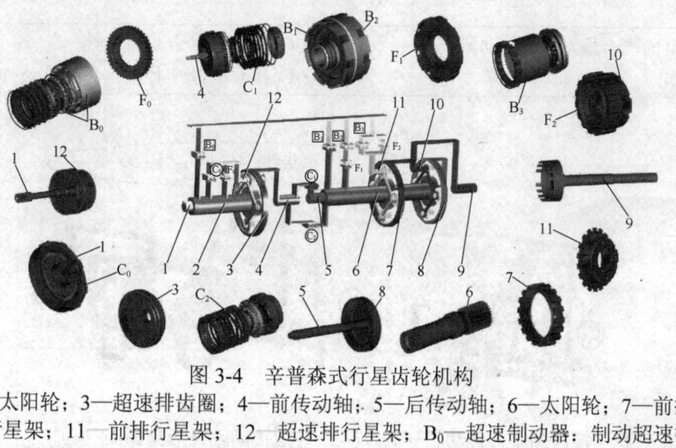

图 3-4　辛普森式行星齿轮机构

1—输入轴；2—超速排太阳轮；3—超速排齿圈；4—前传动轴；5—后传动轴；6—太阳轮；7—前排齿圈；8—后排齿圈；9—输出轴；10—后排行星架；11—前排行星架；12—超速排行星架；B_0—超速制动器：制动超速排太阳轮；B_1—1 号制动器：制动太阳轮；B_2—2 号制动器：与 F_1 配合阻止太阳轮逆时针转动；B_3—3 号制动器：制动前排行星架；C_0—超速离合器：连接超速排太阳轮与行星轮；C_1—1 号离合器：连接前传动轴与后传动轴；C_2—2 号离合器：连接前传动轴与太阳轮；F_0—超速单向离合器：阻止行星架逆时针转动；F_1—1 号单向离合器：与 B_1 配合阻止太阳轮逆时针转动；F_2—2 号单向离合器：阻止前排行星架逆时针转动

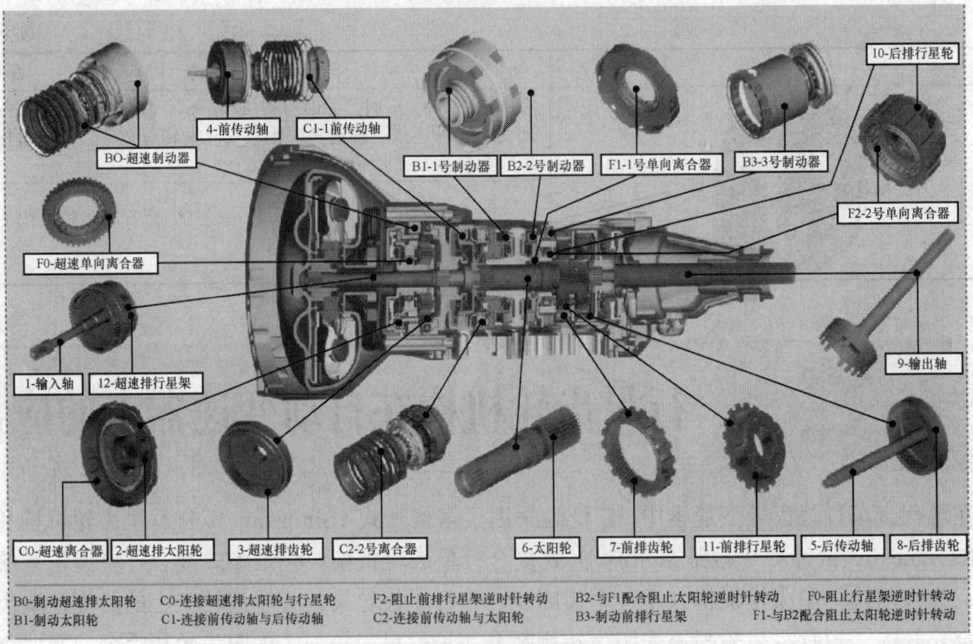

图 3-5 典型的辛普森式自动变速器的结构部件图

3.2.2 丰田 A340 自动变速器各挡动力传递路线

丰田 A340 自动变速器各转动力传递路线如图 3-6 所示。

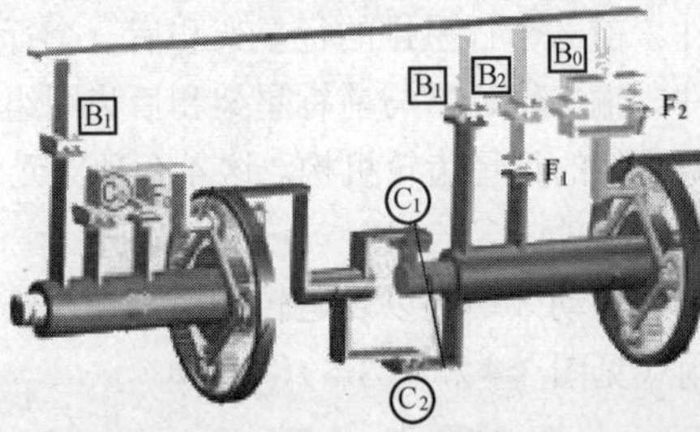

• 三个离合器，3 个单向离合器，4 个制动器	• C_1C_2 同时接合是直接挡
• 前后排是一个中心轮	• C_0 接合时超速行星排不起变速作用

1. D-挡

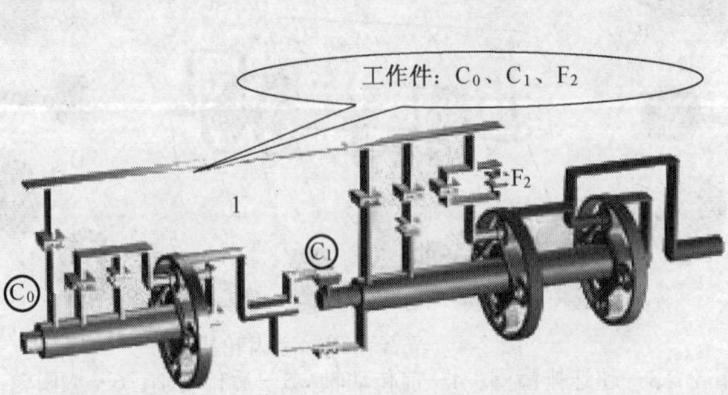

输入轴→超速排行星架→超速排齿圈→前传动轴→离合器 C_1→后传动轴→后排齿圈→

{ ——————→后排行星架 }
{ 太阳轮→前排行星轮→前排齿圈 } →输出轴

2．D-2 挡

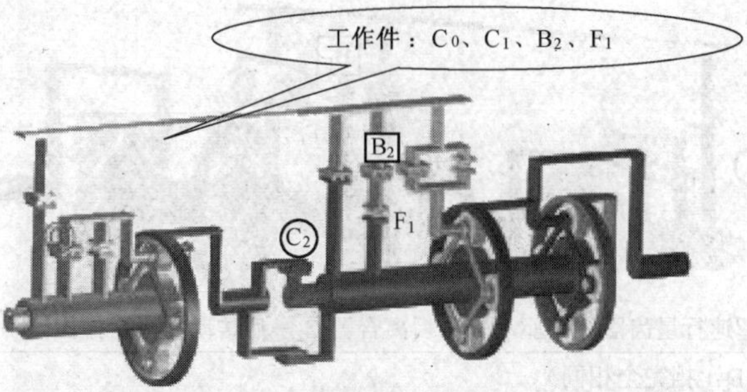

输入轴→超速排行星架→超速行星齿圈→前驱动轴→后离合器 C_2→后传动轴→后排齿圈→后排行星架→输出轴

3．D-3 挡

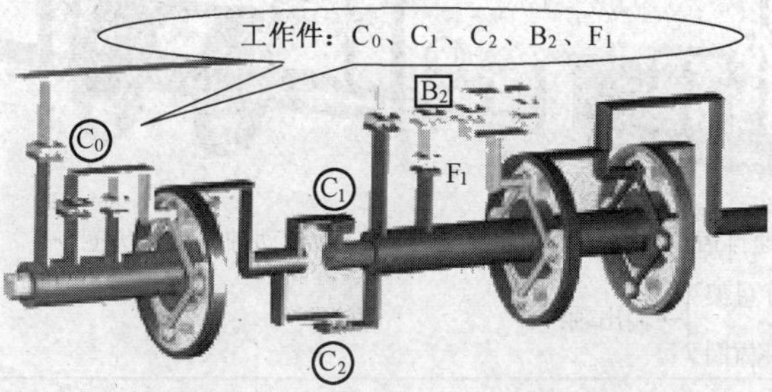

输入轴→超速排行星架→超速行星齿圈→前驱动轴→ { →前离合器 C_1→后传动轴→后排齿圈 ; →后离合器 C_2→太阳轮 } →后排行星架→输出轴

4．D-4 挡

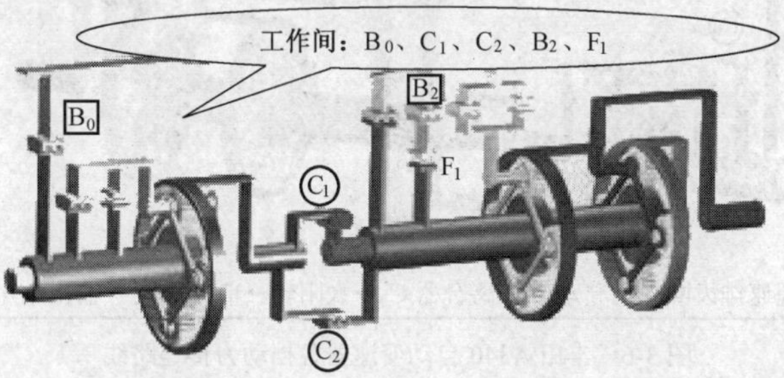

输入轴→超速排行星架→超速行星齿圈（超速）→前传动轴→ { →前离合器 C_1→后传动轴→后排齿圈 ; →后离合器 C_2→太阳轮 } →后排行星架→输出轴

5．2-1 挡（动力传动路线与 D-1 挡完全相同）

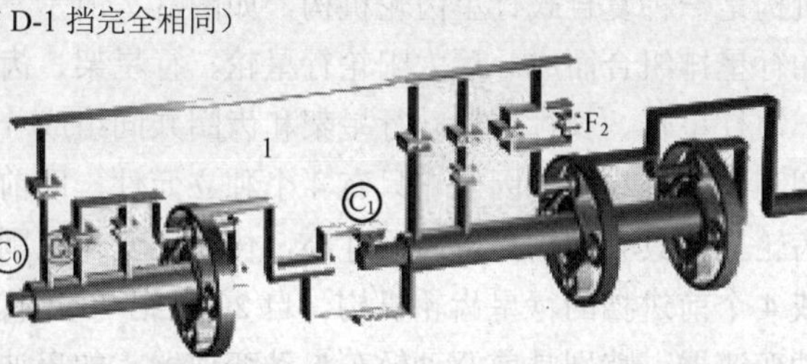

输入轴→超速排行星架→超速排齿圈→前传动轴→离合器 C_1→后传动轴→后排齿圈→

{ ——————→后排行星架 ; 太阳轮→前排行星轮→前排齿圈 } →输出轴

6．2-2 挡（动力传动路线与 D-2 挡完全相同）

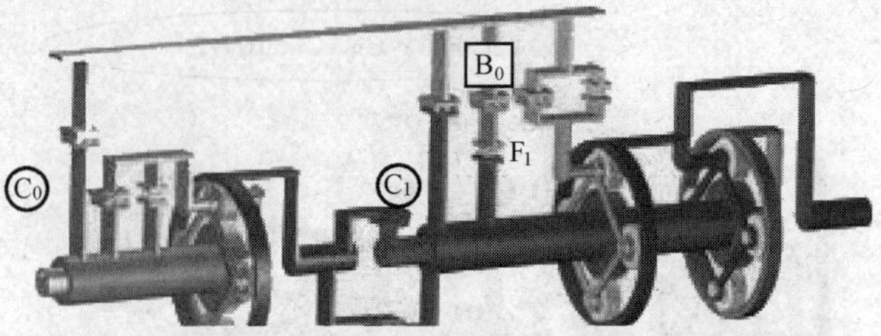

输入轴→超速排行星架→超速行星齿圈→前驱动轴→后离合器 C_2→后传动轴→后排齿圈→后排行星架→输出轴

7．L 挡（动力传动路线与 D-1 挡完全相同）

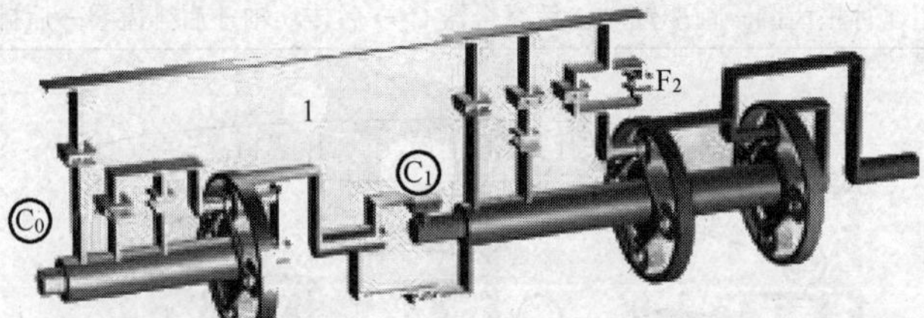

输入轴→超速排行星架→超速排齿圈→前传动轴→离合器 C_1→后传动轴→后排齿圈→

{ ——————→后排行星架 ; 太阳轮→前排行星轮→前排齿圈 }→输出轴

8．辛普森式齿轮变速机构 R 挡

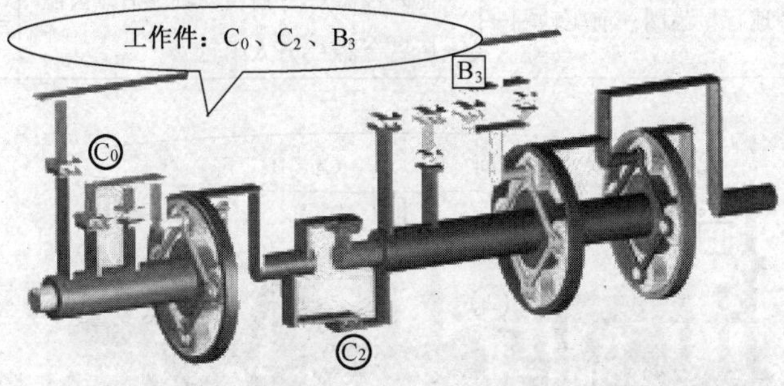

输入轴→超速排行星架→超速排齿圈→前传动轴→离合器 C_2→太阳轮→前排齿圈→输出轴

图 3-6 丰田 A340 自动变速器各挡动力传递路线

3.2.3 拉维娜式变速系统的结构与工作原理

拉维娜式行星齿轮机构是一种复合式行星齿轮机构，如图 3-7 所示。它由一个单行星轮式行星排和一个双行星轮式的行星排组合而成。后太阳轮行星轮、行星架、齿圈共同组成一个单行星轮式行星排；前太阳轮、短行星轮、长行星轮、行星架和齿圈共同组成一个双行星轮式行星排，两个行星排共用一个齿圈和一个行星架。因此它只有 4 个独立元件，即前太阳轮、后太阳轮、行星架、齿圈。这种行星齿轮机构具有结构简单、尺寸小，传动比变化范围大，灵活多变等特点。可以组成有 3 个前进挡或 4 个前进挡的行星齿轮机构。自 20 世纪 70 年代开始，拉维娜式行星齿轮机构用于许多轿车自动变速器，特别是前驱动轿车自动变速器，如奥迪、大众、福特、马自达等车型的自动变速器。

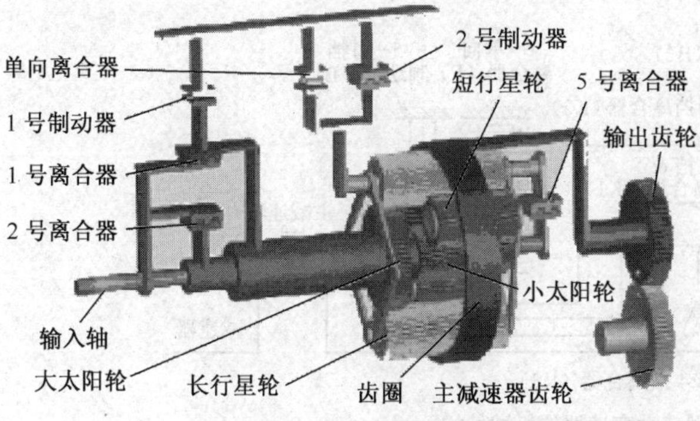

表 3-1 单排单级行星齿轮传动方式

方案	主动件	从动件	锁定件	备注	说明
1	太阳齿轮	行星齿轮架	内齿圈	减速增加	低挡
2	内齿圈	行星齿轮架	太阳齿轮		
3	太阳齿轮	内齿圈	行星齿轮架		
4	行星齿轮架	内齿圈	太阳齿轮	减速增加	高挡
5	行星齿轮架	太阳齿轮	内齿圈		
6	内齿圈	太阳齿轮	行星齿轮架		
7	任意两个连成一体			直接传动	直接挡
8	压无任以元件制动又无任二元件连成一体			不传递动力	空挡

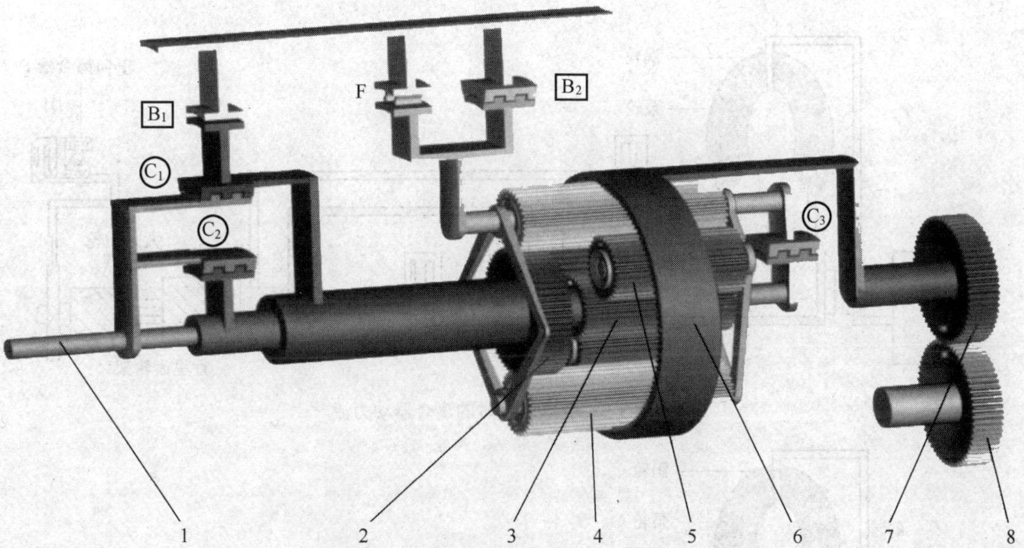

图 3-7　拉维娜式行星齿轮机构

3.2.4　拉维娜式行星齿轮工作方式

下面以大众桑塔纳、帕萨特等车型配备的 01N 型自动变速器为例来讲讲拉维娜式行星齿轮动力传递方式。01N 型自动变速器的机械结构部分主要由 1 个行星齿轮组、3 个离合器、2 个制动器及 1 个单向轮组成。其中行星齿轮组是由 1 个小太阳轮、1 个大太阳轮、3 个短行星齿轮、3 个长行星齿轮、行星齿轮架及齿圈组成。变速器在工作时，阀体通过油压控制离合器、制动器的动作，以完成液力变矩器和行星齿轮组之间的动力传输。如果离合器 K1 工作，就会驱动小太阳轮。离合器 K2（见图 3-8）则是用来驱动大太阳轮的，离合器 K3 驱动行星齿轮架，制动器 B1 制动行星齿轮架，动力是通过齿圈输出的，制动器 B1 制动大太阳轮。

（1）1 挡。液压 1 挡时，离合器 K1 接合，单向离合器 F 工作，如图 3-9 所示，动力流为：泵轮→涡轮→涡轮轴→离合器 K1→小太阳轮→短行星齿轮→长行星齿轮驱动齿圈。

（2）2 挡。液压 2 挡时，离合器 K1 接合，制动器 B2 制动大太阳轮，如图 3-10 所示，动力流为：泵轮→涡轮→涡轮轴→离合器 K1→小太阳轮→短行星齿轮→长行星齿轮围绕人太阳轮传动并驱动齿圈。

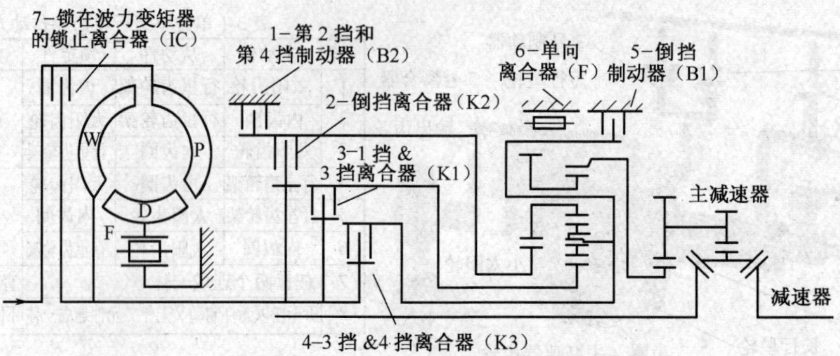

图 3-8 01N 型自动变速器的机械结构

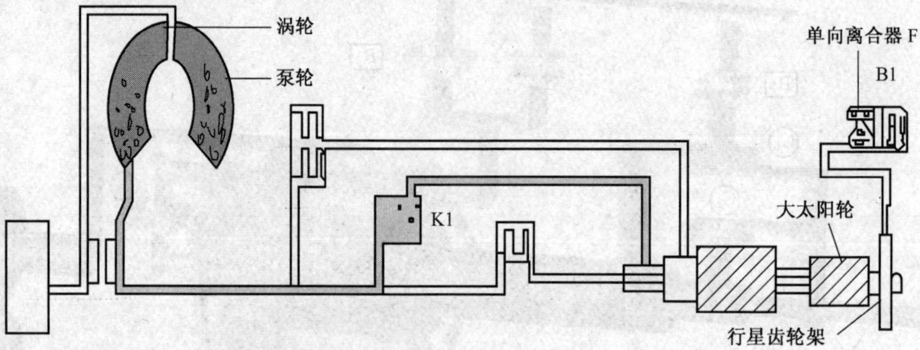

图 3-9 液压 1 挡时的离合器动力流

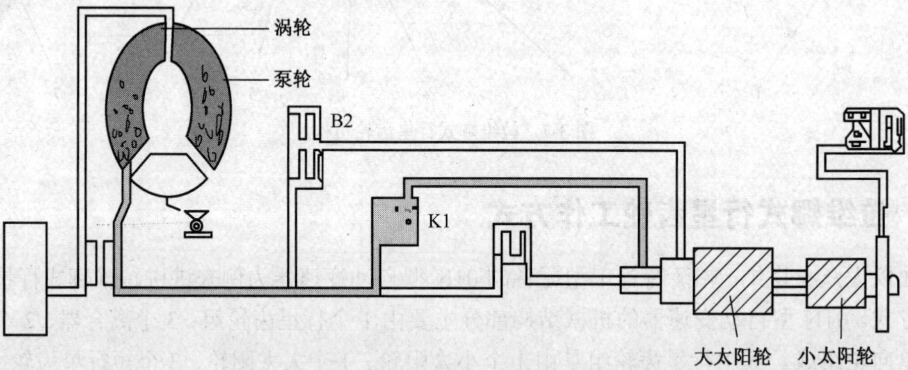

图 3-10 液压 2 挡时的离合器动力流

（3）3 挡。液压 3 挡时，离合器 K1 和 K3 接合，驱动小太阳轮和行星齿轮架，使行星齿轮机构锁止并一同转动，如图 3-11 所示，动力流为：泵轮→涡轮→涡轮轴→离合器 K1 和 K3→整个行星齿轮转动。

机械 3 挡时，变矩器锁止离合器 LC 接合，离合器 K1 和 K3 接合，行星齿轮机构锁止，形成一个整体进行工作，如图 3-12 所示，动力流为：泵轮→锁止离合器 LC→离合器 K1 和 K3→整个行星齿轮机构转动。

（4）4 挡。液压 4 挡时，离合器 K3 接合，制动器 B2 工作，使行星齿轮架工作，并制动大太阳轮，如图 3-13 所示，动力流为：泵轮→涡轮→涡轮轴→离合器 K3→行星齿轮架→长行星齿轮围绕大太阳轮转动并驱动齿圈。

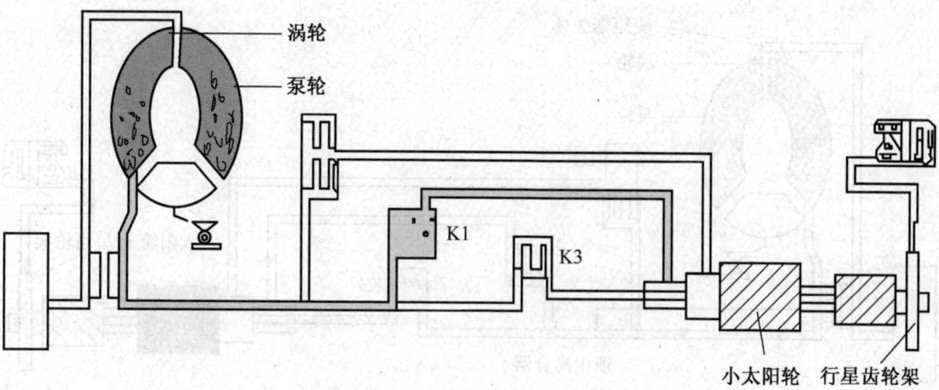

图 3-11　液压 3 挡时的离合器动力流

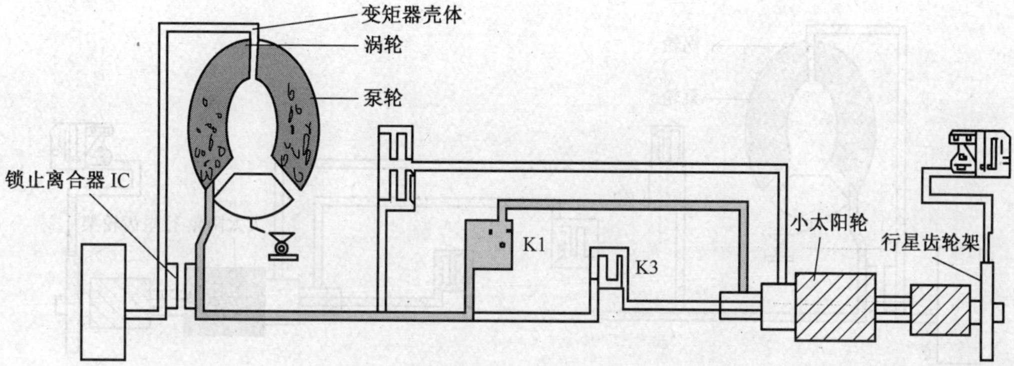

图 3-12　机械 3 挡时的离合器动力流

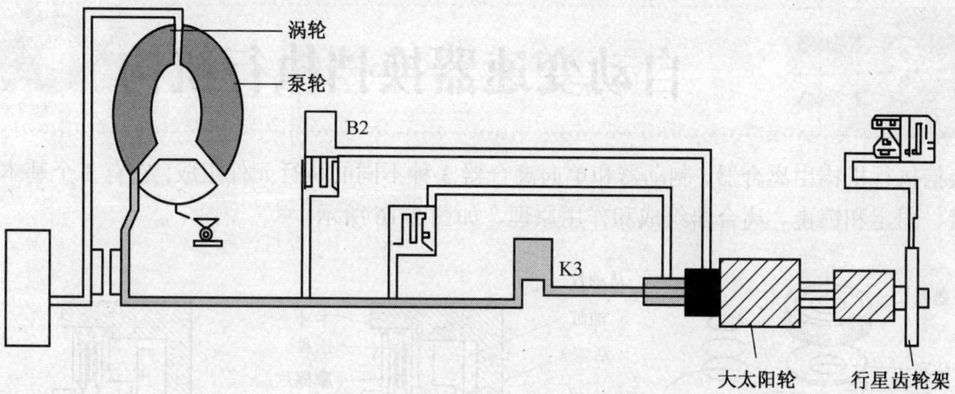

图 3-13　液压 4 挡时的离合器动力流

机械 4 挡时，变矩器锁止离合器 LC 接合，离合器 K3 接合，制动器 B2 工作，使行星齿轮架工作并制动大太阳轮，如图 3-14 所示，动力流为：泵轮→锁止离合器 LC→离合器 K3→行星齿轮架→长行星齿轮围绕大太阳轮转动并驱动齿圈。

（5）R 挡。换挡杆在 R 位置时，离合器 K2 接合，驱动大太阳轮。制动器 B1 工作，使行星齿轮架制动，如图 3-15 所示，动力流为：泵轮→涡轮→涡轮轴→离合器 K2→大太阳轮→长行星齿轮反向驱动齿圈。

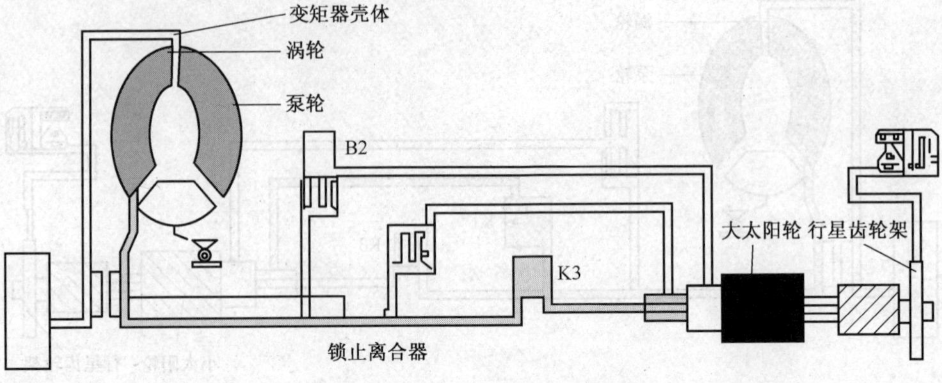

图 3-14 机械 4 挡时的离合器动力流

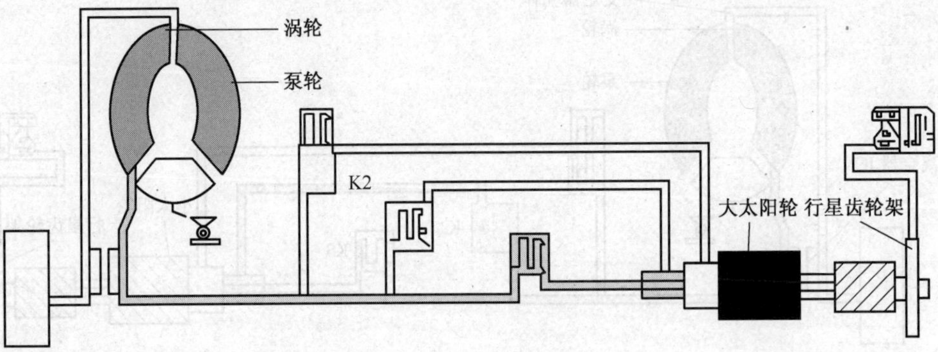

图 3-15 R 挡时的离合器动力流

3.3 自动变速器换挡执行机构

换挡执行机构由离合器、制动器和单向离合器 3 种不同的执行元件组成，它有 3 个基本作用，即连接、固定和锁止。离合器组成和作用原理，如图 3-16 所示。

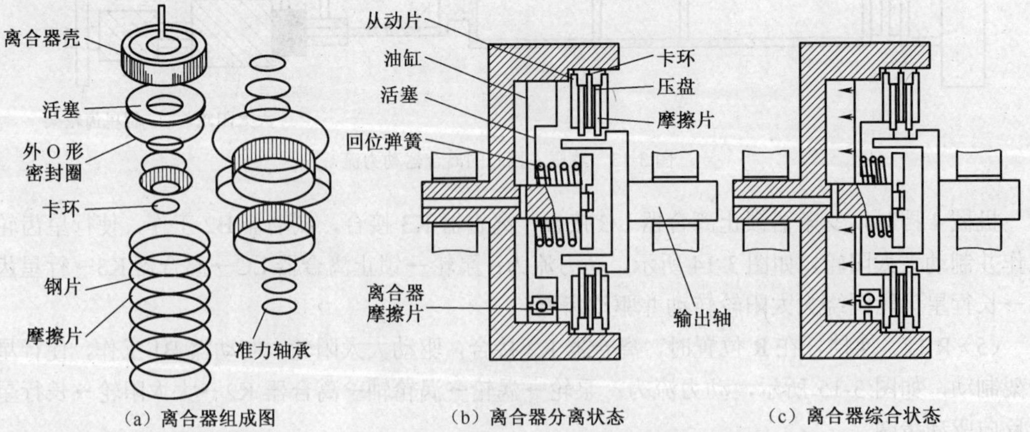

（a）离合器组成图　（b）离合器分离状态　（c）离合器综合状态

图 3-16 离合器组成和作用原理

1．换挡离合器

作用——连接，即将行星齿轮机构的输入轴和行星排的某个元件连接，或将行星排的某两个基本元件连接在一起，使之成为一个整体，以实现直接传动。

组成——离合器是一种多片湿式离合器，它通常由活塞、回位弹簧、弹簧座、一组钢片、一组摩擦片、调整垫片、离合器鼓及几个密封圈组成。

2．换挡制动器

组成——湿式多片制动器由制动器鼓、制动器活塞、回位弹簧、钢片、摩擦片及制动器毂等组成。

带式制动器的结构和工作原理与湿式多片制动器基本相同，只是其钢片通过外花键齿安装在变速器壳体的内花键齿圈上，摩擦片则通过内花键齿和制动器毂上的外花键槽连接。制动器毂与行星齿轮机构的元件相连。当液压缸中没有压力油时，制动器毂可以自由旋转。当压力油进入制动器的液压缸后，通过活塞将钢片和摩擦片压紧在一起，制动器毂以及与其相连的行星齿轮机构的某一元件被固定住而不能旋转。

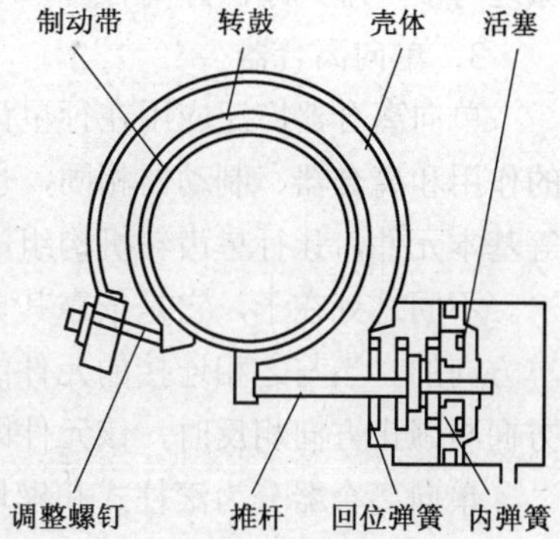

图 3-17　带式制动器

常见的制动器有带式制动器和片式制动器两种，其作用是：将行星排中太阳轮、行星齿轮、行星架三个基本元件之一加以固定，使之不能旋转，产生不同的传动方向或速比。带式制动器，又称制动带，主要由制动带、制动毂、液压缸及活塞等组成，如图 3-17 和图 3-18 所示。

片式制动器由制动器毂、制动器活塞、回位弹簧、钢片、摩擦片等组成，如图 3-19 所示。

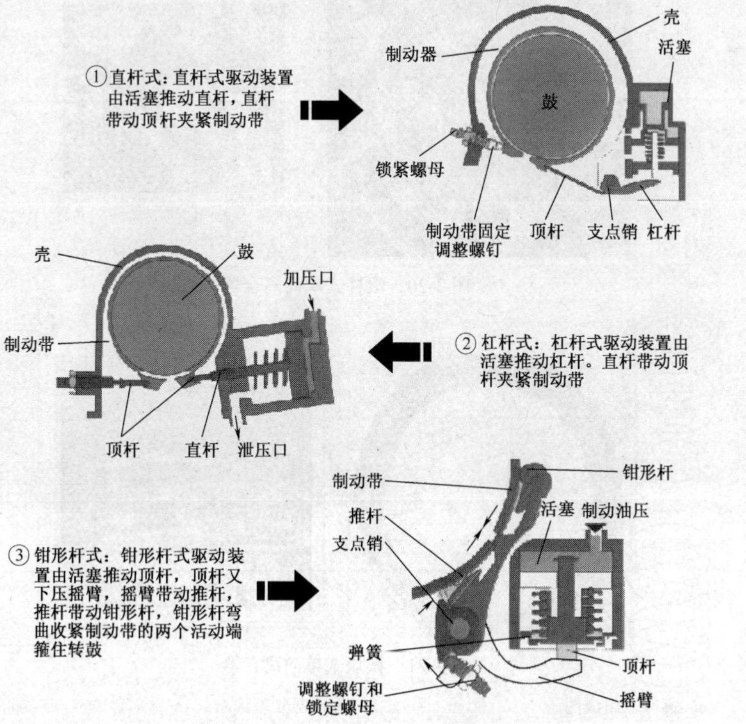

图 3-18　带式制动器工作原理

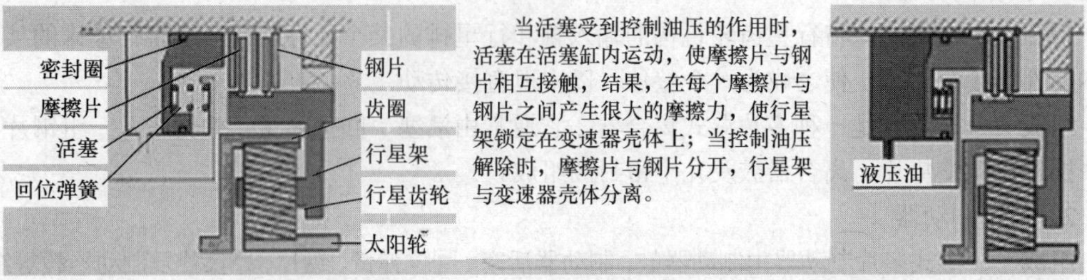

图 3-19 片式制动器工作原理

片式制动器的制动毂（相当于离合器毂）是通过钢片的外花键固定在变速器壳体上，其工作原理与多片湿式摩擦片离合器基本相同。

3．单向离合器

单向离合器广泛应用在行星齿轮机构及综合式液力变矩器中。单向离合器在行星齿轮机构中的作用和离合器、制动器相同，也是用于固定或连接几个行星排中的某些太阳轮、行星架、齿圈等基本元件，让行星齿轮机构组成不同传动比的挡位。因此，它也是行星齿轮机构的换挡元件之一。不同之处在于，它是依靠其单向锁止原理来发挥固定或连接作用的，其连接和固定也只能是单方向的。当与之相连接的元件的受力方向与锁止方向相同时，该元件即被固定或连接；当受力方向与锁止方向相反时，该元件即被释放或脱离连接。

单向离合器分为滚柱式和楔块式两种。滚柱式单向离合器示意图，如图 3-20 所示；楔块式单向离合器示意图，如图 3-21 所示。

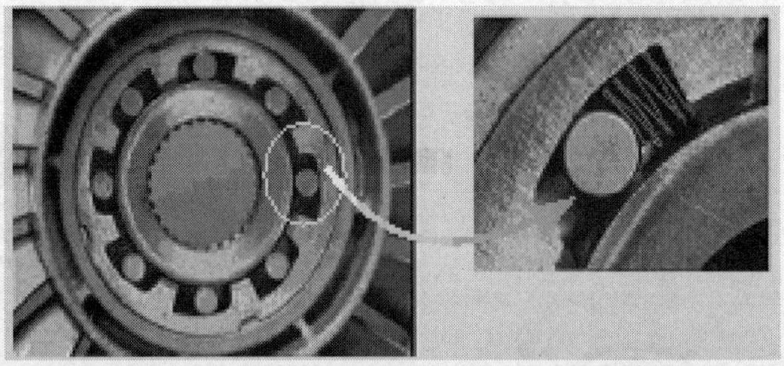

图 3-20 滚柱式单向离合器

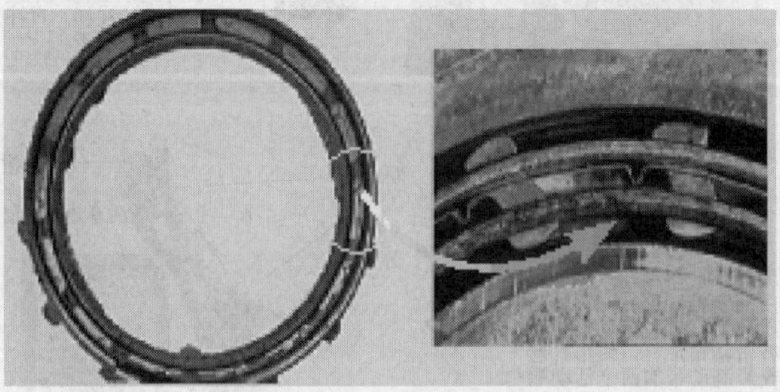

图 3-21 楔块式单向离合器

3.4 平行轴式齿轮变速系统的结构与工作原理

平行轴式自动变速器与行星齿轮式自动变速器一样，也是由机械传动部分和电控液压部分组成。平行轴式自动变速器是由三根相互平行的轴，即输入轴、输出轴、中间轴组成，轴上分别安装着几对常啮合的齿轮。图 3-22 所示为三平行轴式自动变速器的结构示意图。

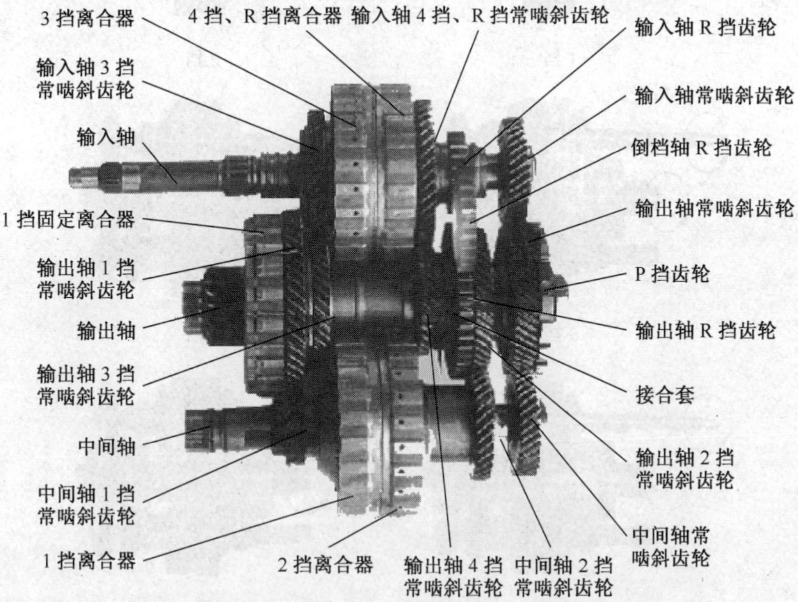

图 3-22　三平行轴式自动变机构

3.4.1　平行轴式自动变速器的特点

平行轴式自动变速器的机械传动部分的最大特点是，在变速器壳体上装着二或三根相互平行的轴，每根轴上都装着几个常啮合的齿轮，常啮合齿轮的动力传递是通过离合器或单向离合器完成的（见图 3-22）。

1．输入轴（主轴）

输入轴通过轴上的花键与涡轮键配合，液力变矩器的涡轮旋转时，输入轴便旋转，它是自动变速器的动力输入元件，轴上键配合着主动轴惰轮，它与输出轴上的惰轮常啮合。

2．输出轴（第二轴）

输出轴是通过常啮合齿轮或通过主动轴驱动中间轴，再由中间轴通过常啮轮把主动轴动力传递给输出轴在由输出轴传递给驱动轮。该轴上套装着一个输入轴惰轮，它既与主动轴惰轮常啮合，又与中间轴上的惰轮常啮合。主动轴惰轮旋转，输出轴上的惰轮也一同旋转，于是便带动中间轴上的惰轮一同旋转，因中间轴与中间轮轴惰轮配合，于是中间轴便顺时针旋转。由此可知，只要主动轴旋转，中间轴便旋转。

3．中间轴（副轴）

中间轴上花键配合一中间惰轮。只要发动机运转，该齿轮便通过与之常啮合的输出轴惰轮在主动惰轮的带动下做与主动轴旋转方向相同的旋转运动，于是带动中间轴旋转（见图3-23）。

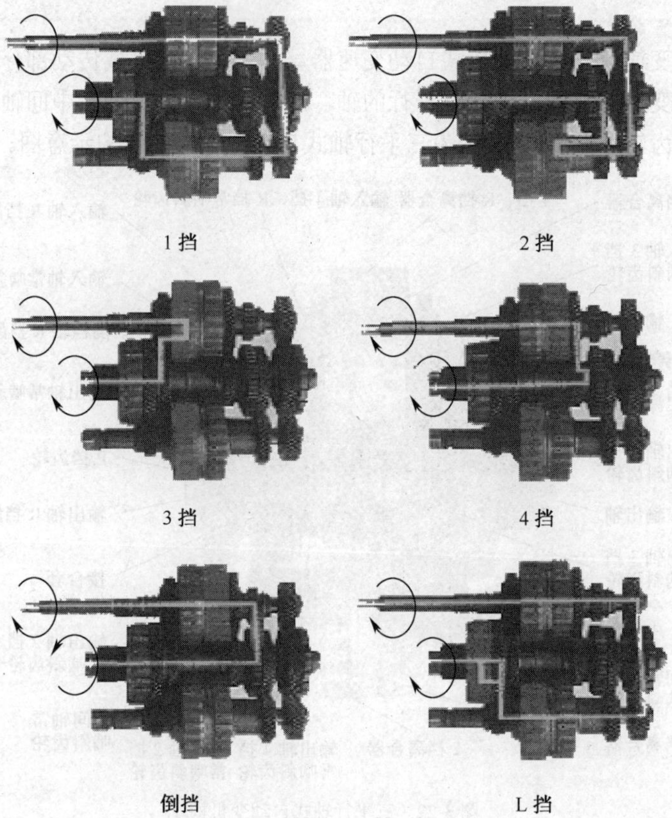

图3-23 三平行轴式动力传递流程

1挡：输入轴→输入轴常啮合齿轮→输出轴常啮合齿轮→1挡离合器→中间轴常啮合齿轮→中间轴1挡常啮合齿轮→输出轴1挡常啮合齿轮→输出轴。

2挡：输入轴→输入轴常啮合齿轮→输出轴常啮合齿轮→中间轴常啮合齿轮→2挡离合器→中间轴2挡常啮合齿轮→输出轴2挡常啮合齿轮→输出轴。

3挡：输入轴→3挡离合器→输入轴3挡常啮合齿轮→输出轴3挡常啮合齿轮→输出轴。

4挡：输入轴→4挡、倒挡离合器→输入轴4、倒挡常啮合齿轮→输出轴4挡常啮合齿轮→输出轴。

倒挡：输入轴→4挡、倒挡离合器→输入轴4、倒挡常啮合齿轮→倒挡轴R挡齿轮→输出轴4挡常啮合齿轮→输出轴。

3.4.2 本田雅阁平行轴式自动变速器

平行轴式自动变速器是日本本田公司的专利技术，被广泛应用于本田公司所生产的车型上，现以BCLA、MCLA型自动变速器为例，说明其原理与维修事项。

自动变速器是三元件变矩器和三轴电子控制单元的组合，能提供5个前进挡位和1个倒挡位。整个装置与发动机串联。

1．变矩器、齿轮和离合器

变矩器由泵轮、涡轮和导轮总成组成一个独立单元。变矩器壳体（泵轮）与发动机曲轴相连，随发动机一起转动。环绕变矩器外部的是一个齿圈。发动机启动时，齿圈与启动机行星齿轮啮合。将动力传送到变速器主轴的同时，整个变矩器总成起着飞轮的作用。变速器有三条平行轴：主轴、副轴和第二轴。主轴与发动机曲轴串联。主轴包括 4 挡和 5 挡离合器以及 5 挡、4 挡、倒挡和惰轮齿轮。主轴倒挡齿轮和主轴 4 挡齿轮集成在一起。副轴包括 1 挡、2 挡、3 挡、4 挡、5 挡、倒挡、驻车挡和主减速器齿轮，主减速器齿轮与副轴集成在一起。副轴 4 挡齿轮和倒挡齿轮可以锁定在副轴上，根据接合套的移动方向，提供 4 挡位或倒挡位。第二轴包括 1 挡、2 挡和 3 挡离合器以及 1 挡、2 挡、3 挡和惰轮齿轮。惰轮轴位于主轴和第二轴中间，惰轮则在主轴和第二轴之间传递动力。主轴和第二轴上的齿轮与副轴上的齿轮恒定啮合。变速器中齿轮的特定组合，通过与离合器啮合，然后就将动力从主轴传递到第二轴和/或副轴上，从而提供驱动力。

2．电子控制

电子控制系统由动力系控制模块（PCM）、传感器和电磁阀组成。换挡和锁止由电子方式控制，这样，在任何条件驾驶都很舒适。PCM 在仪表板下，位于中央控制台后面的前下板的下面。

液压控制阀体包括主阀体、调节器阀体和伺服阀体。通过螺栓固定在变矩器壳体上。主阀体包括手动阀、换挡阀 A、换挡阀 B、换挡阀 C 和换挡阀 E、安全阀、锁止控制阀、冷却器单向阀、伺服控制阀和 ATF 泵齿轮。调节器阀体包括调节器阀、变矩器单向阀、锁止换挡阀、1 挡及 3 挡蓄压器。伺服阀体包括伺服阀、换挡阀 D、2 挡、4 挡和 5 挡蓄压器及换挡电磁阀 A、B、C、D 和 E。油液从调节器流出，经手动阀，流向各控制阀。1 挡、3 挡和 5 挡离合器从它们各自的输油管获取油液，2 挡和 4 挡离合器从内部液压回路获取油液。

3．换挡控制机构

PCM 通过换挡电磁阀 A、B、C、D 和 E 以及 A/T 离合器压力控制电磁阀 A、B 和 C 来控制换挡，并接受来自整个车辆的各种传感器和开关的输入信号。换挡电磁阀改变换挡阀的位置，切换向离合器传递液压的端口。A/T 离合器压力控制电磁阀 A、B 和 C 调节各自的液压，使离合器与其相应的齿轮进行啮合。A/T 离合器压力控制电磁阀的压力也作用在换挡阀上，以切换端口。

4．锁止机构

锁止机构工作在 D 位置（2 挡，3 挡，4 挡和 5 挡）及 D 位置（2 挡和 3 挡）。压力油通过液压油通道，从变矩器的后部排出，从而使变矩器离合器活塞紧靠在变矩器盖上。此时，主轴与发动机曲轴以相同的速度旋转。PCM 与液压控制一起，优化锁止机构的正时和容积。当 PCM 使换挡电磁阀 E 带电时，换挡电磁阀 E 的压力将切换锁止换挡阀的 ON 和 OFF。A/F 离合器压力控制电磁阀 A 和锁止控制电磁阀控制锁止重要条件的容积。

5．挡位选择

换挡杆有七个位置：PARK（驻车）、REVERSE9（倒挡）、NEUTRAL（空挡）、1 至 5 挡、1 至 3 挡、2 挡和 1 挡。挡位选择位置如图 3-24。

由于滑动型空挡安全开关的作用，车辆只能在 P 位置和 N 位置起动。自动变速器差速器（A/T）挡位指示器仪表板上的 A/T 挡位指示器能显示选中的位置，无需低头看换挡杆，如图 3-25

所示。

图 3-24 挡位选择位置

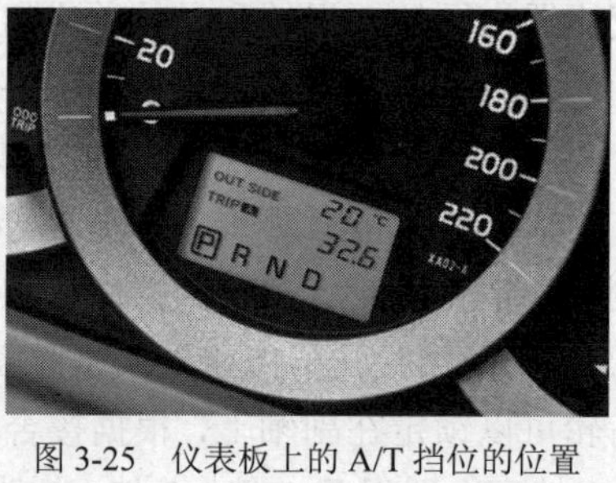

图 3-25 仪表板上的 A/T 挡位的位置

6．离合器和齿轮

5 速自动变速器靠液压作动离合器来啮合或分离变速器齿轮。液压作用在离合器鼓上，推动离合器活塞，将摩擦片和钢片压在一起，并锁定，使它们不能滑动。然后，动力从啮合的离合器组件传递到其轴套悬挂的齿轮上。同样，当液压从离合器组件排放后，活塞离开，摩擦片和钢片分离，从而使它们相互自由滑动。这使齿轮绕各自的轴独立旋转，不传递任何动力。

（1）1 挡离合器。1 挡离合器啮合/分离 1 挡齿轮，它位于第二轴的中间。1 挡离合器与 3 挡离合器背靠背连接。1 挡离合器的液压由第二轴内的 ATF 输油管提供。

（2）2 挡离合器。2 挡离合器啮合/分离 2 挡齿轮，它位于第二轴的轴端，端盖的对面。2 挡离合器的液压由与内部液压回路相连通的回路提供。

（3）3 挡离合器。3 挡离合器啮合/分离 3 挡齿轮，它位于第二轴的中间。3 挡离合器与 1 挡离合器背靠背连接。3 挡离合器的液压由第二轴内的 ATF 输油管提供。

（4）4 挡离合器。4 挡离合器啮合/分离 4 挡齿轮和倒挡齿轮，它位于主轴的中间。4 挡离合器与 5 挡离合器背靠背连接。4 挡离合器的液压由主轴内的 ATF 输油管提供。

（5）5 挡离合器。5 挡离合器啮合/分离 5 挡齿轮，它位于主轴的中间。5 挡离合器与 4 挡离合器背靠背连接。5 挡离合器的液压由主轴内的 ATF 输油管提供。

（6）齿轮的运转。

① 主轴上的齿轮

• 4 挡齿轮通过 4 挡离合器与主轴啮合/分离。

• 5 挡齿轮通过 5 挡离合器与主轴啮合/分离。

• 倒挡齿轮通过 4 挡离合器与产轴啮合/分离。

• 惰轮通过花键与主轴连接，与主轴一同旋转。

② 副轴上的齿轮。

• 主减速器齿轮与副轴集成在一起。

• 1 挡、2 挡、3 挡、5 挡和驻车挡齿轮通过花键与副轴连接，与副轴一同旋转。

• 4 挡齿轮和倒挡齿轮在副轴上自由旋转。倒挡接合套使 4 挡齿轮和倒挡齿轮与倒挡接合套轴啮合。

倒挡接合套轴通过花键与副轴连接，从而使 4 挡齿轮和倒挡齿轮与副轴啮合。

③ 第二轴上的齿轮。

• 1 挡齿轮通过 1 挡离合器与第二轴啮合/分离。

• 2 挡齿轮通过 2 挡离合器与第二轴啮合/分离。

• 3 挡齿轮通过 3 挡离合器与第二轴啮合/分离。

• 惰轮通过花键与第二轴连接，与第二轴一同旋转。

惰轮轴上的惰轮在主轴和第二轴之间转递动力。

倒挡隋轮将动力从主轴倒挡齿轮传递到副轴倒挡齿轮，并使副轴反向旋转。

自动变速器中各部件布置如图 3-26 所示。

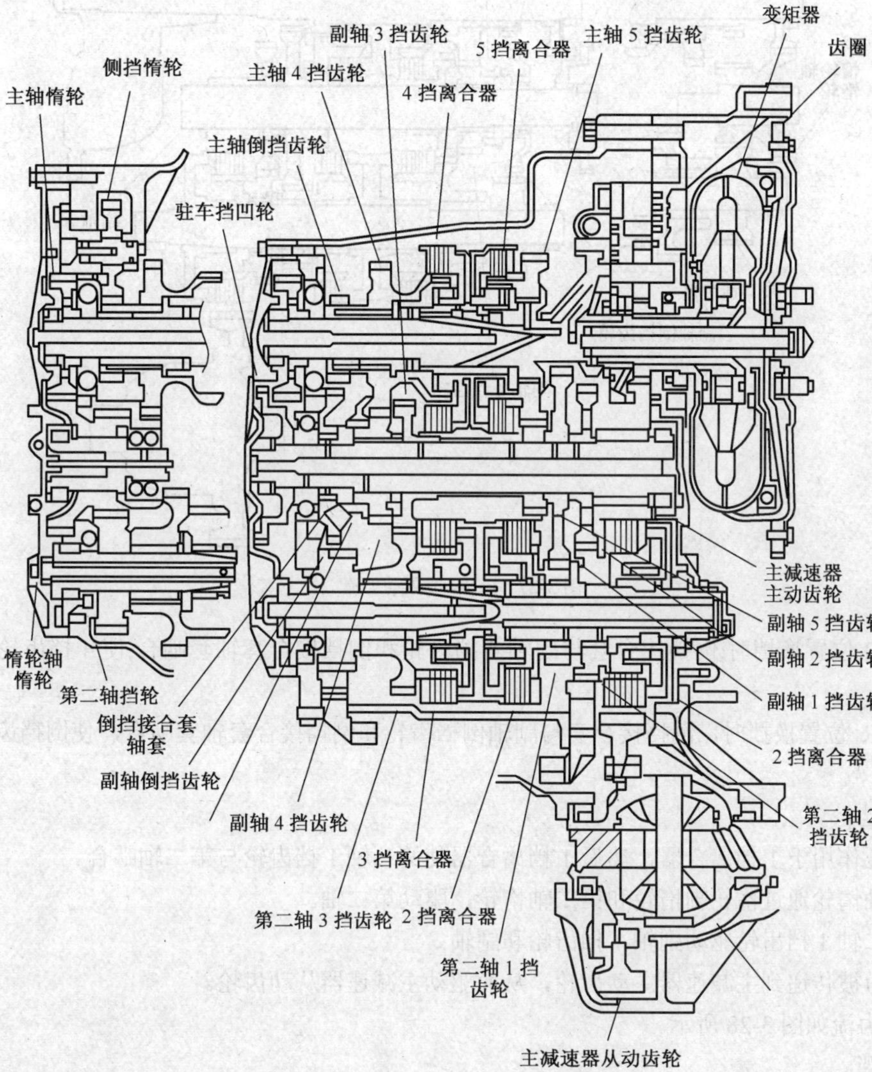

图 3-26 自动变速器部件布置图

7．传动原理

P、N 位置动力流如图 3-27 所示。

（1）P 位置。液压没有作用于离合器。动力没有传递到副轴。驻车棘爪联锁驻车挡齿轮，使副轴锁定。

（2）N 位置。自动变矩器传递的发动机动力，驱动主轴惰轮、惰轮轴惰轮和第二轴惰轮，但液压并没有作用于离合器。动力未传递到副轴。在此位置，倒挡接合套的位置会因换挡杆是否从 D 位置或 R 位置换挡而不同：

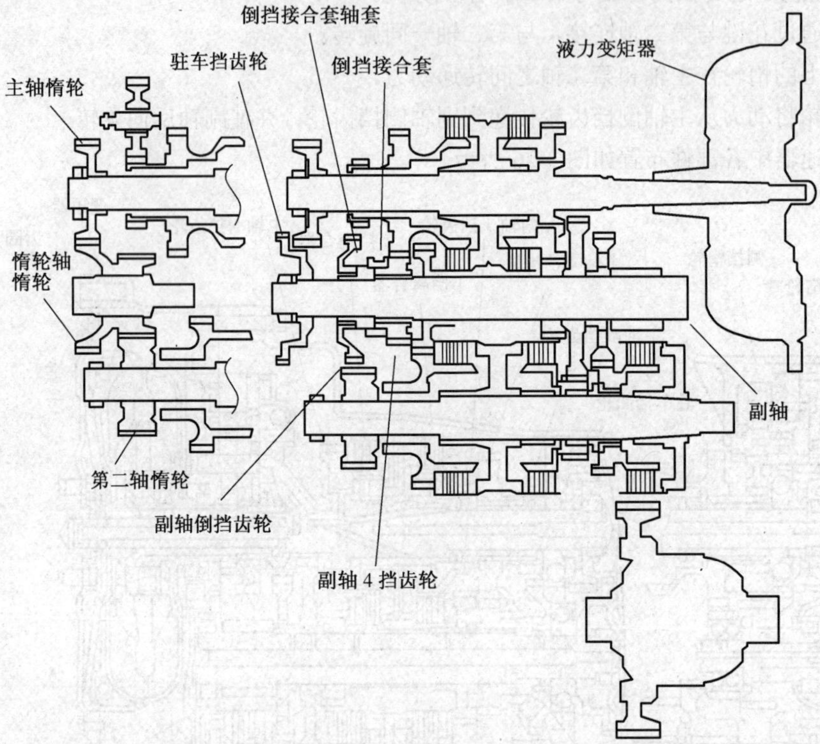

图 3-27 P、N 位置动力流

① 从 D 位置换挡时，倒挡接合套与副轴 4 挡齿轮和倒挡接合套轴套啮合，使 4 挡齿轮与副轴啮合。

② 从 R 位置换挡时，倒挡接合套与副轴倒挡齿轮和倒挡接合套轴套啮合，使倒挡齿轮与副轴啮合。

（3）1 挡。

① 液压作用于 1 挡离合器，然后 1 挡离合器使第二轴 1 挡齿轮与第二轴啮合。

② 主轴惰轮通过惰轮轴惰轮和第二轴惰轮，驱动第二轴。

③ 第二轴 1 挡齿轮驱动副轴 1 挡齿轮和副轴。

④ 动力被传递到主减速器主动齿轮，从而驱动主减速器从动齿轮。

1 挡动力流如图 3-28 所示。

（4）2 挡。

① 液压作用于 2 挡离合器，然后，2 挡离合器使第二轴 2 挡齿轮与第二轴啮合。

② 主轴惰轮通过惰轮轴惰轮和第二轴惰轮，驱动第二轴。

③ 第二轴 2 挡齿轮驱动副轴 2 挡齿轮和副轴。

④ 动力被传递到主减速器主动齿轮，从而驱动主减速器从动齿轮。

2 挡动力流如图 3-29 所示。

（5）3 挡。

① 液压作用于 3 挡离合器，然后，3 挡离合器使第二轴 3 挡齿轮与第二轴啮合。

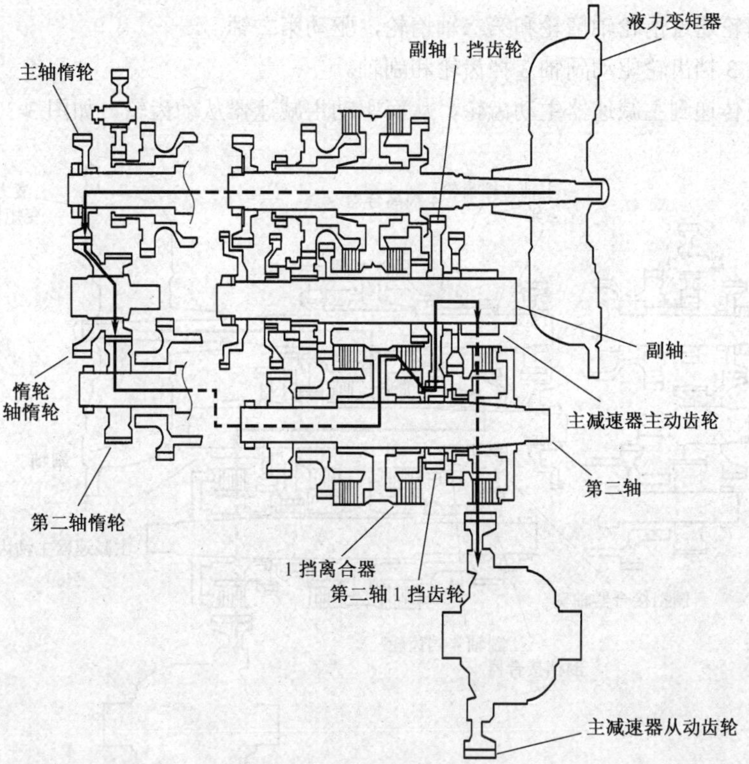

图 3-28　1 挡位置动力流示意图

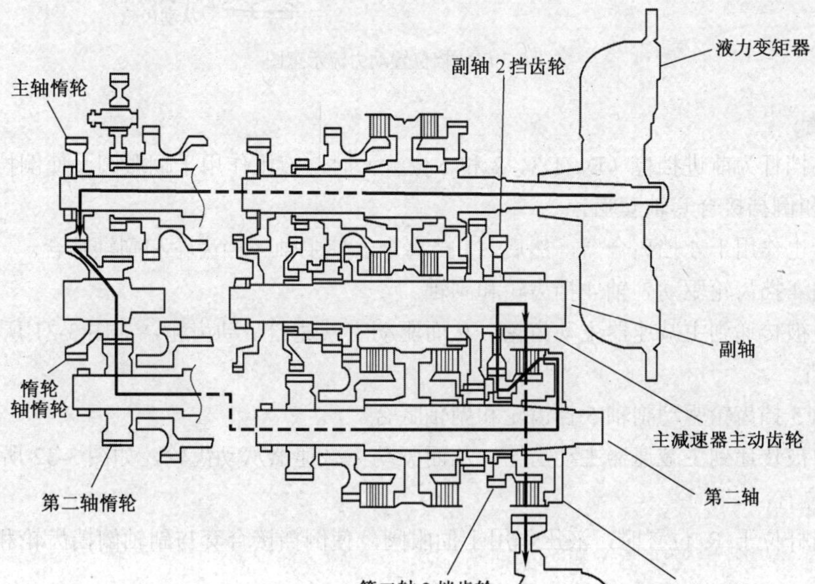

图 3-29　2 挡位置动力流示意图

② 主轴惰轮通过惰轮轴惰轮和第二轴惰轮，驱动第二轴。

③ 第二轴 3 挡齿轮驱动副轴 3 挡齿轮和副轴。

④ 动力被传递到主减速器主动齿轮，从而驱动主减速器从动齿轮，如图 3-30 所示。

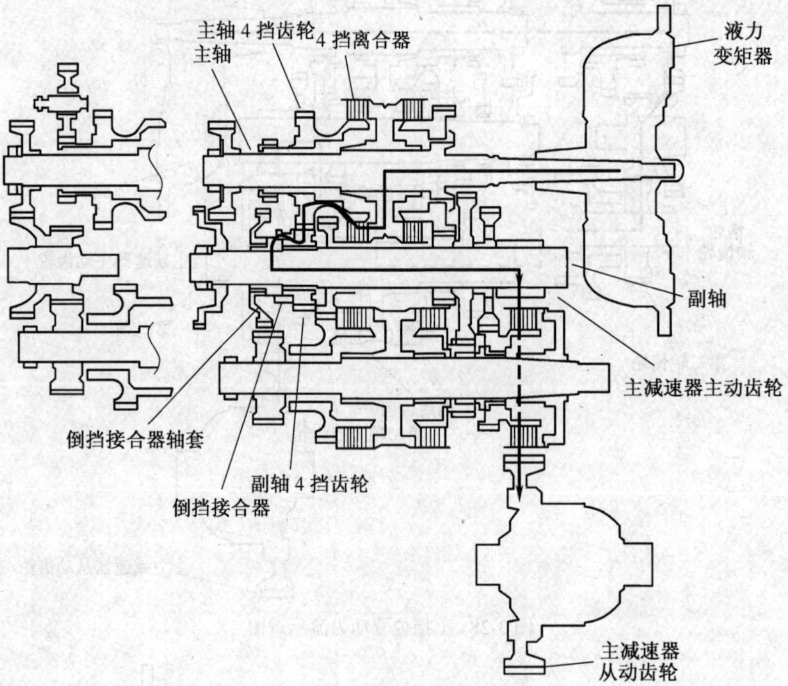

图 3-30　3 挡位置动力流示意图

（6）4 挡。

① 当换挡杆为前进挡位（D、D3、2 和 1 位置）时，液压作用于伺服阀，使倒挡接合套与副轴 4 挡齿轮和倒挡接合套轴套啮合。

② 液压也作用于 4 挡离合器，然后，4 挡离合器使主轴 4 挡齿轮和副轴啮合。

③ 主轴 4 挡齿轮驱动副轴 4 挡齿轮和副轴。

④ 动力被传递到主减速器主动齿轮，从而驱动主减速器从动齿轮，如图 3-31 所示。

（7）5 挡。

① 主轴 5 挡齿轮驱动副轴 5 挡齿轮和副轴啮合。

② 动力被传递到主减速器主动齿轮，从而驱动主减速器从动齿轮，如图 3-32 所示。

（8）R 位置。

① 换挡杆位于 R 位置时，液压作用于伺服阀，使倒挡接合套与副轴倒挡齿轮和倒挡接合套轴套啮合。

② 液压作用于 4 挡离合器，然后，4 挡离合器使主轴倒挡齿轮与主轴啮合。

③ 主轴倒挡齿轮通过倒挡惰轮，驱动副轴倒挡齿轮。

④ 倒挡惰轮使副轴倒挡齿轮反向旋转。

⑤ 副轴倒挡齿轮通过驱动倒挡接合套轴套的倒挡接合套，驱动副轴。

⑥ 动力被传递到主减速器主动齿轮，从而驱动主减速器从动齿轮，如图 3-33 所示。

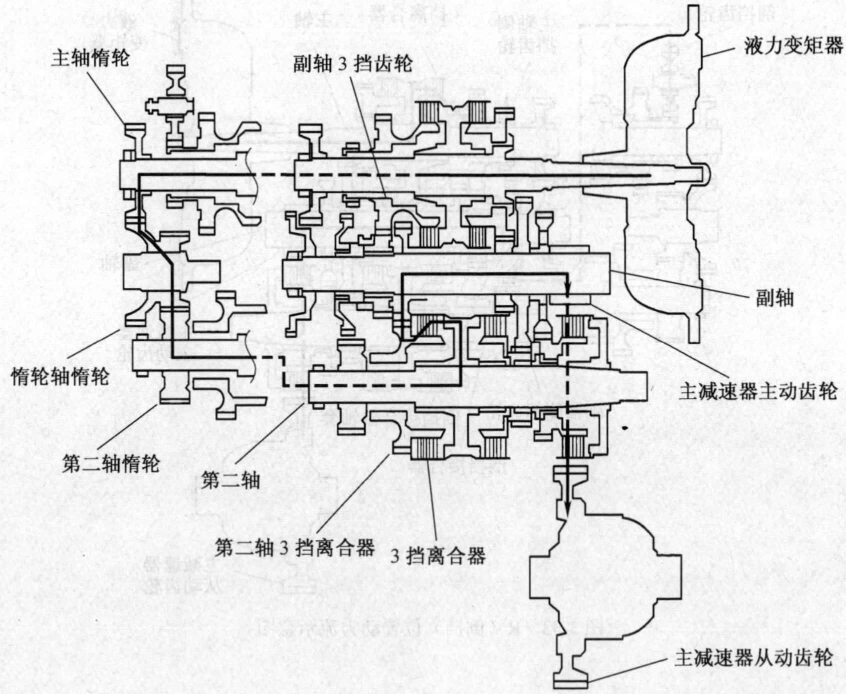

图 3-31　4 挡位置动力流示意图

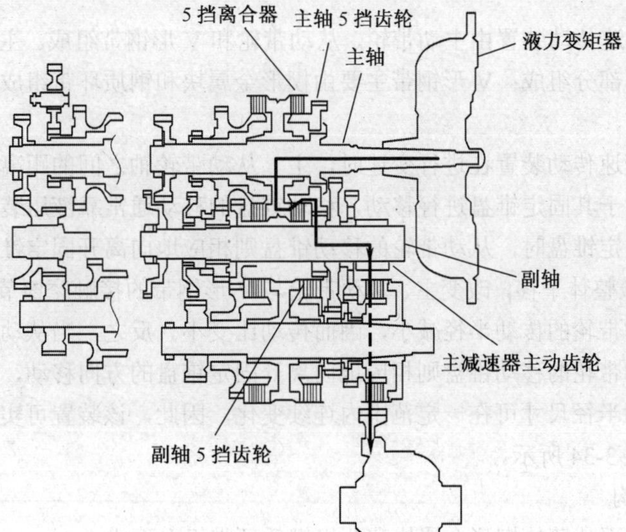

图 3-32　5 挡位置动力流示意图

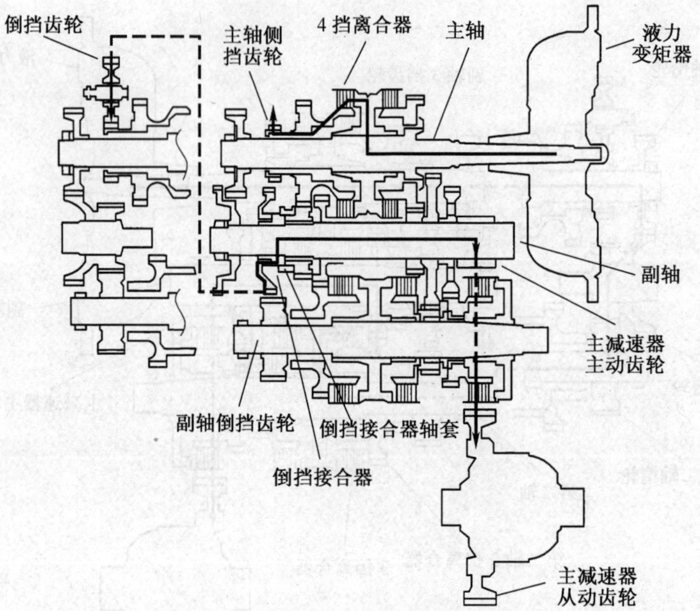

图 3-33 R（倒挡）位置动力流示意图

3.5 带传动系统组成与原理

V 形钢带无级变速传动装置由主动带轮、从动带轮和 V 形钢带组成。主、从动带轮都是由固定锥盘和移动锥盘两部分组成；V 形钢带主要由楔形金属块和钢质环带组成，在主、从动带轮之间传递动力。

V 形钢带无级变速传动装置在进行变速时，主、从动带轮轴之间的距离保持不变，主、从动带轮的移动锥盘相对于其固定锥盘进行移动，移动锥盘的移动通常靠液压装置完成，当主动带轮的移动锥盘靠近其固定锥盘时，从动带轮的移动锥盘则相应地向离开固定锥盘的方向移动。这种移动会使 V 形钢带做整体平移，改变主、从动带轮与 V 形钢带的接触摩擦节圆直径，主动带轮的传动半径增大，从动带轮的传动半径减小，因而传动比变小。反之，当从动带轮的移动锥盘靠近其固定锥盘时，主动带轮的移动锥盘则相应地向离开固定锥盘的方向移动，传动比将变大。由于主、从动带轮的传动半径尺寸可在一定范围内连续变化，因此，该装置可实现传动比连续变化的无级变速传动。如图 3-34 所示。

1．V 形钢带结构

V 形钢带是由数百片薄的楔形金属块和两组钢质环带组合而成。

楔形金属块厚度约为 2mm，两端的 V 形侧面与带轮 V 形槽接触产生摩擦作用。钢质环带是厚度约为 0.2mm 的薄钢片环，数条钢质环带叠合嵌入楔形金属块上部两侧的缺口中，数百片楔形金属块连成一体，形成一条挠性 V 形钢带。

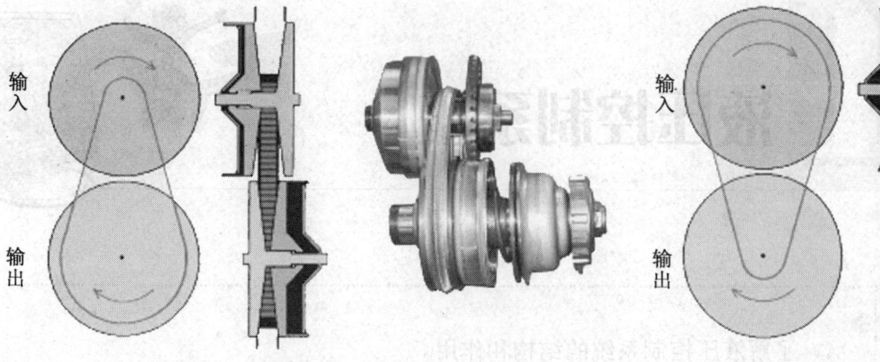

图 3-34 低速与超速的带轮比

2．原理

在工作过程中，V 形钢带主动带轮一侧的楔形金属块由于受带轮与楔形金属块斜面间的摩擦力作用而向前运动，并挤压其前面的楔形金属块，于是两者之间产生挤压力。随着楔形金属块由接触的始端向末端运动，这种挤压力就在整个 V 形钢带的紧边（金属块压紧边）建立起来。而在从动带轮一侧，通过楔形金属块斜面对带轮的摩擦力带动从动带轮转动。在这一过程中，在 V 形钢带的松边，作用在前面楔形金属块上的挤压力逐渐减小，到最后挤压力消失，楔形金属块之间出现间隙；在 V 形钢带的紧边，楔形金属块一个推压一个，后面的楔形金属块推动前面的楔形金属块而产生多米诺效应，将动力由主动带轮传递到从动带轮。由于楔形金属块主要承受压力，因此，称这种楔形金属块 V 形钢带为压力带。

此外，钢质环带由于嵌入楔形金属块的缺口中，它们之间也产生摩擦作用。钢质环带不仅是楔形金属块的运动轨道，而且其本身也有传力的功能。在 V 形钢带的紧边，因楔形金属块的挤压作用，楔形金属块与钢质环带产生摩擦；在 V 形钢带的松边，因楔形金属块之间存在间隙，挤压作用消失，故钢质环带只产生拉伸作用，即形成所谓的拉伸带，如图 3-35 所示。

图 3-35 V 形钢带

课题四 液压控制系统

学习目标

- ◎ 了解液压控制系统的结构和作用。
- ◎ 理解液压元件的工作原理。
- ◎ 掌握油泵的检查方法。
- ◎ 正确进行阀体的分解。

任务内容组成

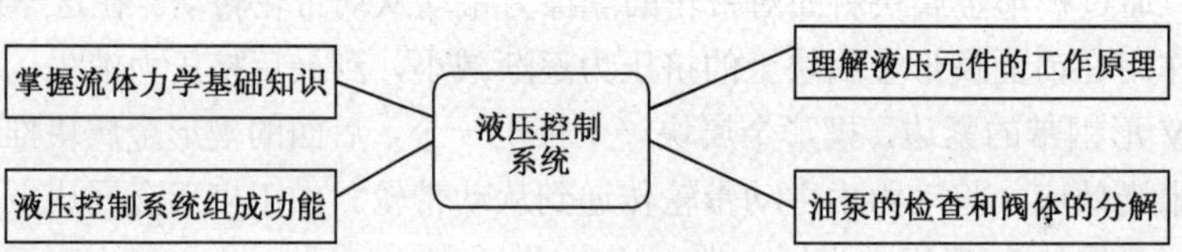

4.1 液压控制系统分类与组成

1．液压控制系统的分类

液压控制系统有两种操纵方式，一种是全液压操纵方式，另一种是电子控制液压操纵方式。两种不同操纵方式的液压控制系统框图如图 4-1 和图 4-2 所示。

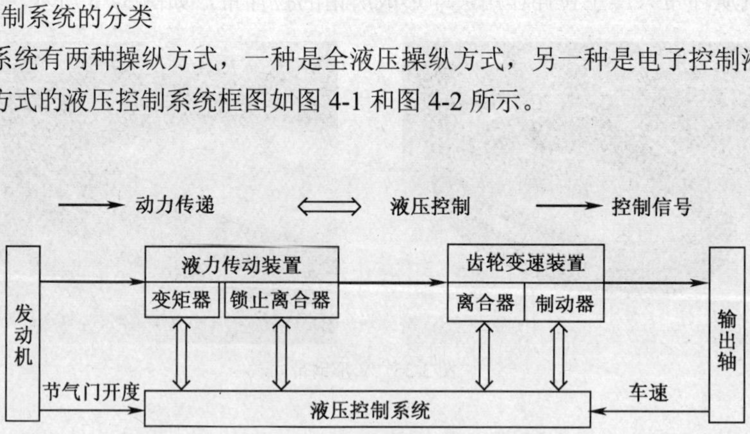

图 4-1 全液压操纵方式

在全液压操纵方式的液压控制系统中，车速和节气门开度信号被转换为液压信号。这个液压信号在液压控制系统中，经过处理后被直接执行。而电子控制液压操纵方式的液压控制系统中，车速和节气门开度信号先被转换为电信号。这个电信号在电子控制系统中经过处理后，再传递给液压控制系统去执行。这就是两者的差别。

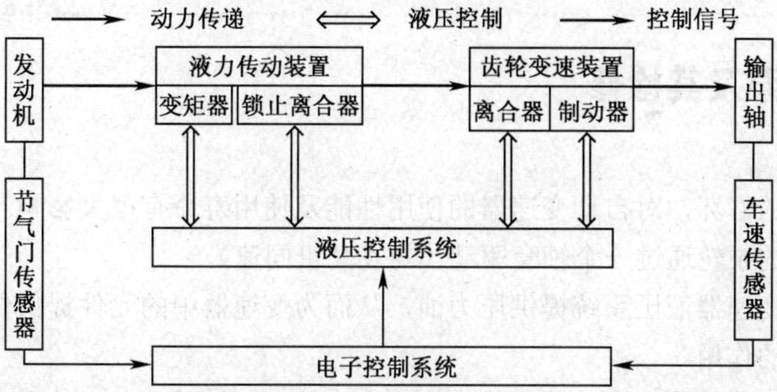

图 4-2　电子控制液压操纵方式

2. 液压控制系统的组成

液压控制系统由主供油路、控制信号、换挡控制、换挡品质控制、执行元件、润滑冷却和锁止控制等几个部分组成。

（1）主供油路。主供油路是整个液压控制系统的动力源。它向液压控制系统提供足够压力和流量的工作介质，而且压力大小可以随发动机的负荷、车速及挡位等不同而相应变化。它主要由油泵和调压阀组成。

（2）控制信号。控制信号是换挡的根据。它主要有三个参数：变速杆的位置；节气门的开度；车速。

这三个参数是由手动阀以及节气门阀和速控阀来转换的。其中手动阀与手动变速杆相连，它是手动换挡的控制依据；而节气门阀和速控阀分别与节气门轴和变速器输出轴相连，它们是自动换挡的控制依据。

（3）换挡控制。换挡控制是由几个换挡控制阀组成的，它是自动换挡操纵系统中的核心机件。实际上它是一个油路开关，可以根据控制信号的指令，实现油路的转换，进而达到换挡的目的。

（4）换挡品质控制。换挡品质控制部分的作用是保证换挡过程平顺、无冲击，防止产生大的动载荷，以免造成机件的损伤和换挡过程中不舒适的感觉。它是由在通向执行元件的油路中增加的蓄压器、缓冲阀、定时阀、压力调节阀、节流孔、节流球和节流片等组成。

（5）执行元件。执行元件主要指离合器和制动器。虽然执行元件是安装在齿轮变速装置中的，但它却是液压控制系统的一部分。液压控制系统最终要通过执行元件，才能实现齿轮变速机构的挡位变换。

（6）润滑冷却。润滑冷却部分的主要作用是润滑液力传动装置和齿轮变速装置的所有机件以及冷却工作介质，保证正常工作温度。它由次调压阀和润滑油路以及冷却器和冷却油路组成。

（7）锁止控制。锁止控制的作用是在不同挡位下达到一定车速时，使液力变矩器的泵轮和涡轮锁合，以提高变矩器的效率。它由锁止信号阀和锁止中继阀等组成。

4.2 液压元件的结构及工作原理

4.2.1 液压油泵及其检修

1．油泵

油泵技术状况的好坏，对自动变速器的使用性能及使用寿命有很大影响。油泵通常装在变矩器后端，由变矩器的泵轮通过一个轴套驱动（与发动机同速）。

其作用是：为变速器液压系统提供压力油，从而为变速器中的元件提供传动油压力，并且能够起到润滑和冷却的作用。

自动变速器上常见的油泵有三种形式：内啮合齿轮泵、转子泵和叶片泵。目前内啮合齿轮泵应用最普遍，图 4-3 所示为内啮合齿轮泵实物与拆解示意图。

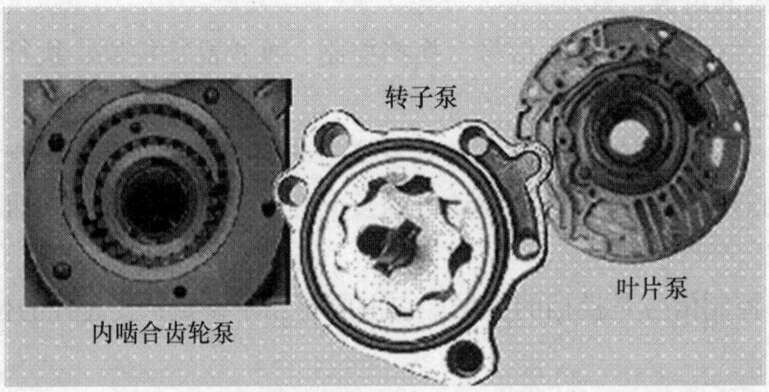

图 4-3 内啮合齿轮泵实物与拆解示意图

（1）内啮合齿轮泵。内啮合齿轮泵主要由小齿轮、内齿轮、月牙形隔板、泵壳和泵盖等组成。

小齿轮为主动齿轮，内齿轮为被动齿轮，两者均为渐开线齿轮。月牙形隔板的作用是将小齿轮和内齿轮之间的工作腔分隔为吸油腔和压油腔，使彼此不通。泵壳上有进油口和出油口，如图 4-4 所示。

发动机运转时，变矩器壳体后端的轴套带动小齿轮和内齿轮一起旋转，此时在吸油腔中，由于小齿轮和内齿轮不断退出啮合，容积不断增大，以致形成局部真空，将液压油从进油口吸入，而后随着齿轮的旋转，齿间的液压油被带到压油腔。在压油腔中，由于小齿轮和内齿轮不断进入啮合，容积又不断减小，这样就将液压油从出油口压出。这就是内啮合齿轮泵的泵油过程。

（2）转子泵。转子泵由一对内啮合的转子及泵壳、泵盖等组成，如图 4-5 所示。内转子为外齿轮，其齿廓曲线是外摆线；外转子为内齿轮，齿廓曲线是圆弧曲线。一般内转子的齿数可以为 4、6、8 或 10 等，而外转子比内转子多 1 个齿。内转子的齿数越多，出油脉动就越小。通常自动变速器上所用的摆线转子泵的内转子都是 10 个齿。

发动机运转时，带动油泵内外转子朝相同的方向旋转。内转子为主动齿，外转子的转速比内转子每圈慢 1 个齿。内转子的齿廓和外转子的齿廓是一对共轭曲线。

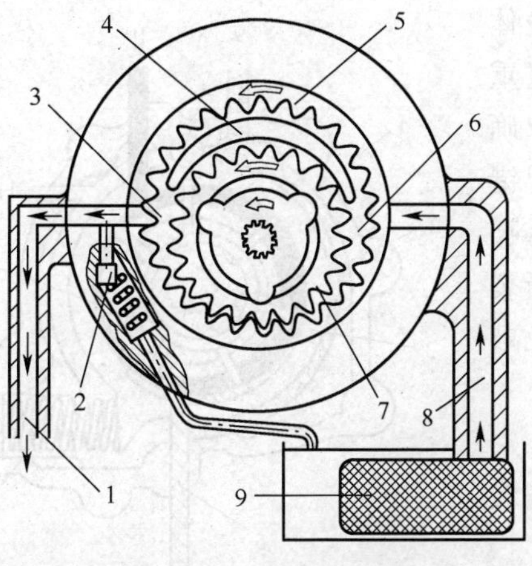

图 4-4 内啮合齿轮泵结构图

1—出油道；2—泄荷阀；3—排油腔；4—月牙形隔板；5—内齿轮；6—吸油腔；7—外齿轮；8—进油道；9—滤清器

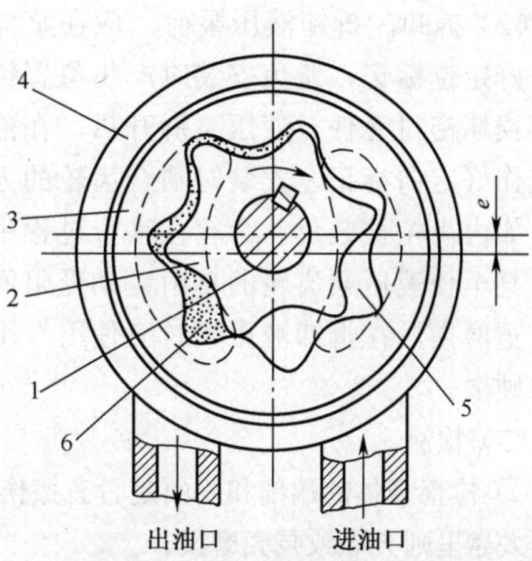

图 4-5 转子泵

1—驱动轴；2—内转子；3—外转子；4—泵壳；5—进油腔；6—出油腔；7—偏心距

当转子朝顺时针方向旋转时，内转子、外转子中心线右侧的各个工作腔的容积由小变大，以致形成局部真空，将液压油从进油口吸入；在内转子、外转子中心线左侧的各个工作腔的容积由大变小，将液压油从出油口排出。

（3）叶片泵。

叶片泵由定子、转子、叶片、壳体和泵盖等组成，如图 4-6 所示。转子由变矩器壳体后端的轴套带动，绕其中心旋转；定子是固定不动的，转子与定子不同心。

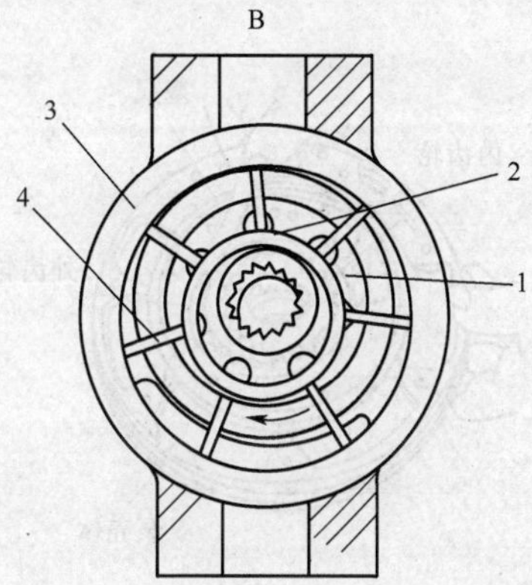

图 4-6 叶片泵

1—转子；2—定位环；3—定子；4—叶片；A—进油口；B—出油口

当转子旋转时，叶片在离心力或叶片底部的液压油压力的作用下向外张开，紧靠在定子内表面上，并随着转子的转动，在转子叶片槽内作往复运动。这样在每两个相邻叶片之间便形成密封的工作腔。如果转子朝顺时针方向旋转，在转子与定子中心连线右半部的工作腔容积逐渐增大，以致产生一定的真空，将液压油从进油口吸入；如果转子朝逆时针方向旋转，在转子与定子中心连线左半部的工作腔容积逐渐减小，将液压油从出油口压出。

这种叶片泵的定子不是固定在泵壳上，而是可以绕一个销轴作一定的摆动，以改变定子与转子的偏心距，从而改变油泵的流量。在油泵运转时，定子的位置由定子侧面控制腔内来自油压调节阀的反馈油压来控制。可变流量叶片泵结构如图 4-7 所示。

2．液压泵的检修

（1）液压泵的检查。经压力测试显示主油路压力偏低时，应对变速器液压泵进行仔细的检测，以确定是否为引发故障的原因所在，为后续检测创造条件，避免不必要的返工。有时疏漏和粗心会带来麻烦。

（2）拆卸。拆卸液压泵前，应在泵体与变速器壳体间作好定位标记，避免安装时产生位置错误导致反复重装而损坏密封元件。液压泵拆开后，在液压泵齿轮上确认或作好定向标记，安装时啮合齿轮的方向不能出现错误，如内齿轮被装反，齿轮在啮合过程中会产生严重噪声，甚至使液压泵齿轮的自由运动受阻而造成轮齿断裂或严重磨损。在拆卸液压泵时应使用专用工具，避免敲击和硬撬。

（3）检测。

① 检查泵体的端部和侧面是否有擦伤。若变矩器安装位置太靠里则会导致泵壳磨损。

② 检测前轴瓦的磨损。轴瓦间隙应根据汽车修理手册提供的厂家标准进行测量，保证标准间隙可避免液压泵的磨损，也可将轴瓦处的润滑油压力泄漏损失降至最低。若轴瓦间隙过大，可能造成齿轮中心偏移而使齿轮与月牙形隔板和泵体间产生摩擦。

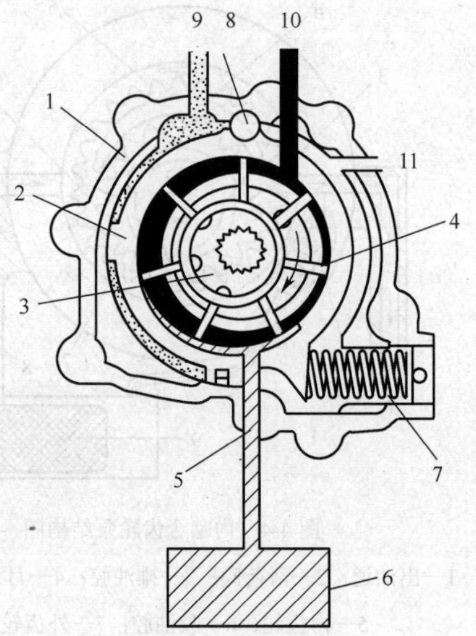

图 4-7 可变流量叶片泵结构

1—泵壳；2—摆动泵体；3—转子；4—叶片；5—进油口；6—滤网；7—回位弹簧；8—销轴；9—反馈油路；10—出油口；11—排油口

③ 用塞尺检测液压泵内齿与泵体间的间隙，检测内齿圈与月牙隔板的间隙，将测量结果与规范值相比较。使用塞尺和直尺检测齿轮间的间隙并将检测结果与规范值比较，如果间隙过大，则要更换液压泵，如图 4-8 所示。

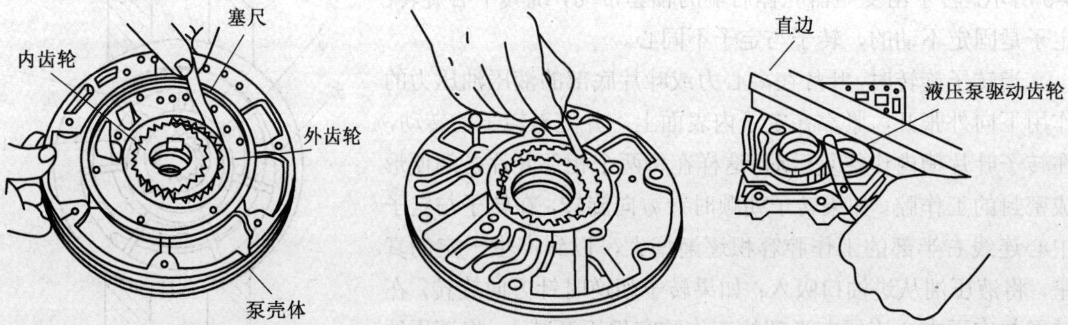

图 4-8 液压泵间隙测量

④ 叶片泵测量程序与其他泵不同。泵内转子与变矩器驱动轮毂的配合值与其他形式泵的测量方式相同。但泵的转子、叶片和导轨都要按原厂安装尺寸进行测量选配，在检查中更换任何一个部件都可能破坏原分组尺寸。如果某个部件需要更换时，必须保证它原来的尺寸精度，如图 4-9 所示，所以正确测量和选择部件的尺寸对装配精度很重要。叶片的边缘容易出现边缘磨损，维修时应将叶片的外缘磨圆，使其表面形成光滑圆弧。

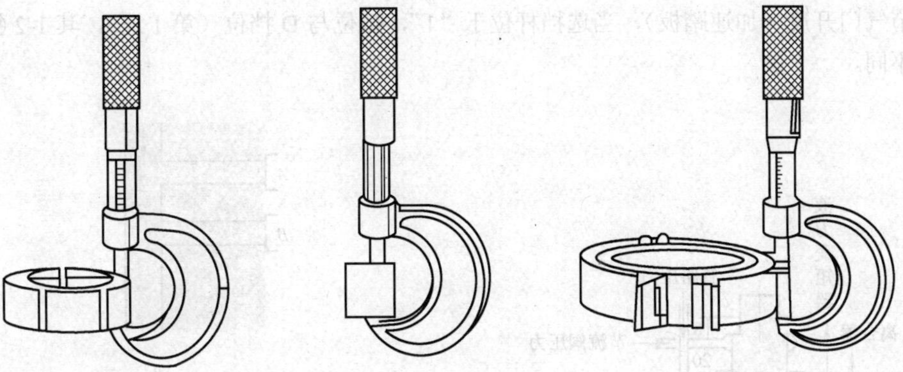

图 4-9　叶片泵的测量

⑤ 仔细检查密封环是否有裂纹、变形和磨损，确保密封环能够在环槽内旋转。如出现问题应更换密封环，如果密封环为特氟隆型，更换时应先将旧密封环切断，安装新密封环时应使用专用工具，更换时要特别小心避免划伤密封环表面。

4.2.2　液压控制系统的各控制阀

1．压力调整阀

压力调整阀以汽车在各种行驶状态，即以车速与加速踏板自动调整相对应的油压。

（1）功用。

① 汽车低速行驶：使管路压力增大，离合器及制动器才能传递较大力矩。

② 汽车高速行驶：使管路压力降低以减低换挡时的震动。

③ 汽车倒车：使管路压力增大，减少离合器及制动器在高力矩时的滑动。

（2）工作原理。

① 发动机启动时。油泵送出油压经通道 7，作用于 A 及 B 上（此时油压低，轴阀不动，A、B 通道被关闭）。油泵送出至油压（等于管路压力），如图 4-10（a）所示。

② 发动机转速上升。（一管路压力增加，轴阀被往下压（管压＞弹簧弹力）、A 通道打开液力变矩器，前后离合器，制动器如图 4-10（b）所示。

③ 发动机转速再上升。管路压力更高、轴阀被往下压，B 通道打开。油压从排泄孔排出管路压力变低。排泄口再度关闭，管路压力又升高（因而压力调整阀能自动操作调整管路压力），如图 4-10（c）所示。

2．手动阀

手动阀是经由连接杆与驾驶室的选挡杆连接，主要功用是将管路压力分别送至各油路，驾驶人可以根据其需要用选挡杆来控制，如图 4-11 所示，图中手动阀正位于 N 挡位，由压力调节阀来的油压被手动阀的阀轴遮住，各通道都没有压力送出。

3．换挡阀

换挡阀主要受来自调速器压力、管路压力（来自手动阀）、节流压力（来自节流阀）及内部弹簧张力作用，使阀轴达到平衡位置。如果阀内柱塞左右端受到的油压失衡，柱塞位移而改变油压出路，因而产生升降挡作用。三速 AT 包括 1-2 换挡阀、2-3 换挡阀两个，四速 AT 多增加一个 3-4 换挡阀，如图 4-12 所示为 1-2 换挡阀，主要提供在第 1 速与 2 速之间自动换挡，换挡时机完全视车速及节气门开度（加速踏板），当选挡杆位于“1”，挡位与 D 挡位（第 1 速），其 1-2 换挡作动也有所不同。

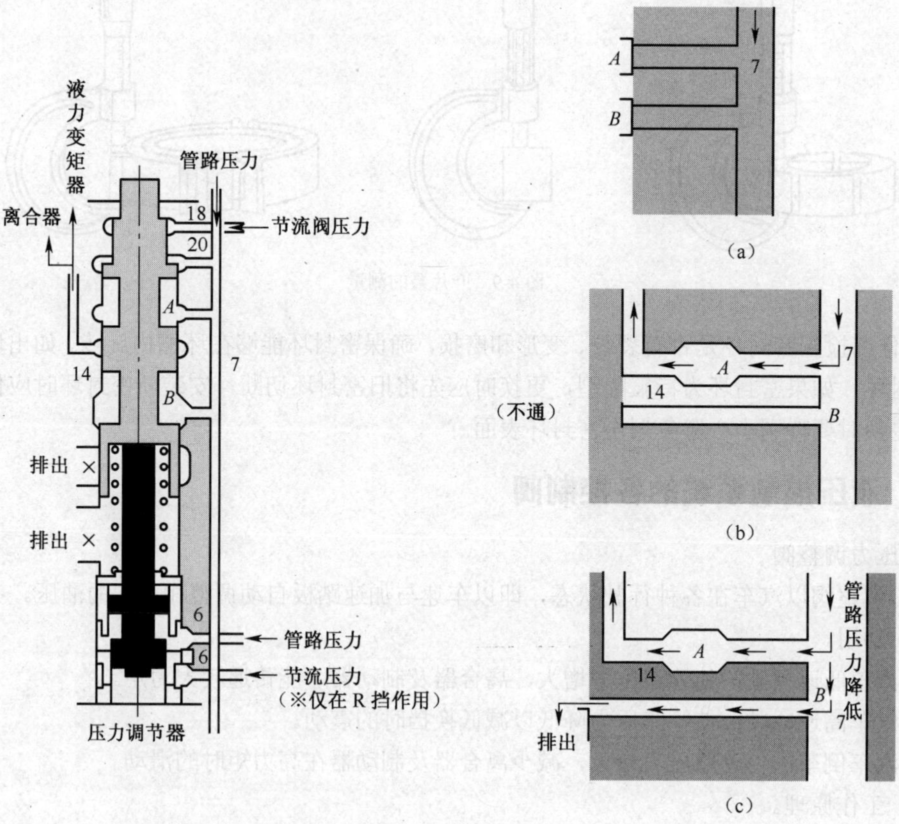

图 4-10　压力调整阀

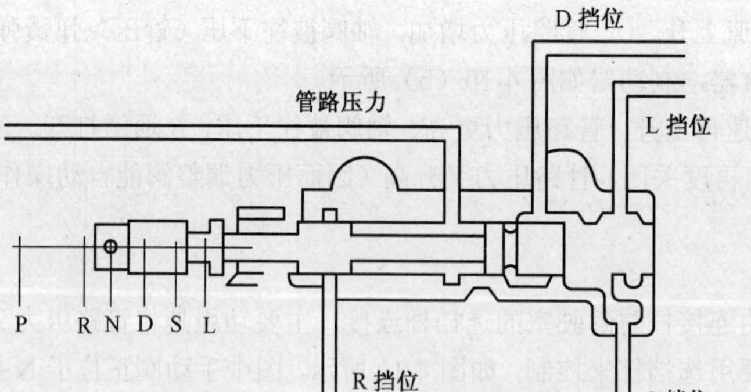

图 4-11　手动阀

如图 4-12 所示当选挡杆位于 D 挡位时，由手动阀来的管路压力经由通道 5 到换挡阀，此时阀门仍停留原先位置，无任何移动。当汽车开始移动时，调速器产生的压力（较小）经由通道 4 进入换挡阀，试着将阀轴往左推，但因受到弹簧的张力及节流阀进入油压作用，因此，阀轴仍未移动（保持第 1 速位置），直到车速增快（调速器压力增大）能移动阀轴，此时，管路压力将由通道5通往通道3而作用制动器，造成升挡（1、2速）。

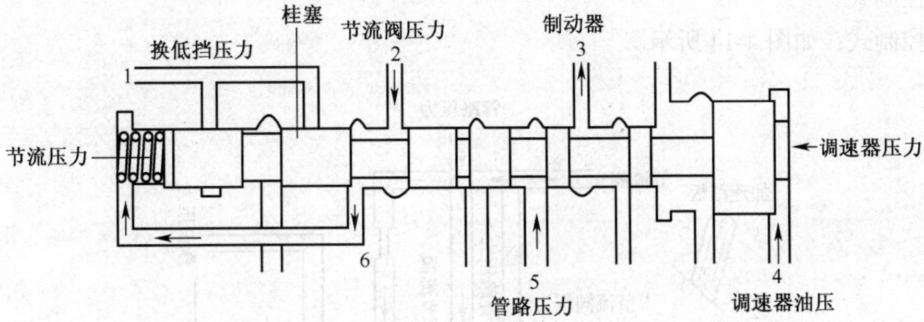

图4-12 1-2换挡阀

4．调速器阀

调速器阀主要功用是以变速器输出轴转速，成比例送出适当油压至换挡阀，再与节流阀油压相互作用，使换挡过程非常圆滑。如图4-13所示，调速器油压先送至1-2换挡阀，因受压面积及弹簧弹力的不同，比2-3挡、3-4挡较先作用，随着车速增加调速器油压增加，以此顺序作用，进行自动换挡。

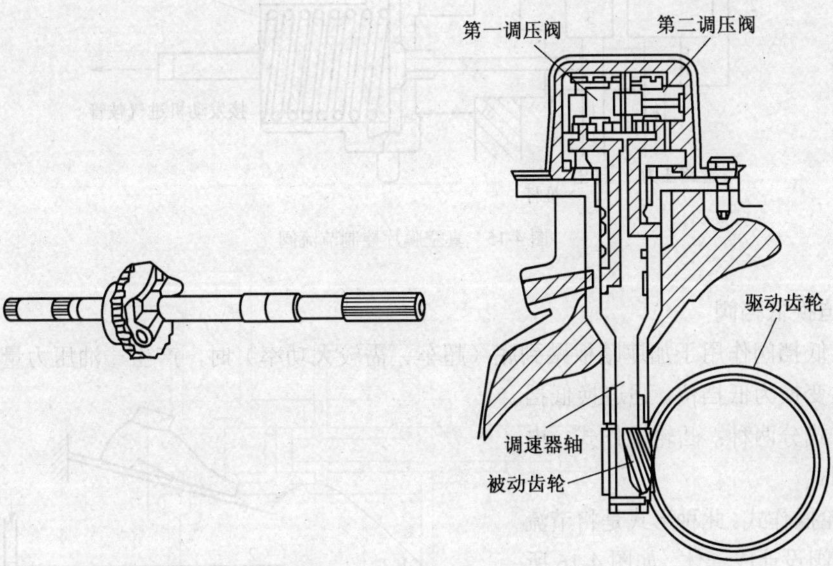

（a）用于FR型汽车调速器　（b）用于FF型汽车调速器

图4-13 自动变速器的调速器

5．节流阀（节气门阀）

换挡阀阀轴移动的情形，完全视节流油压与调速器油压而定。假使没有节流油压，而只有弹簧张力与调速器油压抗衡，将会造成升挡与降挡可能发生在相同的车速，这是一种不良的设计。因为在相同的车速下，当节气门开度大时，换挡时机应产生在较高车速，而节气门开度小时，换挡时机则发生在较低车速。所以必须使用节流阀来补救此种情形。节流阀形式有：踏板控制式；真空膜片控制式。

踏板控制式：如图 4-14 所示。

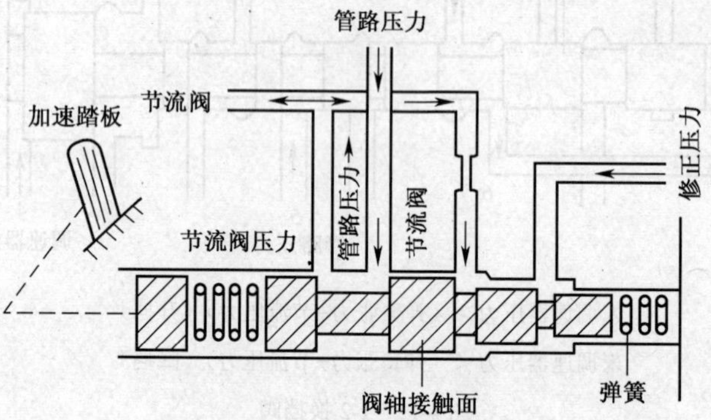

图 4-14 踏板控制节流阀

真空膜片控制式：利用发动机进气歧管真空控制阀轴的移动，现代汽车大多采用此种方式，如图 4-15 所示。

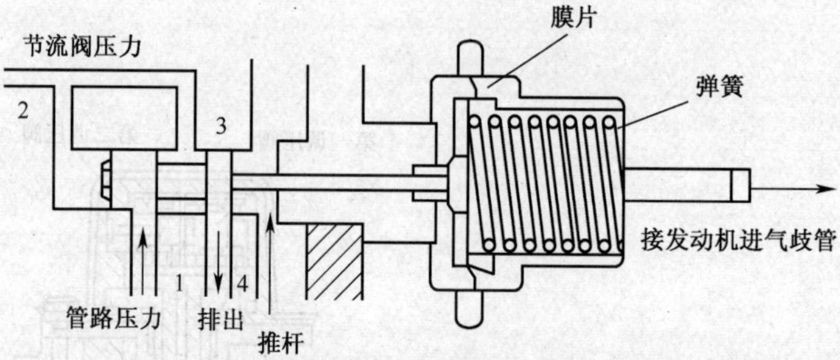

图 4-15 真空膜片控制节流阀

6．强迫换低挡阀

强迫换低挡阀作用于加速踏板踏到底（超车、需较大功率）时，产生一油压力量，迫使换挡阀由高挡位变换为低挡位。强迫换低挡阀以操作方式分两种：凸轮操作式；电磁线圈控制式。

① 凸轮操作式。此种形式是将节流阀与换低挡阀设计成一体，如图 4-16 所示。图中正处于强迫换低挡位置，凸轮连接至节气门连杆（缆线），凸轮作用于强迫换低挡阀，然后经由弹簧将力量传送至节流阀，迫使两个阀轴向右移动。

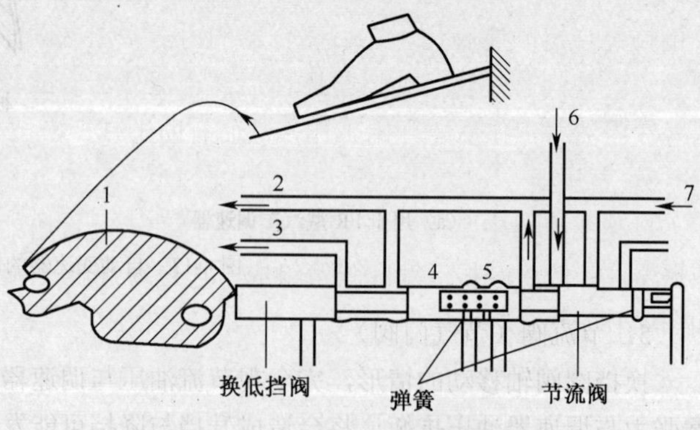

图 4-16 凸轮操作式强迫换低挡阀

② 电磁线圈控制式。当自动挡车需要大功率或超车时，只要将加速踏板

踩到底（踏板全行程的 7/8～15/16），就会使强迫换低挡电磁阀接通，当电磁阀接通时→推杆左移→换低挡阀门左移。管路油压由通道 B 进入→通道 A→换挡阀→产生降挡作用，如图 4-17 所示。

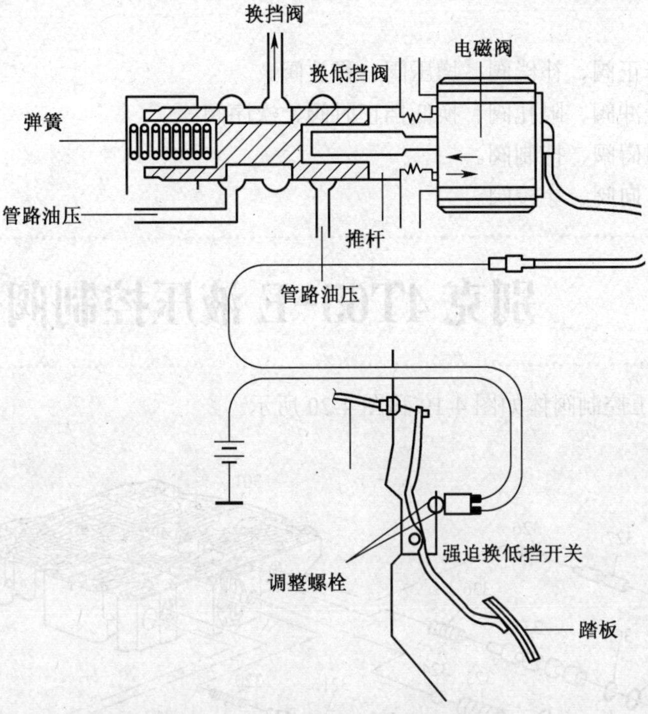

图 4-17　电磁线圈控制式强迫换抵挡阀

当电磁阀不作用时，弹簧弹力将各机件归位（阀轴往右移），使得由通道 B 进入的管路油压被阀轴堵住。

通道 C 也是管路油压进入口，但不适用于降挡情形，而是当选挡杆选在低挡位时，电磁线圈不作用，管路油压由通道 C 进入，经由通道 A 至换挡阀，保持在低挡位置。

7．倒挡离合器顺序阀

在一些自动变速器中装有倒挡离合器顺序阀，它用于自动变速器换倒挡时减小换挡冲击。变速器手动阀置于倒挡位置，主油路压力油经倒挡离合器顺序阀作用在后离合器的内活塞上，同时克服顺序阀的弹簧力，使阀芯左移，油口与通往后离合器外活塞的管路相通，即外活塞在内活塞工作后才开始工作，从而有助于减少换挡冲击。

8．蓄压器

自动变速器中常用蓄压器来缓冲换挡冲击。蓄压器也称储能器或减振器，一般由减振活塞和弹簧组成，它与离合器或制动器并联安装，如图 4-18 所示。

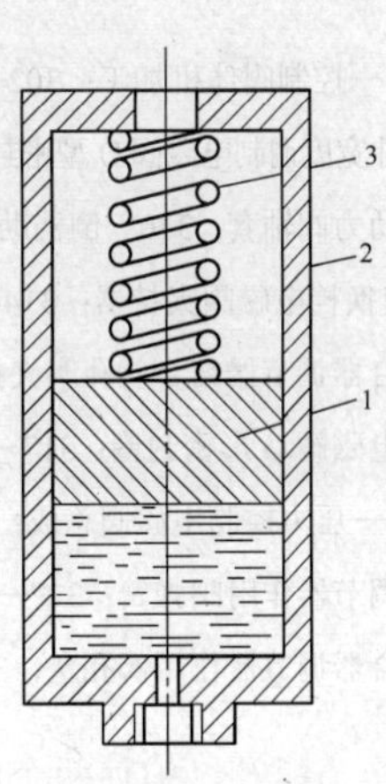

图 4-18　蓄压器

1—缸筒；2—活塞；3—弹簧

9．单向节流阀

单向节流阀装在换挡阀与换挡执行元件之间，它只对流向换挡执行元件的液流起节流作用。

其作用是：在换挡执行元件接合过程中，通过节流，减缓压力的上升速率，以减小换挡冲击。在换挡执行元件分离过程中，单向阀对换挡执行元件的泄油不起节流作用，以加快换挡执行元件泄油分离过程。

10．其他阀体

（1）压力阀：修正阀、补偿阀、增压阀、释放阀。

（2）时间阀：缓冲阀、限孔阀、换低挡正时阀、次序阀。

（3）安全阀：阻碍阀、抑制阀。

（4）流向阀：单向阀、穿梭阀。

4.3 别克 4T65-E 液压控制阀体总成

别克 4T65-E 液压控制阀体如图 4-19 和图 4-20 所示。

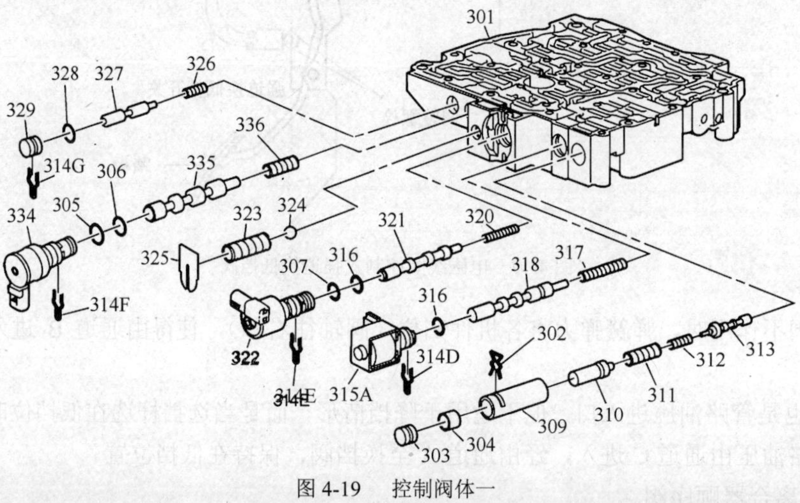

图 4-19　控制阀体一

301—控制阀体机加工；302—管路助力阀和轴套夹持器；303—管路助力阀孔塞；304—管路助力阀；305—变矩器离合器脉冲宽度调制电磁阀 O 型密封；306—变矩器离合器脉冲宽度调制电磁阀 O 型密封；307—压力控制电磁阀 O 型密封；309—倒档助力阀轴套；310—倒档助力阀；311—压力调节阀外部弹簧；312—压力调节阀内部弹簧；313—压力调节阀；314d—1-2 3-4 换档电磁阀夹持器；314e—压力控制电磁阀夹持器；314f—变矩器离合器脉冲宽度调制电磁阀夹持器；314g—变矩器离合器调节器结合阀孔塞夹持器；315a—1-2 3-4 换档电磁阀总成；316a—1-2 3-4 换档电磁阀 O 形密封圈；316b—压力控制电磁阀 O 形密封圈；317—1-2 换档阀弹簧；318—1-2 换档阀；320—扭矩信号调节器阀弹簧；321—扭矩信号调节器阀；322—压力控制电磁阀总成；323—管道泄压阀弹簧；324—管道泄压阀；325—管道泄压阀弹簧夹持器；326—变矩器离合器调节器作用阀弹簧；327—变矩器离合器调节器作用阀；328—变矩器离合器调节器作用阀孔塞 O 型密封；329—变矩器离合器调节器作用阀孔塞；334—变矩器离合器脉冲宽度调制电磁阀总成；335—变矩器离合器控制阀；336—变矩器离合器控制阀弹簧

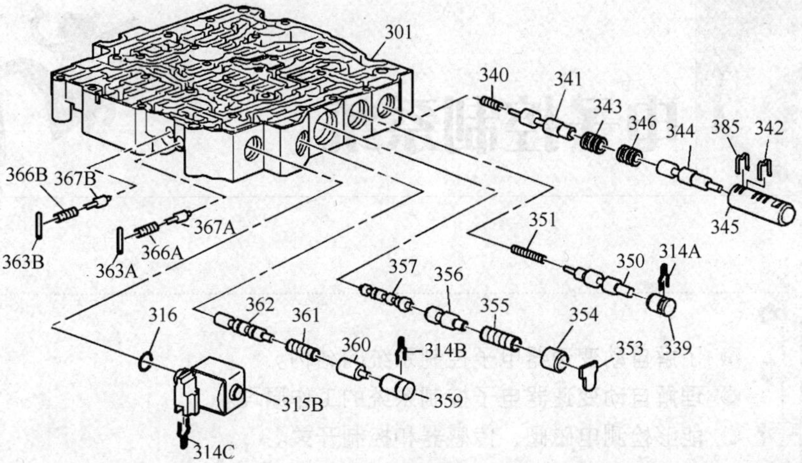

图 4-20　控制阀体二

301—控制阀体；314a 1-2—蓄能器阀夹持器；314b 4-3—手动挂低档阀夹持器；314c 2-3—换档电磁阀夹持器；315b 2-3—换档电磁阀总成；316—O 形密封圈；339 —1-2 蓄能器阀孔塞；340—3-4 蓄能器阀弹簧；341— 3-4 蓄能器阀；342—2-3 蓄能器阀孔塞夹持器；343—2-3 蓄能器阀孔塞；344—2-3 蓄能器阀；345—2-3 蓄能器阀轴套；346—2-3 蓄能器阀弹簧；350—1-2 蓄能器阀；351— 1-2 蓄能器阀弹簧；353—3-2 手动挂低档阀夹持器；354—3-2 手动挂低档阀孔塞；355 3-2 手动挂低档阀弹簧 356—3-2 手动挂低档阀；357—2-3 换档阀；359—4-3 手动挂低档阀孔塞；360—4-3 手动挂低档阀；361—4-3 手动挂低档阀弹簧；362—3-4 换档阀；363a—倒档伺服助力阀孔销；363b—前进档伺服助力阀孔销；366a—倒档伺服助力阀弹簧；366b—前进档伺服助力阀弹簧；367a—倒档伺服助力阀；367b—前进档伺服助力阀；385—2-3 蓄能器阀轴套总成夹持器

课题五 电子控制系统

学习目标

◎ 了解自动变速器电子控制系统的结构。
◎ 理解自动变速器电子控制系统的工作原理。
◎ 能够检测电磁阀、传感器和控制开关。

任务内容组成

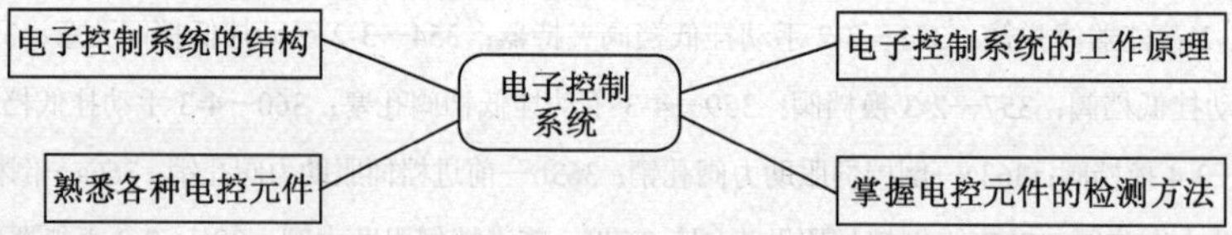

5.1 概述

电子控制自动变速器采用电液式控制系统，这种控制系统由电子控制装置和阀板两大部分组成。电子控制装置是这种自动变速器控制系统的核心，利用各种先进的电子手段对自动变速器以及发动机的工作进行检测，并根据检测结果和相应的控制程序来操纵阀板中各种控制阀的工作，以驱动离合器、制动器、锁止离合器等液力执行元件，从而实现对自动变速器的全面控制，自动变速器电子控制系统简图如图 5-1 所示。

5.2 电子控制装置结构与工作原理

电子控制装置由各种传感器、执行器、控制开关及计算机等组成。计算机是整个控制系统的控制中心，它根据安装在发动机、自动变速器及汽车上的各种传感器，测得发动机转速、车速、节气门开度、自动变速器油温等运转参数，并通过分析运算，根据各个控制开关送来的操作指令和计算机内设定的控制程序，向各个执行元件发出指令信号，以操纵阀板中各种控制阀的工作，从而最终实现对自动变速器的控制。

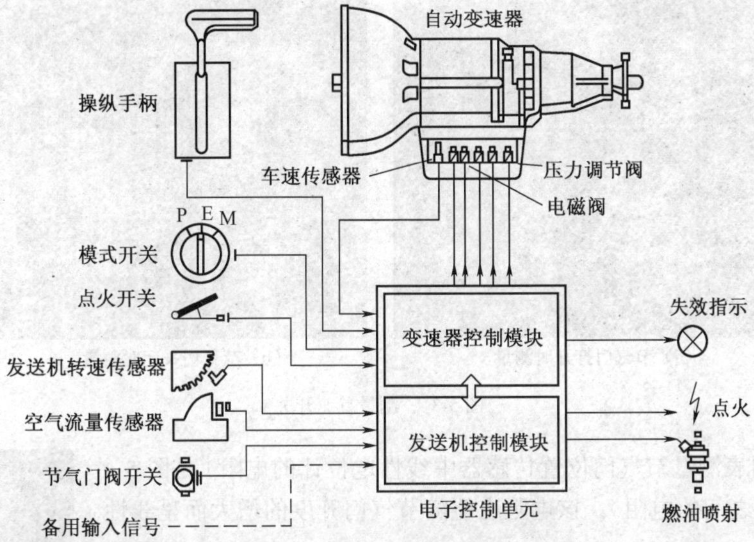

图 5-1　自动变速器电子控制系统简图

5.2.1　节气门位置传感器

汽车发动机的节气门是由驾驶员通过加速踏板来操纵的，以便根据不同的行驶条件控制发动机的运转。例如：上坡或加速时节气门开度要大，而下坡或等速行驶时节气门开度要小。电子控制自动变速器是利用安装在发动机节气门体上的节气门位置传感器来测得节气门的开度，作为电脑控制自动变速器挡位变换的依据，从而使自动变速器的换挡规律在任何行驶条件下都能满足汽车的实际使用要求。

装用自动变速器的汽车通常采用线性可变电阻型的节气门位置传感器，如图 5-2 所示。这种节气门位置传感器由一个线性电位计和一个怠速开关组成。节气门轴带动线性电位计及怠速开关的滑动触点。节气门关闭时，怠速开关接通；节气门打开时，怠速开关断开。当节气门处于不同开度时，电位计的电阻也不同。这样，节气门开度的变化被转变为电阻或电压信号输送给计算机。计算机通过节气门位置传感器可以获得表示节气门由全闭到全开的所有开启角度连续变化的模拟信号以及节气门开度的变化速率。

图 5-2　节气门位置传感器实物图

1．检测

以雷克萨斯 LS400 轿车为例，其节气门位置传感器检测方法如下。

（1）拔去节气门位置传感器的线束插头。

（2）用万用表在节气门位置传感器接线插座上测量怠速开关的导通情况（见图 5-3）。当节气门全闭时，怠速开关应导通；当节气门开启时，怠速开关应不导通。否则，应调整或更换节气门位置传感器。

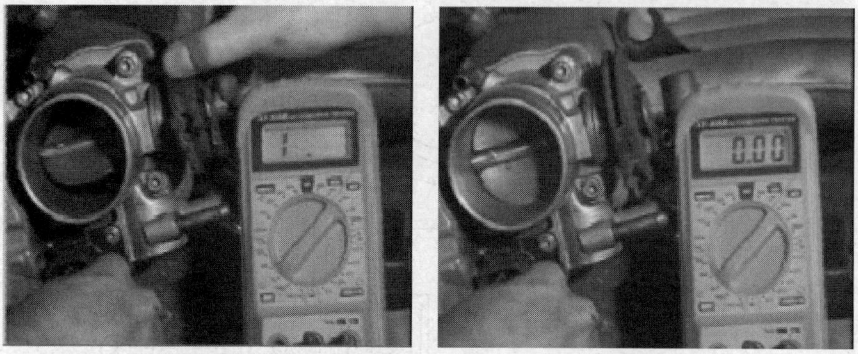

（a）节气门打开时测量　　（b）节气门关闭时测量

图 5-3　测量怠速开关

（3）用万用表测量节气门位置传感器中线性电位计的电阻（见图 5-4 中 E2 和 VTA 之间的电阻）。该电阻应能随节气门开度的增大而呈线性增大。

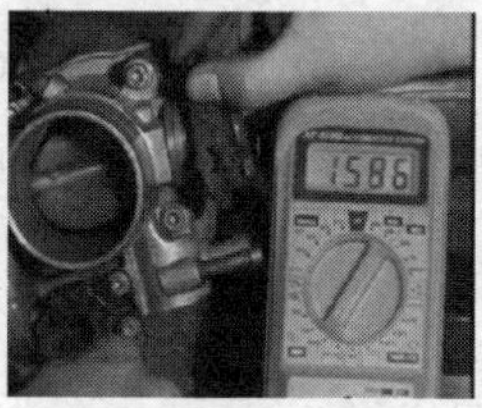

图 5-4　测量节气门电位计

（4）将测量结果与表 5-1 进行比较。如有不符，应调整或更换节气门位置传感器。

表 5-1　雷克萨斯 LS400 轿车节气门位置传感器的检测标准

测量端	节气门开度或节气门摇臂与限位钉之间的间隙/mm	电阻/kΩ
IDL-E	≤0.40	0
	≥0.65	∞
VAT-E	全闭	0.34～6.3
	全开	2.4～11.2
VC-E	任意开度	3.1～7.2

2．调整

节气门位置传感器调整不当，会影响电子控制自动变速器的正常工作，甚至会使故障警告灯亮起，出现节气门位置传感器的故障代码。其调整方法如下。

（1）拧松节气门位置传感器的两个固定螺钉。

（2）将厚度为 0.50mm 的厚薄规插入节气门摇臂和限位螺钉之间，同时用万用表测量怠速开关的导通情况。

（3）朝节气门闭合方向转动节气门位置传感器，使怠速开关触点断开，然后朝节气门开启方向慢慢地转动节气门位置传感器，直至怠速开关闭合为止。

（4）拧紧节气门位置传感器的两个固定螺钉。

（5）分别用 0.40mm 和 0.65mm 的厚薄规插入节气门限位螺钉和节气门摇臂之间，同时测量怠速开关的导通情况。当厚薄规为 0.40mm 时，怠速开关应导通；当厚薄规为 0.65m 时，怠速开关应断开。否则，应重新调整节气门位置传感器。

5.2.2 车速传感器

车速传感器安装在自动变速器输出轴附近。它是一种电磁感应式转速传感器，用于检测自动变速器输出轴的转速。电脑根据车速传感器的信号计算出车速，作为其换挡控制的依据。

车速传感器由永久磁铁和电磁感应线圈组成，如图 5-5 所示。

图 5-5 车速传感器实物图

车速传感器与输入轴转速传感器的结构和工作原理相同，其检修方法也是一样的，即通过各种测量方法判断其工作性能是否正常。车速传感器或输入轴转速传感器的感应线圈电阻的测量方法如下。

（1）拔下车速传感器或输入轴转速传感器线束插头。

（2）用万用表测量车速传感器或输入轴转速传感器两接线端之间的电阻。不同车型自动变速器的传感器感应线圈的电阻不完全相同，通常为几百欧到几千欧。如果感应线圈短路、断路或电阻值不符合标准，应更换传感器。

5.2.3 输入轴转速传感器

输入轴转速传感器的结构、工作原理与车速传感器相同。它安装在行星齿轮变速器的输入轴或输入轴连接的离合器鼓附近的壳体上，用于检测输入轴转速，并将信号送入电脑，使电脑更精确地控制换挡过程。此外，电脑还将该信号和来自发动机控制系统的发动机转速信号进行比较，计算出变矩器的传动比，使油路压力控制过程和锁止离合器的控制过程得到进一步的优化，以改善换挡感觉，提高汽车的行驶性能。

输入轴转速传感器位置如图 5-6 所示。

车速传感器或输入轴转速传感器的输出脉冲的测量方法如下。

（1）测量车速传感器输出脉冲时，可用千斤顶将汽车一侧的驱动轮顶起，让操纵手柄位于空挡位置，用手转动悬空的驱动轮，同时用万用表测量车速传感器两接线柱之间有无脉冲感应电压。测量时，应将万用表选择开关转至 1V 以下的直流电压挡位置或电阻挡位置。若在转动车轮时万用表指针有摆动，说明传感器有输出脉冲，其工作正常；否则，应更换传感器。

（2）测量输入轴转速传感器输出脉冲时，应将传感器拆下，用一根铁棒或一块磁铁迅速靠近或离开传感器，同时用万用表测量传感器两接线柱之间有无脉冲感应电压。如没有感应电压或感应电压很微弱，说明传感器有故障，应更换。

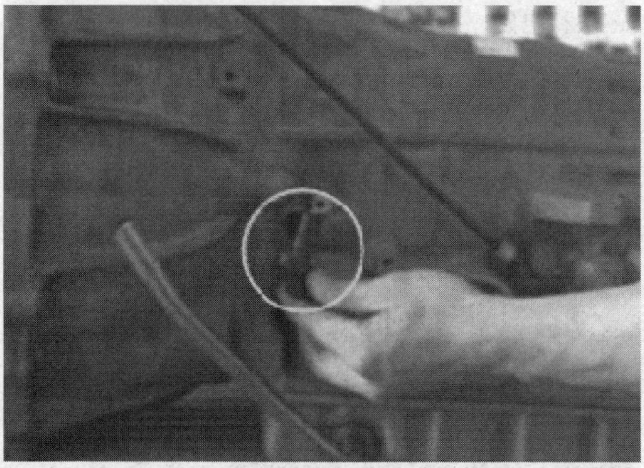

图 5-6 输入轴转速传感器实物图

5.2.4 液压油温度传感器

液压油温度传感器（见图 5-7）安装在自动变速器油底壳内的阀板上，用于检测自动变速器液压油的温度，以作为电脑进行换挡控制、油压控制和锁止离合器控制的依据。

液压油温传感器内部是一个半导体热敏电阻，它具有负的温度电阻系数。温度越高，电阻越低。电脑根据其电阻的变化测出自动变速器液压油的温度。

水温传感器和液压油温度传感器的内部都是一个半导体热敏电阻，其检修方法相同。

（1）拆下水温传感器或液压油温度传感器。

（2）将传感器置于盛有水的烧杯中，加热杯中的水，同时测量在不同温度下传感器两接线端之间的电阻（见图 5-8）。

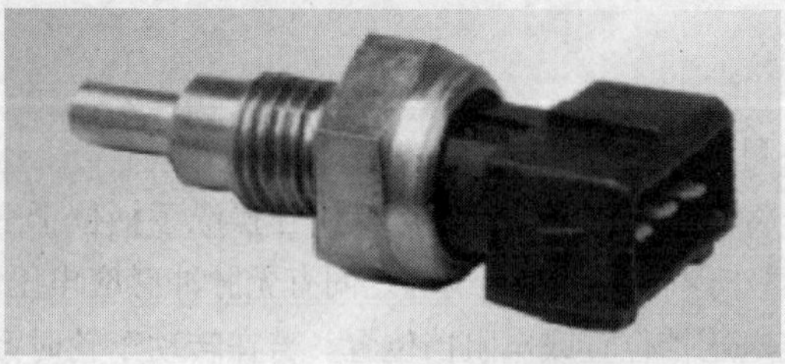

图 5-7 液压油温传感器实物图

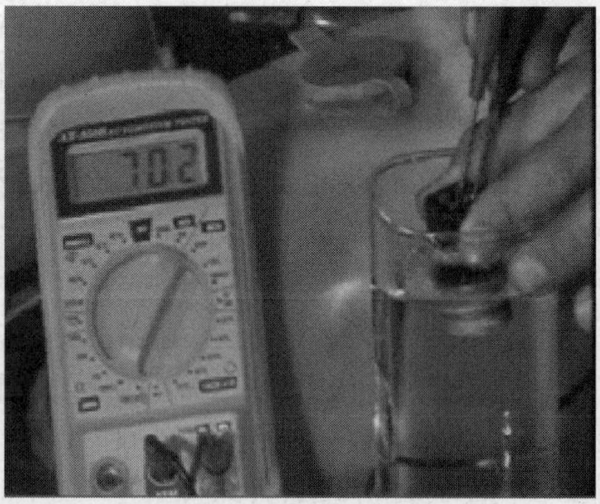

图 5-8 水温传感器的检测

（3）以丰田汽车为例，将测量的电阻值与标准相比较（见表 5-2）。如果不符合标准，应更换传感器。

表 5-2　　丰田汽车水温传感器和液压油温度传感器的检测标准

温度/℃	电阻/kΩ
0	4～7
20	2～3
40	0.9～1.5
60	0.5～0.8
80	0.2～0.4

5.2.5　电子控制装置中各种控制开关结构与工作原理

电子控制装置中的控制开关有：超速挡开关、模式开关、挡位开关等。超速挡开关与模式开关在前面讲使用中已有介绍，这里不再讲述。

挡位开关位于自动变速器手动阀摇臂轴上或操纵手柄下方，用于检测操纵手柄的位置。它由几个触点组成。当操纵手柄位于不同位置时，相应的触点被接通。电脑根据被接通的触点，测得操纵手柄的位置，从而按照不同的程序控制自动变速器的工作。

1．挡位开关的检修

其检测方法如下。

（1）用举升器将汽车升起。

（2）拆下连接在自动变速器手动阀摇臂和操纵手柄之间的连杆。

（3）拔下挡位开关的线束插头。

（4）将手动阀摇臂拨至各个挡位，同时用万用表测量挡位开关线束插座内各插孔之间的导通情况。

（5）以雷克萨斯 LS400 轿车为例，将测量结果与标准值进行比较（见表 5-3）。如有不符，应重新调整挡位开关。

表 5-3　　雷克萨斯 LS400 轿车挡位开关检测标准

测量端	手动阀摇臂位置					
	P	R	N	D	Z	L
2-3	O	×	O	×	×	×
1-9	O	×	×	×	×	×
4-9	×	O	×	×	×	×
5-9	×	×	×	O	×	×
6-9	×	×	O	×	×	×
7-9	×	×	×	×	O	×
8-9	×	×	×	×	×	O

注：O—导通；×—不导通。

2．挡位开关的调整

挡位开关的调整方法在本书后面的内容中有叙述。

3．挡位开关的更换

（1）拆下手动阀摇臂和操纵手柄之间的连杆。

（2）拧松手动阀摇臂轴上的锁紧螺母，拆下手动阀摇臂。

（3）拧下挡位开关固定螺栓，拆下挡位开关。

（4）按拆卸相反的顺序安装新的挡位开关。

（5）按规定的程序重新调整挡位开关。

5.2.6 电子控制装置中各种执行器结构与工作原理

电子控制装置中的执行器是各种电磁阀。常见的有开关式电磁阀和脉冲线性式电磁阀两种。

1．开关式电磁阀

开关式电磁阀的作用是开启或关闭液压油路，通常用于控制换挡阀及变矩器锁止控制阀的工作。

开关式电磁阀由电磁线圈、衔铁、回位弹簧、阀心或阀球等组成。它有两种工作方式：一种是让某一条油路保持油压或泄空，即当电磁线圈不通电时，阀心被油压推开，打开泄油孔，该油路的液压油经电磁阀泄空，油路压力为 0；当电磁线圈通电时，电磁力使阀心下移，关闭泄油孔，使油路压力上升。另一种是开启或关闭某一条油路，即当电磁线圈不通电时，油压将阀心推开，阀球在油压作用下关闭泄油孔，打开进油孔，使主油路压力油进入控制油道；当电磁线圈通电时，电磁力使阀心下移，推动阀球关闭进油孔，打开泄油孔，控制油道内的压力油由泄油孔泄空。

开关式电磁阀的检修

电子控制自动变速器的换挡电磁阀等开关式电磁阀的检修可采用下列方法。

（1）开关式电磁阀的就车检查

① 用举升器将汽车升起。

② 拆下自动变速器的油底壳。

③ 拔下电磁阀的线束插头。

④ 用万用表测量电磁阀线圈的电阻（见图 5-9（a））。自动变速器的开关式电磁阀线圈的电阻一般为 10～30Ω。若电磁阀线圈短路、断路或电阻值不符合标准，应更换。

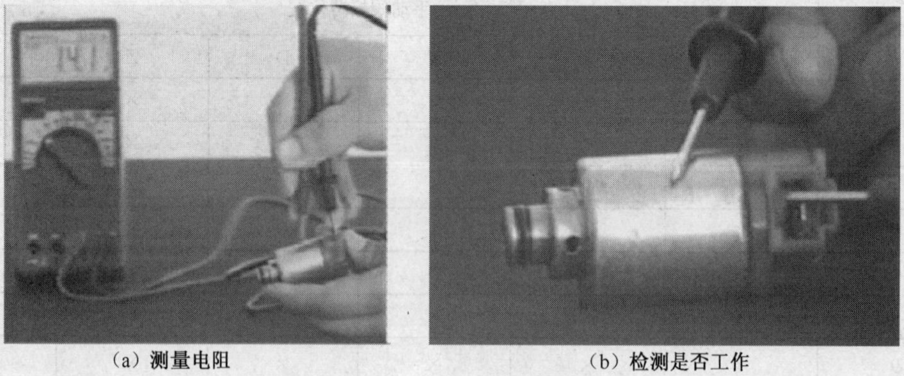

（a）测量电阻　　（b）检测是否工作

图 5-9　开关式电磁阀的检测

⑤ 将 12V 电源施加在电磁阀线圈上（见图 5-9（b）），此时应能听到电磁阀工作的“咔嗒”声；否则，说明阀心卡住，应更换电磁阀。

（2）开关式电磁阀的性能检验

其检验方法如下。

① 拆下电磁阀。

② 将压缩空气吹入电磁阀进油口。

③ 当电磁阀线圈不接电源时，进油孔和泄油孔之间应不通气；否则，说明电磁阀损坏，应更换。

④ 接上电源后，进油孔和泄油孔之间应相通；否则，说明电磁阀损坏，应更换。

2．脉冲线性式电磁阀

脉冲线性式电磁阀的结构与开关电磁阀相似，也是由电磁线圈、衔铁、阀心或滑阀等组成。它通常用来控制油路中的油压。当电磁线圈通电时，电磁力使阀心或滑阀开启，液压油经泄油孔排出，油路压力随之下降。当电磁线圈断电时，阀心或滑阀在弹簧弹力的作用下将泄油孔关闭，使油路压力上升。脉冲线性式电磁阀和开关式电磁阀的不同之处在于控制它工作的电信号不是恒定不变的电压信号，而是一个固定频率的脉冲电信号。电磁阀在脉冲电信号的作用下不断反复地开启和关闭泄油孔，电脑通过改变每个脉冲周期内正电流接通时间比率（称为占空比，变化范围为 0%～100%），改变电磁阀开启和关闭的时间比率，来控制油路的压力。占空比愈大，经电磁阀泄出的液压油越多，油路压力就越低；反之，占空比越小，油路压力就越大。

脉冲线性式电磁阀一般安装在主油路或减振器背压油路上。

脉冲线性式电磁阀的检修。

电子控制自动变速器中的油压电磁阀等脉冲线性式电磁阀可采用下列方法检修。

（1）脉冲线性式电磁阀的就车检查

① 用举升器将汽车升起。

② 拆下自动变速器的油底壳。

③ 拔下电磁阀的线束插头。

④ 用万用表测量电磁阀线圈电阻值，如图 5-10 所示。脉冲线性式电磁阀的线圈电阻值较小一般为 2～6Ω。若电磁阀线圈短路、断路或电阻值不符合标准，应更换电磁阀。

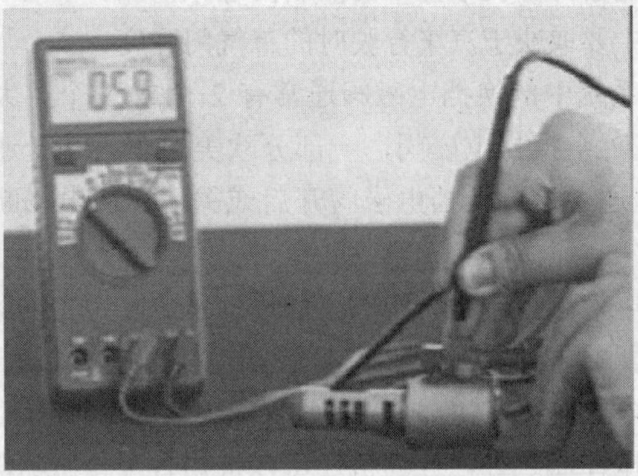

图 5-10　脉冲式电磁阀的检测

（2）脉冲线性式电磁阀的性能检验

其检验方法如下。

① 拆下脉冲线性式电磁阀。

② 将蓄电池电源串联一个 8～10W 的灯泡，然后与电磁阀线圈连接（脉冲线性式电磁阀线圈电阻较小，不可直接与 12V 电源连接，否则会烧毁电磁阀线圈）。

③ 在通电时，电磁阀阀心应向外伸出；断电时，电磁阀阀心应向内缩入（见图 5-11）。如有异常，说明电磁阀损坏，应更换。

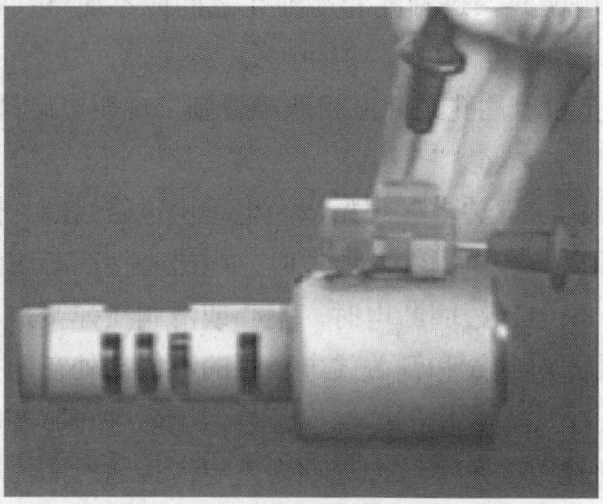

图 5-11 脉冲式电磁阀的性能检测

脉冲线性式电磁阀的另一种检验方法是采用可调电源。其方法是：将可调电源与电磁阀线圈连接。调整电源的电压，同时观察阀心的移动情况。当电压逐渐升高时，阀心应随之向外移动；当电压逐渐减小时，阀心应随之向内移动。否则，说明电磁阀损坏，应更换。在检验中应注意保持电源的电流不超过 1A。

5.3 电子控制系统原理

（1）换挡控制。控制自动变速器的换挡时刻，也就是在汽车达到某一车速时，让自动变速器升挡或降挡。它是自动变速器计算机最基本的控制内容。

汽车的最佳换挡车速主要取决于汽车行驶时的节气门开度。

4 挡自动变速器控制系统中的换挡电磁阀通常有 2 个或 3 个。大部分日本轿车自动变速器如丰田、马自达轿车采用 2 个换挡电磁阀，一部分欧美轿车自动变速器如奥迪、福特轿车等采用 3 个电磁阀。控制系统通过这些换挡电磁阀开启或关闭（通电或断电）的不同组合来组成不同的挡位。

（2）油路压力控制。电液压控制系统中的主油路油压也是由主油路调压阀来调节的。目前一些新型电子控制自动变速器的电液式控制系统则完全取消了由节气门拉索控制的节气门阀，它们的节气门油压由一个油压电磁阀来产生。

除了正常的主油路油压控制之外，计算机还可以根据各个传感器测得的自动变速器的工作条件，在一些特殊情况下，对主油路油压作适当的修正，使油路压力控制获得最佳的效果。

（3）自动模式选择控制。计算机在进行自动模式选择控制时，主要参考换挡手柄的位置及加速踏板被踩下的速率，以判断驾驶员的操作目的，自动选择控制模式：

① 当操纵手柄位于前进低挡（S、L，或 2、1）时，计算机只选择动力模式。

② 在前进挡（D）中，当加速踏板被踩下的速率较低时，计算机选择经济模式。

③ 在前进挡（D）中，计算机选择动力模式之后，一旦节气门开度低于 1/8，计算机即由动力模式转换为经济模式。

计算机按照设定的的控制程序，通过一个电磁阀（称为锁止电磁阀）来控制锁止离合器的接合或分离。计算机根据自动变速器的挡位、控制模式等工作条件从存储器内选择出相应的锁止控制程序，再将车速、节气门开度与锁止控制程序进行比较，当车速足够高，且其他各种因素均满足锁止条件时，计算机即向锁止电磁阀输出电信号，使锁止离合器接合，实现变矩器的锁止。

在下述一些特殊工况下禁止锁止离合器接合，以保证汽车的行驶性能。这些禁止锁止的条件有：液压油温度低于 60℃；车速低于 140km/h，且怠速开关接通。

（4）发动机制动控制。目前一些新型电子控制自动变速器的强制离合器或强制制动器的 2 挡强制制动器的工作也是由计算机通过电磁阀来控制的。计算机按照设定的发动机制动控制程序，在操纵手柄位置、车速、节气门开度等因素满足一定条件，向强制离合器电磁阀或强制制动器电磁阀发出电信号，打开强制离合器或强制制动器的控制油路，使之接合或制动，让自动变速器具有反向传递动力的能力，在汽车滑行时可以实现发动机制动。

（5）改善换挡感觉的控制。

① 换挡油压控制：在升挡或降挡的瞬间，电脑通过油路压力电磁阀适当降低主油路油压，以减小换挡冲击，改善换挡感觉。

② 减扭矩控制：在换挡的瞬间，通过延迟发动机的点火时间或减少喷油量，暂时减小发动机的输出扭矩，以减小换挡冲击和输出轴的扭矩波动。

③ N—D 换挡控制：这种控制是在操纵手柄由停车挡或空挡（P 或 N）位置换至前进挡或倒挡（D 或 R）位置，或相反地由 D 位或 R 位换至 P 位或 N 位时，通过调整发动机的喷油量，将发动机的转速变化减至最小程度，以改善换挡感觉。

（6）使用输入轴转速传感器的控制。目前一些新型电子控制自动变速器设有输入轴转速传感器，电脑通过这一传感器可以检测出自动变速器输入轴的转速，并由此计算出变矩器的传动比（即泵轮和涡轮的转速之比），以及发动机曲轴和自动变速器转入轴的转速差，从而使电脑更精确地控制自动变速器的工作，如图 5-12 所示。

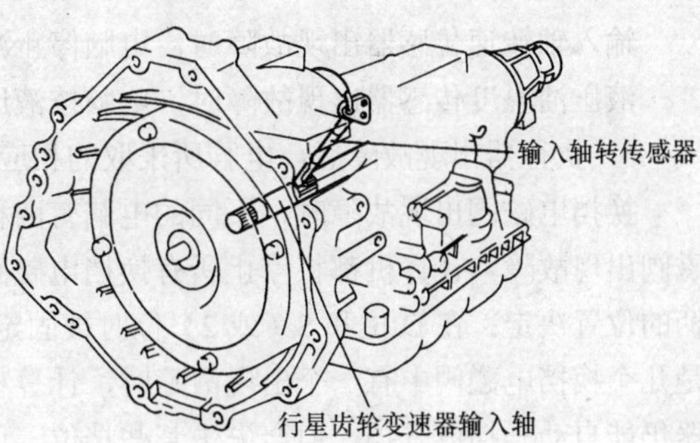

图 5-12　仪表上的 O/D OFF 指示灯

（7）故障自诊断和失效保护功能。计算机根据各个传感器测得到的有关信号，按预先设定的控制程序，通过向各个执行器发出相应的控制信号来控制自动变速器的工作。如果电子控制装置中的某个传感器出现故障，不能向电脑输送信号，或某个执行器损坏，不能完成电脑的控制指令，就会影响电脑对自动变速器的控制，使自动变速器不能正常工作。目前许多新型电子控制自动变速器的电子控制装置都具有故障自诊断和失效保护功能。

① 在汽车行驶时，仪表盘上的自动变速器故障警告灯亮起，大部分汽车是以超速挡指示灯“O/DOFF”作为自动变速器故障警告灯的，如图 5-13 所示。

图 5-13 仪表上的 O/D OFF 指示灯

② 将检测到的故障内容以故障代码的形式储存在电脑的存储器内。只要不拆除汽车蓄电池，被测到的故障代码就会一直保存在电脑内。

③ 电脑按设定的失效保护程序控制自动变速器的工作，保持汽车的基本行驶能力。

a．传感器出现故障后，电脑所采取的相应的失效保护功能如下所述。

节气门位置传感器出现故障时，电脑根据怠速开关的状态进行控制：当怠速开关断开时（加速踏板被踩下），接节气门开度为 1/2 进行控制，同时节气门油压为最大值：当怠速开关接通时（加速踏板完全放松），按节气门处于全闭状态进行控制，同时节气门油压为最小值。

车速传感器出现故障时，电脑不能进行自动换挡控制，此时自动变速器的挡位由操纵手柄的位置决定：在 D 位和 S（或 2）位固定为超速挡或 3 挡，在 L（或 1）位固定为 2 挡或 1 挡；或不论操纵手柄为任何前进挡，都固定为 1 挡，以保持汽车最基本的行驶能力。许多车型的自动变速器有 2 个车速传感器，其中一个用于自动变速器的换挡控制，另一个为仪表盘上车速表的传感器。这 2 个传感器都与电脑连接。当用于换挡控制的车速传感器损坏时，电脑可利用车速表传感器的信号来控制换挡。

输入轴转速传感器出现故障时，电脑停止减扭矩控制，换挡冲击有所增大。

液压油温度传感器出现故障时，电脑按液压油温度为 80℃进行控制。

b．执行器出现故障后，电脑所采取的相应的失效保护功能如下所述。

换挡电磁阀出现故障时，不同的电脑有两种不同的失效保护功能。一种是不论有几个换挡电磁阀出现故障，计算机都将停止所有换挡电磁阀的工作，此时自动变速器的挡住将完全由操纵手柄的位置决定：在 D 位和 S（或 2）位时被固定为 3 挡，在 L（或 1）位时被固定为 2 挡。另一种是几个换挡电磁阀中有一个出现故障时，计算机控制其他无故障的电磁阀工作，以保证自动变速器仍能自动升挡或降挡，但会失去某些挡位，而且升挡或降挡规律有所变化，例如：可能直接由 1 挡升至 3 挡或超速挡。

强制离合器或强制制动器电磁阀出现故障时，计算机停止电磁阀的工作，让强制离合器或强制制动器始终处于接合状态，这样汽车减速时总有发动机制动作用。

锁止电磁阀出现故障时，计算机停止锁止离合器控制，使锁止离合器始终处于分离状态。

油压电磁阀出现故障时，计算机停止锁止离合器控制，使油路压力保持为最大。

目前新型自动变速器的电液式控制系统的阀板除了换挡阀和变矩器锁止控制阀的工作由计算

机通过电磁阀来控制之外，还取消了由节气门拉索操纵的节气门阀，而使用由计算机控制的油压电磁阀来产生节气门油压。

目前许多新型电子控制自动变速器的锁止电磁阀采用脉冲线性式电磁阀，使计算机可以利用脉冲电信号占空比的大小来调节锁止电磁阀的开度，以控制作用在锁止离合器控制阀右端的油压和锁止离合器控制阀向左移动时所打开的排油孔开度，并由此控制锁止离合器活塞右侧油压的大小。这样，计算机在控制锁止离合器接合时，可以通过电磁阀来调节其接合力和接合速度，让接合力逐渐增大，使接合过程更加柔和。

5.4 电子控制系统（别克 4T65-E）

5.4.1 电控控制系统结构特点

4T65E 自动变速器电子控制系统的核心是电控单元（PCM），可以根据输入传感器的信号，自动选择规律进行换档，并能对变速器油温、油压、变矩器锁止、仪表板显示、变速器特殊保护方式进行控制。PCM 获取各种传感器的信息后，在适时与发动机电脑通讯的情况下，通过各个电磁阀来控制油压装置，控制自动变速器内所有液压元件（包括滑阀和活塞）的油液流向压力，从而控制行星齿轮变速器内离合器及制动器的接合或分离，以改变传动比来实现换档。换档点则是 PCM 根据各种传感器的信号和内部换档规律来确定的。对换档离合器和制动器起关键作用的执行机构是换档电磁阀，4T65E 采用两个换档电磁阀实现四种组合，即可实现四个前进档位，PCM 通过控制换档电磁阀的通、断电，使油压建立或泄压，最终使换档阀移动，改变油路，控制离合器和制动器的接合与制动，从而实现档位的变换。动力控制模块每 25 毫秒对油门位置、车速、发动机转速、输入轴转速、变速器油温、发动机冷却液温度、变速器换档模式选择开关、空调开关、巡航控制信息、进气歧管绝对压力、变速器油压、手动位置开关、变矩器锁止离合器开关等输入信息进行处理，然后将输出信号传至控制阀体，从而精确控制换档点。换档感觉同样也采用了电子控制，输出的信号传给压力控制电磁阀，从而达到在保证车辆运行性能的同时提供最大燃油经济性的目的。同时，它精确地监测换档时间，调节系统压力，以保持最佳换档时期。4T65E 自动变速器的电子控制系统中设有自诊断系统和报警功能。当速度传感器、节气门传感器、油压传感器、主压力调节电磁阀、换档电磁阀等电器发生故障时，仪表板上变速器的故障灯（MIL）亮起。其电控系统见图 5-14。

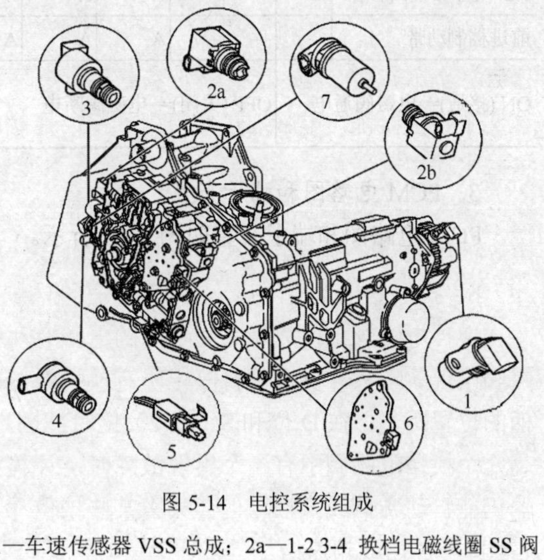

图 5-14 电控系统组成

1—车速传感器 VSS 总成；2a—1-2 3-4 换档电磁线圈 SS 阀总成；2b—2-3 换档电磁 SS 阀总成；3—压力控制器 PC 电磁阀总成；4—变矩器离合器脉冲宽度调制 TCC PWM 电磁阀总成；5—变速器油液温度 TFT 传感器；6—变速器油液压力 TFP 手动阀位置开关总成；7—自动变速器输入轴速度 A/T ISS 传感器总成

5.4.2 换档控制

换档是由 PCM 控制的 A/T 离合器液压控制电磁阀，依据发动机扭矩进行的。PCM 通过各种传感器传送来的信号瞬时决定选择的档位，并启动换档控制 1-2 3-4 换档电磁阀和 2-3 换档电磁阀以控制换档。同时坡度逻辑控制系统用来在车辆上下坡和减速时，在 D3 和 D4 位置控制换档。表 5-4 所示为在各种行驶信号作用下的换档控制电磁阀的动作。

表 5-4　　档位位置与换档控制电磁阀状态

齿轮传动机构	驻车	倒车	空档	D				3			2		1
				第一档	第二档	第三档	第四档	第一档	第二档	第三档	第一档	第二档	第一档
1-2 3-4 换档电磁阀	接通	接通	接通	接通	关闭	关闭	接通	接通	关闭	关闭	接通	关闭	接通
2-3 换档电磁阀	接通	接通	接通	接通	接通	关闭	关闭	接通	接通	关闭	接通	接通	接通
第四级离合器	—	—	—	—	—	—	A	—	—	—	—	—	—
倒档制动带	—	A	—	—	—	—	—	—	—	—	—	—	—
第二级离合器	—	—	—	—	A	A	A	—	A	A	—	A	—
第三级离合器	—	—	—	—	—	A	A*	—	—	A	—	—	A
第三级楔块	—	—	—	—	—	H	O	—	—	H	—	—	H
输入离合器	A*	A	A*	A	A*	—	—	A	A*	A	A	A*	A
输入楔块	H*	H	H	H	O	—	—	H	O	H	H	O	H
2-1 手动制动带	—	—	—	—	—	—	—	—	—	—	A	A	A
1-2 支座滚柱离合器	—	—	—	H	H	O	O	H	H	O	H	H	H
前进档制动带	—	—	—	A	A	A*	A*	A	A	A*	A	A	A
ON (接通)= 电磁阀通电		OFF (关闭)= 电磁阀断电					A= 作用 H= 保持 O= 超速 * = 作用或者保持没有负载没有传递扭矩						

3. PCM 电路图和端子布置

PCM 电路图和端子布置如图 5-15 所示。

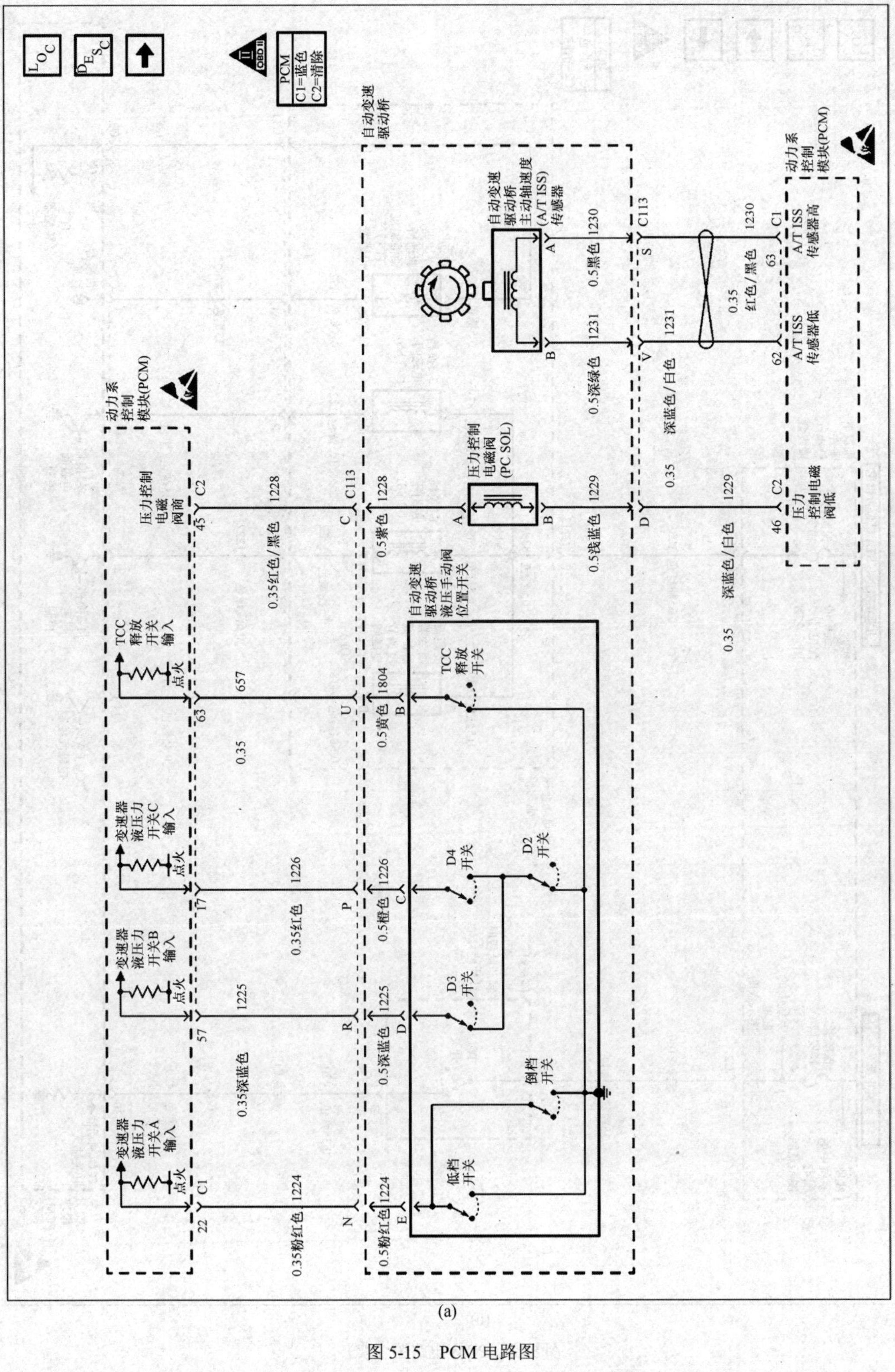

(a)

图 5-15　PCM 电路图

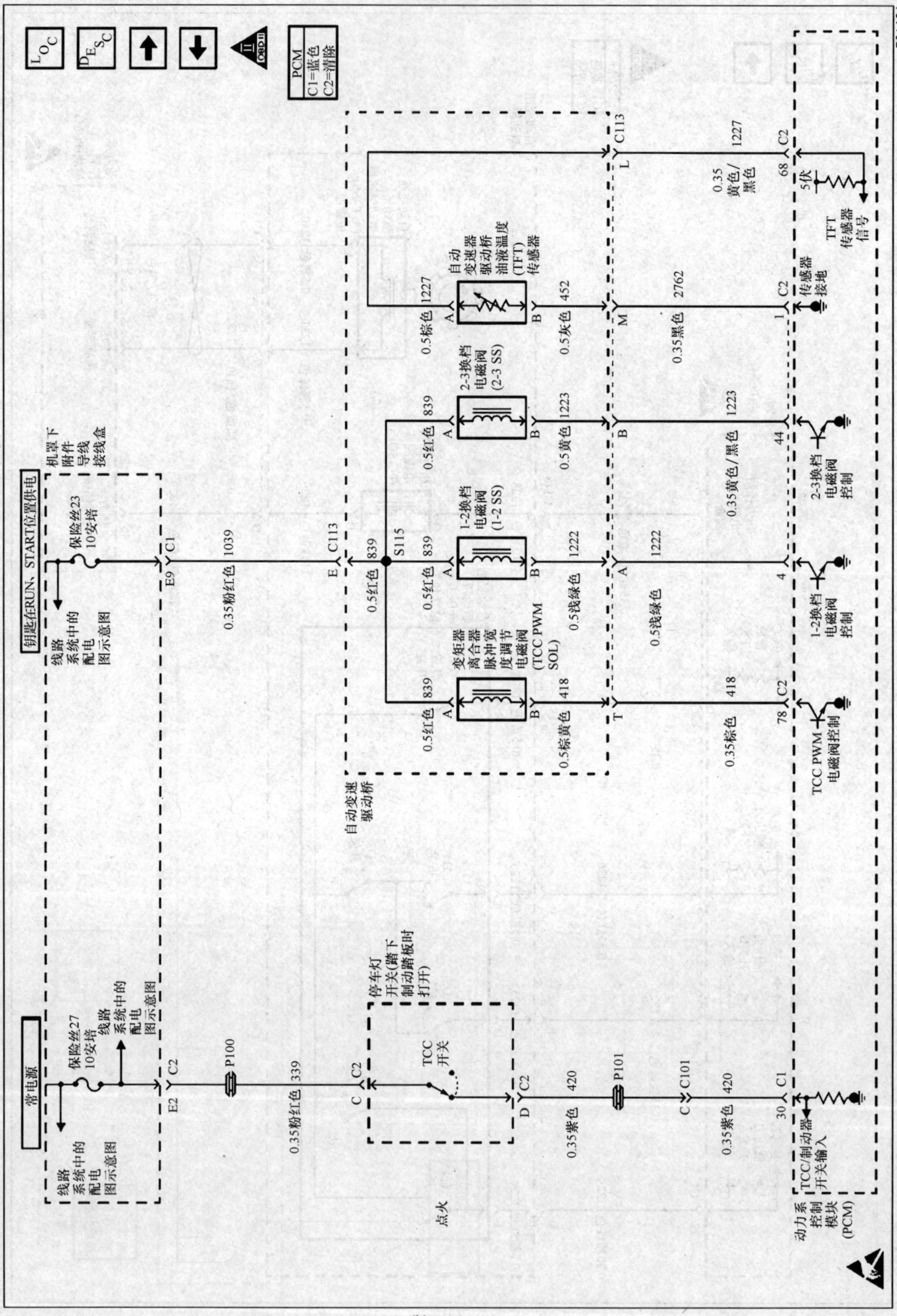

(b)

图 5-15 PCM 电路图（续）

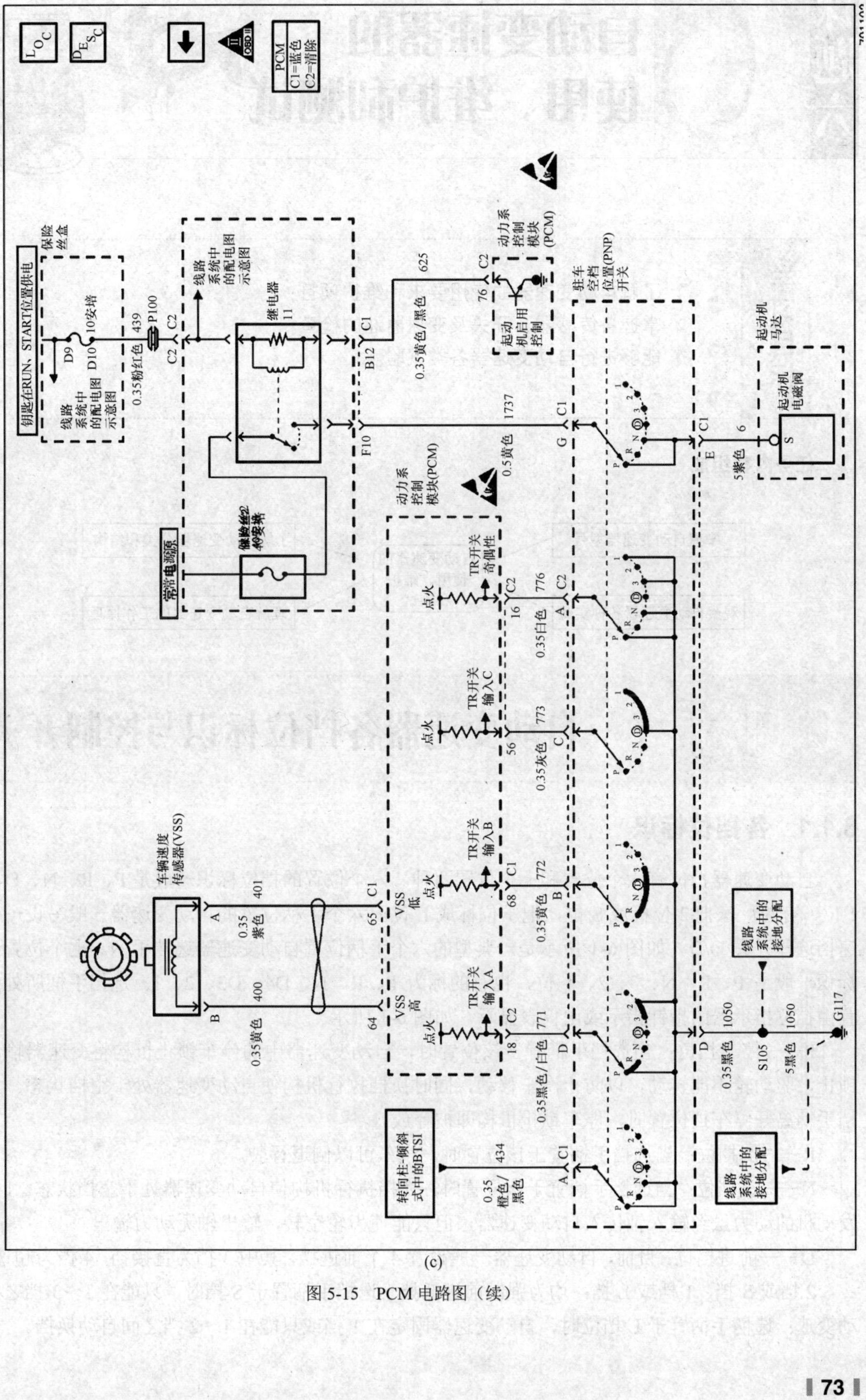

(c)

图 5-15 PCM 电路图（续）

课题六 6 自动变速器的使用、维护和测试

学习目标

- ◎ 了解自动变速器的使用要求和维护项目；
- ◎ 掌握各传感器、开关及变速器油的检查；
- ◎ 能够进行自动变速器各类试验。

任务内容组成

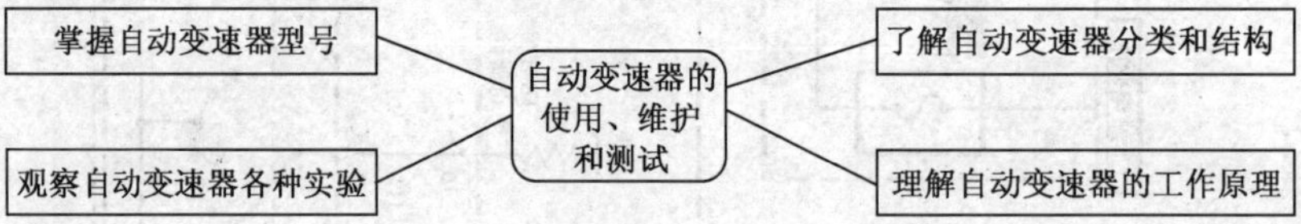

6.1 自动变速器各挡位标识与控制开关

6.1.1 各挡位标识

自动变速器挡位有六个位置和七个位置两种。六个位置的挡位标识一般是 P、R、N、D、2、1 位，有的厂家把 2 位标成 S 位，把 1 位标成 L 位。六个手柄位置的自动变速器一般另设一个超速挡选择开关 O/D。如图 6-1 所示是一典型的六个手柄位置自动变速器选挡手柄。七个位置挡位标识一般是 P、R、N、3、2、1 位，也有的标为 P、R、N、D4、D3、2、1。选挡手柄所处的位置由挡位指示器的指针指示或由仪表显示，如图 6-1 所示。

P——停车挡位：当选挡手柄置于该位置时，自动变速器中的停车锁止机构将变速器输出轴锁止，驱动轮不能转动，以防止汽车移动，同时换挡执行机构使自动变速器处于空挡状态。当选挡手柄离开停车挡位置时，停车锁止机构即被释放。

R——倒挡位：当选挡手柄置于该位置时，汽车可以倒退行驶。

N——空挡位：当选挡手柄置于该位置时，换挡执行机构使自动变速器处于空挡状态。此时，发动机的动力虽经输入轴传入自动变速器，但只能使齿轮空转，输出轴无动力输出。

D——前进挡位：目前，自动变速器一般设置 4 个前进挡，其中 3 挡为直接挡，4 挡为超速挡。

2 挡或 S 挡、1 挡或 L 挡：均为强制前进低挡。选挡手柄置于 S 挡时，只能在 1～3 挡之间自动变速；选柄手柄置于 L 挡位时，自动变速器固定在 1 挡或只能在 1～2 挡之间自动换挡。

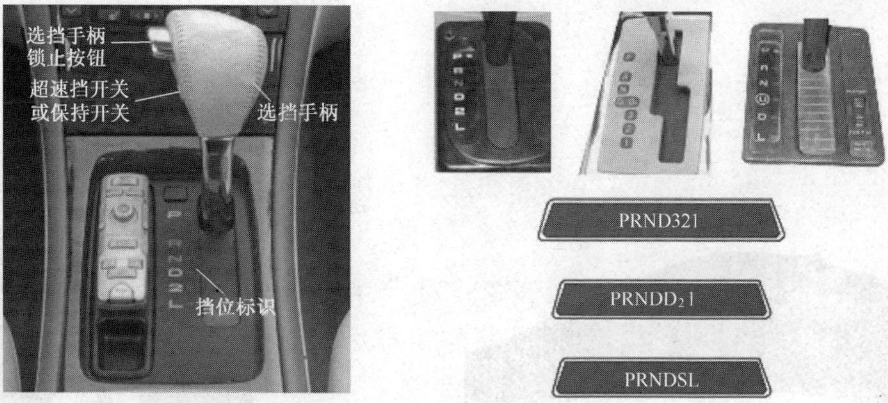

图 6-1　自动变速器选挡手柄和挡位指示器

在变换选柄手柄位置时，必须先按下选挡手柄上方的选挡手柄锁止按钮，否则无法移动选挡手柄。

6.1.2　控制开关

（1）超速挡选择开关 O/D。打开 O/D 开关后，最高可升至 4 挡，即超速挡。关闭 O/D 开关时，仪表板上的“O/D OFF”指示灯随之亮起，最高只能升到 3 挡（相当于七个位置的“3”位）。

（2）换挡模式选择开关。

① 经济模式（ECONOMY）：当车辆在城市道路行驶时，接通经济模式，其换挡规律应能使发动机转速经常处于经济转速范围，从而提高燃油经济性。

② 动力模式（POWER）：当车辆上坡、在山路上行驶或希望发动机在高转速下工作时，可选择动力模式，此时车辆加速能力很强。

③ 标准模式（NORMAL）：另外有些车辆设定的模式分别是 MANUAL、ECONOMY、POWER 或 POWER、COMFORT、AUTO、SNOW 等。其中 MANUAL 为手动换挡模式，在雨雪、泥泞路面或湿滑路面起步，并要求换挡固定的情况下使用手动换挡模式。COMFORT 为舒适换挡模式，相当于 ECONOMY 模式。当节气门迅速打开时，换挡模式会自动转换到 POWER 模式。当节气门开度小于 1/8 时，又由 POWER 模式自动转换为 ECONOMY 模式。AUTO 为自动模式，它是介于舒适和动力模式之间的一种模式。SNOW 为雪地模式，当车辆在冰雪路面行驶时，选择雪地模式以防驱动轮打滑。

（3）巡航控制（CC）开关。巡航控制开关一般安装在转向柱或仪表板上，巡航控制系统自动控制汽车以稳定车速持续行驶，使驾驶操作简便、节省燃油。当驾驶者关闭巡航控制开关或使用制动时，巡航控制随即解除，如图 6-2 所示。

（4）保持（HOLD）开关。HOLD 实际上是一个定挡行驶控制开关。当 HOLD 开关断开时，各挡位自动变速；接通 HOLD 开关时，行星齿轮机构的挡位完全由选挡手柄的位置决定。

（5）S4 控制开关。在许多运动型跑车上都设有 S 挡位，打开 S4 挡控制开关，自动变速器就能自动换到 4 挡。S4 控制开关只在 S 挡位起作用，当采用 S4 控制时，相当于其他车型的动力换挡模式。

各控制开关如图 6-3 所示。

图 6-2 巡航控制（CC）开关

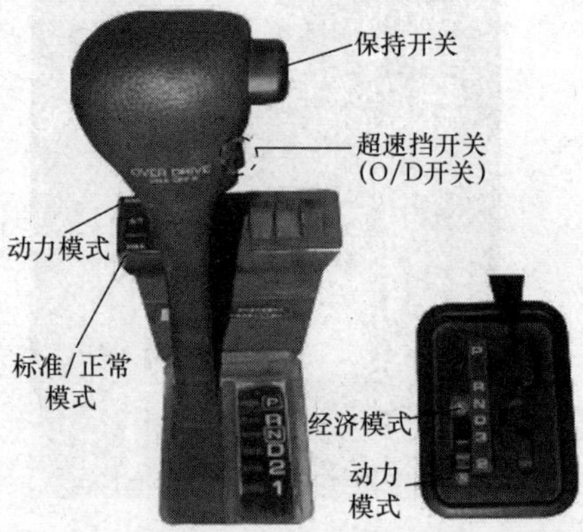

图 6-3 各控制开关

6.2 驾驶操控

1．启动

启动发动机时，应拉紧驻车制动或踩住制动踏板，将自动变速器的选挡手柄置于 P 位或 N 位。

汽车在行驶途中熄火时，必须先将选挡手柄移到 P 或 N 位置后，才能启动发动机。启动时也应踩住制动踏板或拉紧驻车制动，以防汽车在启动时爬行。

2．起步

（1）发动机启动后，应等待发动机运行一段时间后再挂挡起步。

（2）起步时应先踩住制动踏板再挂挡，确认所挂挡位正确后松开驻车制动，抬起制动踏板，缓慢踩下加速踏板起步。

（3）D 挡位起步时制动时间不要过长，否则自动变速器油温会迅速上升，易损坏其中橡胶件，使液压油变质。

3．一般行驶

在一般道路上行驶时，应将选挡手柄置于 D 挡位，并打开超速挡开关。为了节省燃油，应将模式开关置于经济模式或标准模式位置，如图 6-4 所示。

图 6-4 正常行驶

（1）欲将自动变速器选挡手柄从高挡向低挡变换时，必须先使汽车减速至相应的车速后才能进行。因此，在换入低挡后，不要猛踩加速踏板。

（2）用选挡手柄选挡时，应先挂挡后踩加速踏板，挂上挡后也不要立即猛踩加速踏板。

（3）高速行驶时，不得将选挡手柄放入 N 挡位滑行。

4．坡道行驶

在一般坡道上行驶时，可按一般道路行驶的方法，将选挡手柄置于 D 位，用加速踏板或制动踏板来控制上、下坡车速，如图 6-5 所示。

汽车下坡时，如果加速踏板完全松开车速仍然很高，可将选挡手柄置于 2 挡。此时汽车驱动轮经传动轴，变速器、变矩器反拖发动机运转，用发动机的运转阻力使汽车减速，这种情况称为发动机制动。当车速较高时，应先用行车制动降低车速，再把选挡手柄从 D 挡移至 2 挡。

图 6-5 坡道行驶

5．雨雪天行驶

在雪地或泥泞路面上行驶，若选挡手柄置于 D 位，当驱动轮打滑时，此时可将选挡手柄置 S 挡位或 L 挡位，强制自动变速器在低挡行驶，限制自动变速器的最高挡位，如图 6-6 所示。

设有雪地程序控制开关的车辆，应及时打开雪地程序控制开关，以发挥其特殊的控制功能。设有 HOLD 保持开关的自动变速器在雪地或泥泞路面上行驶时可打开此开关，然后操纵选挡手柄选择合适的行驶挡位。

图 6-6 雪地或泥泞路面上行驶

6．倒车行驶

在换入 R 挡位前，一定要先让汽车停稳，不允许在汽车还未停稳时就将选挡手柄在前进挡与倒挡间切换，否则会损坏自动变速器中的摩擦片和制动带。倒车时，还应注意使用制动踏板控制车速，如图 6-7 所示。

图 6-7 倒车行驶

7．停车

停车时间较短，可让选挡手柄保持在D位，只用行车制动停车；若停车时间稍长，也可以让选挡手柄保持在D位，但最好同时使用行车制动和驻车制动；若停车时间较长，最好把选挡手柄换到N位，并拉紧驻车制动，以免造成自动变速器油升温过高。

驻留停车时，应先用行车制动将汽车停稳，再将选挡手柄移至P位，然后拉紧驻车制动，关闭点火开关，使发动机熄火，如图6-8所示。

图6-8 停车

停车后，不要让发动机在N位长时间怠速运转，发动机熄火前选挡手柄在D、2、L或R位的任一位置都不要踩加速踏板使发动机转速升高。

8．拖车

如果自动变速器发生故障或严重泄漏需将汽车拖至修理厂时，应该把驱动轮抬起或者把该车的传动轴拆下后拖回。在自动变速器无故障而需拖车时，则只需将选挡手柄置于N位即可拖车，但牵引的速度不要超过30km/h，牵引的距离不要超过30km。如果牵引的距离超过30km，则也需要抬起驱动轮或拆下传动轴后才能被牵引。

装有液力自动变速器的汽车，不可进行拖车启动。

一般车速为60km/h以上即可锁止离合器，选挡手柄在D位锁止离合器才能起作用。

6.3 一般性检查与调整

6.3.1 发动机怠速的检查

发动机怠速不正常，特别是怠速过高，会使自动变速器工作不正常，出现换挡冲击等故障。因此在对自动变速器作进一步的检查之前应先检查发动机的怠速是否正常。检查怠速时应将自动变速器操纵手柄置于停车挡（P）或空挡（N）位置。通常装有自动变速器的汽车发动机怠速为750r/min，如怠速过高或过低均应予以调整。

6.3.2 液压油品质和油面高度的检查

液压油品质和油面高度是自动变速器最基本的检查项目。

自动变速器分解、修复并装上汽车后，应先加入 3～4L 的液压油，然后才能启动发动机，按规定步骤检查液压油的油面高度，并继续向自动变速器内加入规定数量的液压油。

各种型号自动变速器的加油量都有明确的规定。原则上加油量的标准是：在液力变矩器及换挡执行元件的液压缸都充满之后，留在油底壳里的油面高度在行星排等旋转零件的最低位置之下，以免在运行中液压油被剧烈地搅动而产生泡沫，但必须高于阀板总成与变速器壳体的安装接合面，以免在工作中渗入空气，影响各个控制阀的正常工作。

自动变速器油面高度的检查方法如下。

（1）将汽车停放在水平地面上，并拉紧手制动，如图 6-9（a）所示。

（2）让发动机怠速运转。

（3）踩住制动踏板，将操纵手柄拔至倒挡（R）、前进挡（D）、前进低挡（S、L 或 2、1）等位置，并在每个挡住上停留几秒钟，使液力变矩器和所有换挡执行元件中都充满液压油。最后将操纵手柄拨回 P 位置，如图 6-9（b）、（c）所示。

（4）从加油管内拔出自动变速器油尺，将擦干净的油尺全部插入加油管后再拔出，检查油尺上的油面高度，如图 6-9（d）所示。

液压油油面高度的标准是：如果自动变速器处于冷态（即冷车刚刚启动，液压油的温度较低，为室温或低于 25℃），油面高度应在油尺刻线的下限附近；如果自动变速器处于热态（如低速行驶 5min 以上，液压油温度已达 70～80℃），油面高度应在油尺刻线的上限附近。这是因为低温时液压油的黏度大，运转时有较多的液压油附着在行星齿轮等零件上，所以油面较低；高温时液压油黏度小，容易流回油底壳，因此油面较高。

若油面高度过低，应继续向加油管内加入液压油，直至油面高度符合标准为止。

（a）

（b）

（c）

（d）

图 6-9 检查方法

继续运转发动机，检查自动变速器油底壳油管接头等处有无漏油。如有漏油，应立即予以修复。

进口轿车自动变速器通常使用 DEXRON-Ⅱ或 M-Ⅲ型液压油。这两种液压油稳定性好，使用寿命长。注意切不可用齿轮油或机油代替液压油，否则会造成自动变速器的严重损坏。

在自动变速器调整、加注液压油，并经试车之后，应重新检查自动变速器液压油的油面高度是否正常，油底壳、油管接头等处有无漏油。

6.3.3 自动变速器液压油的更换

一般进口轿车自动变速器每正常行驶 10～20 万 km，必须换油一次。此外，自动变速器每行驶 2 万 km 或 6 个月后应检查一次液压油的油面高度和液压油的品质。通过检查液压油可以判断自动变速器的工作是否正常。

液压油品质的检查方法是：将油尺上的液压油滴在干净的白纸上，检查液压油的颜色及气味。正常液压油的颜色一般为粉红色，且无异味。如油液呈棕色或有焦味，说明已变质，则应立即换油。

自动变速器的换油方法如下。

（1）行驶车辆，使自动变速器达到正常工作温度（油温 70～80℃），后停车熄火。

（2）拆下自动变速器油底壳上的放油螺塞，将油底壳内的液压油放净。有些车型的自动变速器油底壳上没有放油螺塞，应拆下整个油底壳，然后放油。拆油底壳时应先将后半部油底壳螺钉拆下，拧松前半部油底壳螺钉，再将后半部油底壳撬离变速器壳体，放出部分液压油，最后再将整个油底壳拆下。

（3）拆下油底壳，将油底壳清洗干净。有些自动变速器的油底壳用的是磁性放油螺塞，也有些自动变速器在油底壳内专门放直一块磁铁，以吸附铁屑。清洗时必须注意将螺塞或磁铁上的铁屑清洗干净后放回。

（4）拆下自动变速器液压油散热器油管接头，用压缩空气将散热器内的残余液压油吹出再装好油管接头。

（5）装好油底壳和放油螺塞。

（6）从自动变速器加油管中加入规定牌号的液压油。一般自动变速器油底壳内的储油量为 4L 左右。

（7）启动发动机，检查自动变速器油面高度。要注意由于新加入的油液温度较低，油面高度应在油尺刻线的下限附近。如油面太低，应继续加油至规定油面高度。

（8）让汽车行驶至发动机和自动变速器达到正常工作温度，再次检查油面高度是否在油尺刻线的上限附近。如过低，应继续加油，直至满足规定要求为止。

（9）如果不慎将液压油加入过多，使油面高于规定的高度，切不可凑合使用。因为当油面过高时，行驶中油液被行星排剧烈地搅动，产生大量的泡沫。这些带有泡沫的液压油进入油泵和控制系统后，对自动变速器的工作是极为不利的。其后果和油面高度不是一样，会造成油压过低，导致自动变速器内的摩擦元件打滑磨损。因此油面过高时，应把油放掉一些。有放油螺塞的自动变速器只要把螺塞打开即可放油；没有放油螺塞的自动变速器在做少量放油时，可从加油管往外吸。

一般自动变速器的总油量为 10L 左右，按上述方法换油时，变矩器内的液压油是无法放出的。若液压油严重变质，必须全部更换时，可先按上述方法换油，然后让汽车行驶约 5min 后再次换油。

6.3.4 操纵手柄位置和节气门拉索的检查

1．节气门拉索的调整

操纵手柄或节气门拉索安装或调整不当也会影响自动变速器的正常工作，因此在对自动变速器作进一步的检查之前，应先检查操纵手柄和节气门拉索的位置。如有异常，应予以调整。装用自动变速器的汽车不论是拆卸自动变速器或发动机进行修理后，在装复自动变速器的节气门拉索时（如果有的话），应按规定要求进行调整。若节气门拉索调整不当，对于液力控制自动变速器来说，会导致换挡时刻不正常，造成过早换挡或过迟换挡，使汽车加速性变差或产生换挡冲击；对于电子控制自动变速器来说，会导致主油路压力异常，造成油压过低或过高，使换挡执行元件打滑或产生换挡冲击。

节气门拉索的调整方法如下。

（1）踩下加速踏板，让节气门全开，如图 6-10（a）所示。

（2）检查固定在节气门体主架上的节气门拉索端头的橡胶防尘套和拉索上的限位块之间的距离。其标准距离为 0～lmm。如距离不符合标准，可松开拉索固定螺母进行调整，如图 6-10（b）所示。

2．操纵手柄及挡位开关的调整

操纵手柄及挡位开关调整不当，会使操纵手柄的位置与自动变速器阀板中手动阀的实际位置不符，造成挂不进停车挡或前进低挡，或操纵手柄的位置与仪表盘上挡位指示灯的显示不符，甚至造成在空挡或停车挡时无法启动发动机。

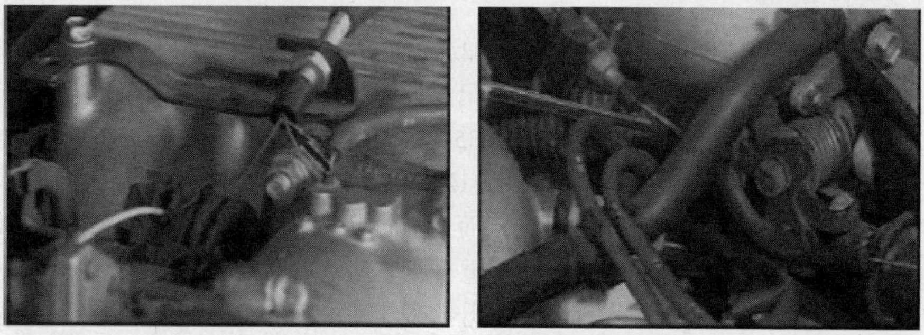

（a）　（b）

图 6-10　节气门拉索的调整方法

操纵手柄及挡位开关的调整方法如下。

（1）拆下操纵手柄与自动变速器手动阀摇臂之间的连杆。

（2）将操纵手柄拨至空挡位置。

（3）将手动阀摇臂拔至空挡位置。其方法是，先将手动阀摇臂向后拨至极限位直（停车挡位置）然后再返回 2 格。

（4）稍稍用力将操纵手柄靠向 R 位方向，然后连接并固定操纵手柄与手动阀摇臂之间的连杆。

（5）将操纵手柄拨至各个挡位，检查挡位指示灯与操纵手柄位直是否一致、P 位和 N 位时发动机能否启动、R 位时倒挡灯是否亮起。如有不符，应松开挡位开关的固定螺钉，转动挡位开关进行调整。有些自动变速器的挡位开关外壳上刻有一条基准线，调整时应将基准线和手动阀摇臂轴上的槽口对齐。也有一些自动变速器的挡位开关上有一个定位孔，调整时应使摇臂上的定位孔和挡位开关上的定位孔对准。

自动变速器调整完毕，并加注好液压油后，应进行台架试验和道路试验，检查自动变速器的工作情况。

6.4 道路试验

自动变速器的道路试验内容主要有：检查换挡车速、换挡质量以及检查换挡执行元件有无打滑。在道路试验之前，应先让汽车以中低速行驶 5～10min，让发动机和自动变速器都达到正常工作温度。在试验中，如无特殊需要，通常应将超速挡开关置于 ON 位置（即超速挡指示灯熄灭），并将模式开关置于普通模式或经济模式位置。道路试验的方法如下。

1．升挡检查

将操纵手柄拨至前进挡（D）位置，踩下加速踏板，使节气门保持在 1/2 开度左右，让汽车起步加速，检查自动变速器的升挡情况。自动变速器在升挡时发动机会有瞬时的转速下降，同时车身有轻微的闯动感。正常情况下，汽车起步后随着车速的升高，试车者应能感觉到自动变速器能顺利地由 1 挡升入 2 挡，随后再由 2 挡升入 3 挡，最后升入超速挡。若自动变速器不能升入高挡（3 挡或超速挡），说明控制系统或换挡执行元件有故障。

2．升挡车速的检查

将操纵手柄拨至前进挡（D）位置，踩下加速踏板，并使节气门保持在某一固定开度，让汽车起步并加速。当察觉到自动变速器升挡时，记下升挡车速。一般 4 挡自动变速器在节气门开度保持在 1/2 时由l挡升至 2 挡的升挡车速为 25～35km/h，由 2 挡升至 3 挡的升挡车速为 55～70km/h，由 3 挡升至 4 挡（超速挡）的升挡车速为 90～120km/h。由于升挡车速和节气门开度有很大的关系，即节气门开度不同时，升挡车速也不同，而且不同车型的自动变速器各挡位传动比的大小都不相同，其升挡车速也不完全一样，因此，只要升挡车速基本保持在上述范围内，而且汽车行驶中加速良好，无明显的换挡冲击，都可认为其升挡车速基本正常。若汽车行驶中加速无力，升挡车速明显低于上述范围，说明升挡车速过低（即过早升挡）；若汽车行驶中有明显的换挡冲击，升挡车速明显高于上述范围，说明升挡车速过高（即太迟升挡）。

大部分《自动变速器维修手册》中都有自动变速器升挡（或降挡）车速标准表，但表中通常只列出了节气门全开或全关时的升挡（或降挡）车速。然而，在道路试验中，让汽车以节气门全开行驶往往因道路条件的限制而无法实施，而且以节气门全开行驶也容易加剧自动变速器内摩擦元件的磨损，一般不宜采用。因此表中的数据只能作为参考。有些《自动变速器维修手册》中给出了自动变速器的换挡图，从这种换挡图中可以得出不同节气门开度下自动变速器的升挡车速。这可作为判断换挡车速是否正确的标准。如图 6-11 所示为丰田 A43D 和 A43DE 两种自动变速器的换挡图。图中实线为升挡曲线，虚线为降挡曲线，通常液力控制自动变速器的升挡车速和节气门开度的变化关系图呈曲线状（见图 6-11（a）），而电子控制自动变速器的升挡车速和节气门开度的变化关系图呈阶梯状折线（见图 6-11（b））。

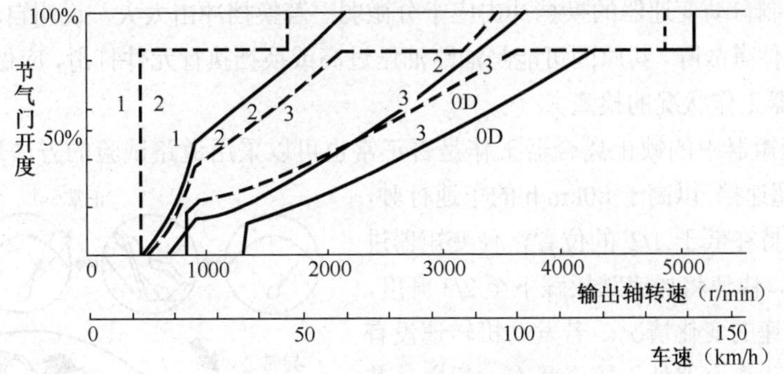

（a）A43D 自动变速器升挡图

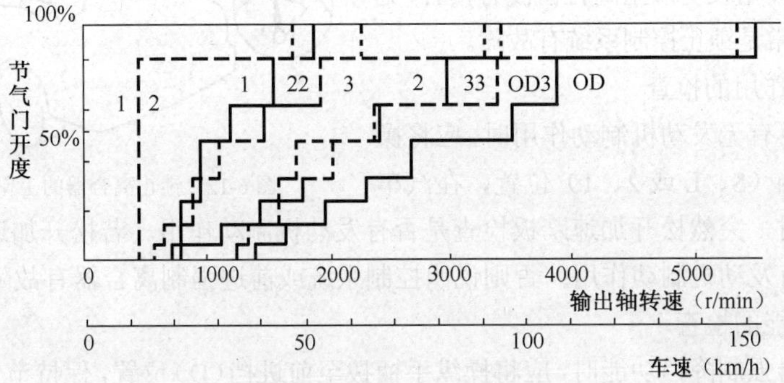

（b）A43DE 自动变速器经济模式换挡图

图 6-11　自动变速器的换挡图

由于降挡时刻在行驶中不易察觉，因此在道路试验中一般无法检查自动变速器的降挡车速，只能通过检查升挡车速来判断自动变速器有无故障。如有必要，还可检查在其他模式下或操纵手柄位于前进低挡位置时的换挡车速，并与标准值进行比较，作为判断故障的参考依据。

升挡车速太低一般是控制系统的故障所致；换挡车速太高则可能是控制系统的故障所致，也可能是换挡执行元件的故障所致。

3．升挡时发动机转速的检查

有发动机转速表的汽车在做自动变速器道路试验时，应注意观察汽车行驶中发动机转速变化的情况。它是判断自动变速器工作是否正常的重要依据之一。在正常情况下，若自动变速器处于经济模式或普通模式，节气门保持在低于 1/2 开度范围内，则在汽车由起步加速直至升入高速挡的整个行驶过程中，发动机转速都将低于 3 000r/min，通常在加速至即将升挡时发动机转速可达到 2 500～3 000r/min，在刚刚升挡后的短时间内发动机转速将下降至 2 000r/min 左右。如果在整个行驶过程中发动机转速始终过低，加速至升挡时仍低于 2 000r/min，说明升挡时间过早或发动机动力不足；如果在行驶过程中发动机转速始终偏高，升挡前后的转速为 2 500～3 500r/min，而且换挡冲击明显。说明升挡时间过迟；如果在行驶过程中发动机转速过高，经常高于 3 000r/min，在加速时达到 4 000～5 000r/min，甚至更高，则说明自动变速器的换挡执行元件（离合器或制动器）打滑，应拆修自动变速器。

4．换挡质量的检查

换挡质量的检查内容主要是检查有无换挡冲击。正常的自动变速器只能有不太明显的换挡冲击，特别是电子控制自动变速器的换挡冲击应十分微弱。若换挡冲击太大，说明自动变速器的控制系统或换挡执行元件有故障，其原因可能是油路油压过高或换挡执行元件打滑，应做进一步的检查。

5．锁止离合器工作状况的检查

自动变速器变矩器中的锁止离合器工作是否正常也可以采用道路试验的方法进行检查。试验中，让汽车加速至超速挡，以高于 80km/h 的车速行驶，并让节气门开度保持在低于 1/2 的位置，使变矩器进入锁止状态。此时，快速将加速踏板踩下至 2/3 开度，同时检查发动机转速的变化情况。若发动机转速没有太大变化，说明锁止离合器处于接合状态；反之，若发动机转速升高很多，则表明锁止离合器没有接合（见图 6-12），其原因通常是锁止控制系统有故障。

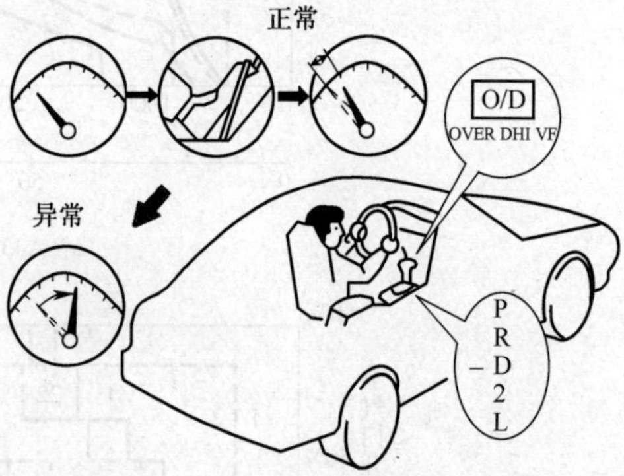

图 6-12 锁止离合器的工作状况的检查

6．发动机制动作用的检查

检查自动变速器有无发动机制动作用时，应将操纵手柄拨至前进低挡（S、L 或 2、1）位置，在汽车以 2 挡或 1 挡行驶时，突然松开加速踏板检查是否有发动机制动作用。若松开加速踏板后车速立即随之下降，说明有发动机制动作用；否则说明控制系统或前进强制离合器有故障。

7．强制降挡功能的检查

检查自动变速器强制降挡功能时，应将操纵手柄拨至前进挡（D）位置，保持节气门开度为 1/3 左右，在以 2 挡、3 挡或超速挡行驶时突然将加速踏板完全踩到底，检查自动变速器是否被强制降低一个挡位。在强制降挡时，发动机转速会突然上升至 4 000r/min 左右，并随着加速升挡，转速逐渐下降。若踩下加速踏板后没有出现强制降挡，说明强制降挡功能失效。若在强制降挡时发动机转速升高得反常，达 5 000～6 000r/min，并在升挡时出现换挡冲击，则说明换挡执行元件打滑，应拆修自动变速器。

6.5 失速试验

在前进挡或倒挡中踩住制动踏板并完全踩下加速踏板时，发动机处于最大扭矩工况，而此时自动变速器的输出轴及输入轴均静止不动，变矩器的涡轮也因此静止不动，只有变矩器壳及泵轮随发动机一同转动，这种工况称为失速工况，此时的发动机转速称为失速转速。

失速试验是检查发动机、变矩器及自动变速器中有关的换挡执行元件的工作是否正常的一种常用方法。

1．准备工作

在进行失速试验之前，应做好以下准备工作：

（1）让汽车行驶至发动机和自动变速器均达到正常工作温度。

（2）检查汽车的脚制动和手制动，确认其性能良好。

（3）检查自动变速器液压油高度，应正常。

2．试验步骤

试验步骤，如图 6-13 所示。

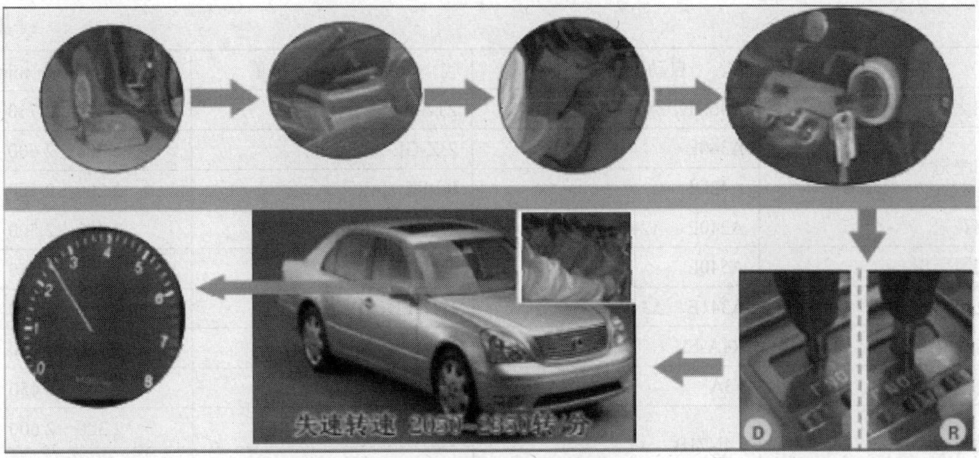

图 6-13　失速试验

（1）将汽车停放在宽阔的水平地面上，前后车轮用三角木块塞住。

（2）拉紧手制动，左脚用力踩住制动踏板。

（3）启动发动机。

（4）将操纵于柄拨入 D 位置。

（5）在左脚踩紧制动踏板的同时，用右脚将加速踏板踩到底，在发动机转速不再升高时，迅速读取此时的发动机转速。

（6）读取发动机转速后，立即松开加速踏板。

（7）将操纵手柄拨入 P 或 N 位置，让发动机怠速运转 1min，以防止液压油因温度过高而变质。

（8）将操纵手柄拨入其他挡位（R、S、L 或 2、1），做同样的试验。

由于在失速工况下，发动机的动力全部消耗在变矩器内液压油的内部摩擦损失上，液压油的温度急剧上升，因此在失速试验中。从加速踏板踩下到松开的整个过程的时间不得超过 5s，否则会使液压油因温度过高而变质，甚至损坏密封圈等零件。在一个挡位的试验完成之后，不要立即进行下一个挡位的试验，要等油温下降之后再进行。试验结束后不要立即熄火，应将操纵手柄拨入空挡或停车挡，让发动机怠速运转几分钟，以便让液压油温度降至正常。如果在试验中发现驱动轮因制动力不足而转动，应立即松开加速踏板，停止试验。不同车型的自动变速器都有其失速转速标准（见表 6-1）。大部分自动变速器的失速转速为 2 300r/min 左右。若失速转速与标准值相符，说明自动变速器的油泵、主油路油压及各个换挡执行元件的工作基本正常；若失速转速高于标准值，说明主油路油压过低或换挡执行元件打滑；若失速转速低于标准值，则可能是发动机动力不足或液力变矩器有故障。例如，当液力变矩器中的导轮单向超越离合器打滑时，液力变矩器在液力耦合器的工况下工作，其变扭比下降，从而使发动机的负荷增大，转速下降。不同挡位失速转速不正常的原因如表 6-2 所示。

表 6-1　　几种常见车型自动变速器的失速转速标准

车　　型	自动变速器型号	发动机型号或排量	失速转速/（r·min^{-1}）
丰田海狮	A45DL	2L	1 950～2 250
		3L、1RZ、2RZ	2 100～2 400
		2RZ-E	2 150～2 450

续表

车 型	自动变速器型号	发动机型号或排量	失速转速/（r·min^{-1}）
丰田大霸王	A46DE、A46DF	2TZ-FE	2 450～2 750
丰田皇冠	A340E	2JZ-GE	2 300～2 600
	A42DL	IG-FE	2 200～2 500
丰田花冠	A240E、A241E	4A-FE、3S-FE	2 200～2 500
丰田凯美瑞	A540E	3VZ-FE	2 200～2 550
雷克萨斯 400	A341E、A342E	1UZ-FE	2 050～2 350
马自达 929	R4A-EL	JE	1 950～2 250
马自达 626	F3A		2 200～2 450
尼桑	L4N71B	VG30E、VG30S	2 300～2 600
		LD28	1 700～2 000
克莱斯勒	A-415	1.6L	2 250～2 450
		2.2L	2 200～2 400
	A-413	2.2EF1	2 280～2 480
		2.2EF1 增压	3 020～3 220
	A-470	2.6L	2 400～2 600
宝马	AW-4		1 700～2 000
	ZF4HP22/EH	325e、528	1 900～2 050
		524TD	2 280～2 120
		EH 系列	1 980～2 140

表 6-2 失速转速不正常的原因

操纵手柄位置	失 速 转 速	故 障 原 因
所有位置	过高	主油路油压过低 前进挡和倒挡的换挡执行元件打滑 低挡及倒挡制动器打滑
	过低	发动机动力不足 变矩器导轮的单向超越离合器打滑
仅在 D 位	过高	前进挡油路油压过低 前进离合器打滑
仅在 R 位	过高	倒挡油路油压过低 倒挡及高挡离合器打滑

6.6 油压试验

油压试验是在自动变速器运转时，对控制系统各个油路中的油压进行测量，为分析自动变速器的故障提供依据，以便有针对性地进行修复。正确的油路油压是自动变速器正常工作的先决条件。油压过高，会使自动变速器出现严重的换挡冲击，甚至损坏控制系统；油压过低，会造成换挡执行元件打滑，加剧其摩擦片的磨损，甚至使换挡执行元件烧毁。对于因油压过低而造成换挡执行元件烧毁的自动变速器，如果仅仅更换烧毁的摩擦片而没有找出故障的真正原因并加以修复，更换后的摩擦片经过一段时间的使用后往往会再次烧毁。因此，在分解修理自动变速器之前和自动变速器修复之后，都要对自动变速器做油压试验，以保证自动变速器的修理质量。

6.6.1 油压试验的准备

在做油压试验之前应做好以下准备工作。

（1）行驶汽车，让发动机及自动变速器达到正常工作温度。

（2）将车辆停放在水平地面上，检查发动机怠速和自动变速器液压油的油面高度。如不正常，应予以调整。

（3）准备一个量程为 2MPa 的压力表。

（4）找出自动变速器各个油路测压孔的位置。通常在自动变速器外壳上有几个用方头螺塞堵住的用于测量不同油路油压的测压孔。《自动变速器维修手册》上标有该自动变速器各个油路测压孔的位置。如果没有《自动变速器维修手册》作参考，可以用举升器将汽车升起，在发动机运转时分别将各个测压孔螺塞松开少许，观察各测压孔在操纵手柄位于不同挡位时是否有压力油流出，以判断该测压孔是与哪一个油路相通，从而找出各个油路测压孔的位置。

具体判断方法如下。

不论操纵手柄位于前进挡或倒挡时都有压力油流出，则为主油路测压孔。

只有在操纵手柄位于前进挡时才有压力油流出，则为前进挡油路测压孔。

只有在操纵手柄位于倒挡时才有压力油流出，则为倒挡油路测压孔。

只有在操纵手柄位于前进挡，并且在驱动轮转动后才有压力油流出，则为调速器油路的测压孔。

6.6.2 油压试验的内容和方法

油压试验的内容取决于自动变速器的类型及测压孔的设置方式。下面介绍一般车型自动变速器油压试验的主要内容和方法。

1.主油路油压测试

测试主油路油压时，应分别测出前进挡和倒挡的主油路油压。

（1）前进挡主油路油压测试方法如图 6-14 所示。

① 拆下变速器壳体上的主油路测压孔或前进挡油路测压孔螺塞，接上油压表。

② 启动发动机。

③ 将操纵手柄拨至前进挡（D）位置。

④ 读出发动机怠速运转时的油压。该油压即为怠速工况下的前进挡主油路油压。

⑤ 用左脚踩紧制动踏板，同时用右脚将加速踏板完全踩下，在失速工况下读取油压。该油压即为失速工况下的前进挡主油路油压。

⑥ 将操纵手柄拨至空挡或停车挡，让发动机怠速运转 1min 以上。

⑦ 将操纵手柄拨至各个前进低挡（S、L 或 2、1）位置，重复①～⑥的步骤，读出各个前进低挡在怠这工况和失速工况下的主油路油压。

（2）倒挡主油路油压测试方法如图 6-15 所示。

图 6-14　主油路油压测试

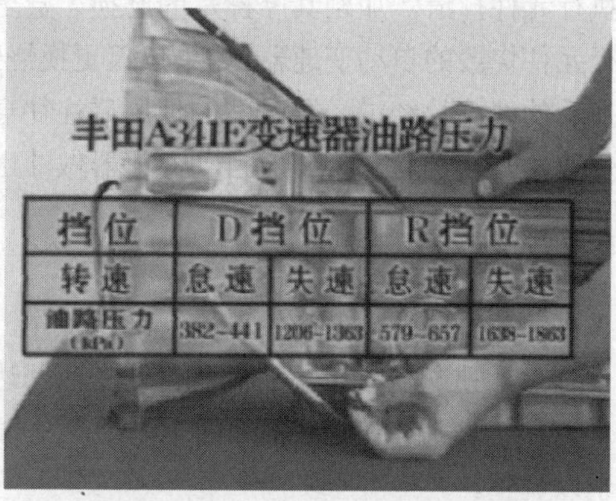

图 6-15　倒挡主油路油压测试方法

① 拆下自动变速器壳体上的主油路测压孔或倒挡油路测压孔螺塞，接上油压表。

② 启动发动机。

③ 将操纵手柄拨至倒挡（R）位置。

④ 在发动机怠速运转工况下读取油压，该油压即为怠速工况下的倒挡主油路油压。

⑤ 用左脚踩紧制动踏板，同时用右脚将加速踏板完全踩下，在发动机失速工况下读取油压，该油压即为失速工况下的倒挡主油路油压。

⑥ 将操纵手柄拨至空挡（N）位置，让发动机怠速运转 lmin 以上。

将测得的主油路油压与标准值进行比较。不同车型自动变速器的主油路油压都不完全相同，表 6-3 为几种常见车型自动变速器主油路油压标准。若主油路油压不正常，说明油泵或控制系统有故障。表 6-4 列出了主油路油压不正常的可能原因。

表 6-3　　几种常见车型自动变速器主油路油压标准

车　型	自动变速器型号	发动机型号	操纵手柄位置	主油路油压/kPa	
				怠速工况	失速工况
丰田海狮	A45DL	1RZ、2RZ	D	353～402	1 030～1 196
			R	500～569	1 422～1 785
		2L、3L	D	343～431	1 098～1 294
			R	451～657	1 471～1 863
		2RZ-E	D	441～500	990～1 167
			R	667～745	1 471～1 863
丰田大霸王	A46DE	2TZ-FE	D	363～402	1 040～1 304
			R	500～559	1 402～1 863
丰田皇冠	A340E	2JZ-GE	D	363～422	902～1 147
			R	500～598	1 236～1 589
	A42DL	1G-FE	D	353～402	1 030～1 196
			R	500～569	1 422～1 785

续表

车型	自动变速器型号	发动机型号	操纵手柄位置	主油路油压/kPa	
				怠速工况	失速工况
丰田花冠	A240E	4A-FE	D	373～422	903～1 050
			R	550～707	1 412～1 648
	A241E	3S-FE	D	373～422	903～1 050
			R	638～795	1 560～1 893
	A241L	2C	D	373～422	824～971
			R	647～794	1 422～1 755
丰田凯美瑞	A540E	3VZ-FE	D	353～412	992～1 040
			R	637～745	1 608～1 873
雷克萨斯 400	A341E、A342E	1UZ-FE	D	382～441	1 206～1 363
			R	579～657	1 368～1 863
尼桑	L4N71B	VG30E、VG30S	D	314～373	1 157～1 275
			R	549～686	2 187～2 373
		LD28	D	382～481	1 020～1 196
			R	726～824	1 922～2 079
宝马	ZF4HP 22/EN	325E、524TD、528E 系列	D	588～735	
			R	1 078～1 274	
		535i、635csi、735i 系列	D	588～735	
			R	1 170～1 666	

表 6-4 主油路油压不正常的原因

工　况	测 试 结 果	故 障 原 因
怠速	所有挡位的主油路油压均太低	油泵故障 主油路调压阀卡死 主油路调压阀弹簧太软 节气门接索或节气门位置传感器调整不当 节气门阀卡滞 主油路泄漏
	前进挡和前进低挡的主油路油压均太低	前进离合器活塞漏油 前进挡油路泄漏
	前进挡的主油路油压正常； 前进低挡的主油路油压太低	1 挡强制离合器或 2 挡强制离合器活塞漏油 前进低挡油路泄漏
	前进挡的主油路油压正常； 倒挡的主油路油压太低	倒挡及高挡离合器活塞漏油 倒挡油路泄漏
	所有挡位的主油路油压均太高	节气门拉索或节气门位置传感器调整不当 主油路调压阀卡死 节气门阀卡滞 主油路调压阀弹簧太硬 油压电磁阀损坏或线路故障
失速	稍低于标准油压	节气门拉索或节气门位置传感器调整不当 油压电磁阀损坏或线路故障 主油路调压阀卡死或弹簧太软
	明显低于标准油压	油泵故障 主油路泄漏

2．调速器油压的测试

大部分液力控制自动变速器都可以做这项测试。在测试调速器油压时，应当用举升器将汽车升起，或用千斤顶将驱动桥顶起，也可以接上压力表后进行路试，如图 6-16 所示。

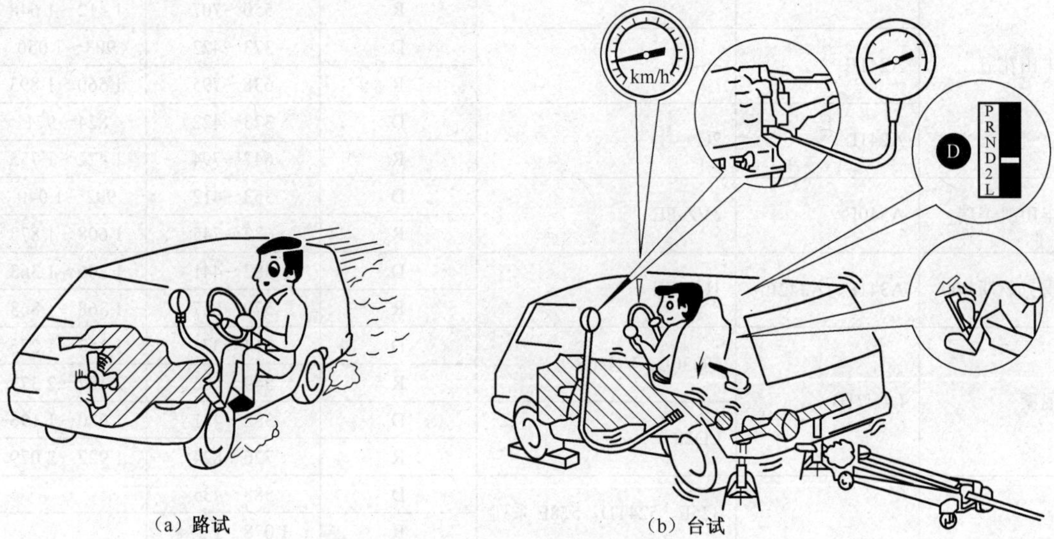

（a）路试　（b）台试

图 6-16　调速器油压的测试

（1）拆下自动变速器壳体上的调速器测压孔螺塞，接上油压表。

（2）启动发动机。

（3）将操纵手柄拨至前进挡（D）位置。

（4）松开手制动拉杆，缓慢地踩下加速踏板，让驱动轮转动。

（5）读取不同车速下的调速器油压。

（6）将测试结果与标准值进行比较。

若调速器油压太低，可能有以下原因：主油路油压太低；调速器油路泄漏；调速器工作不正常。

3．油压电磁阀工作的测试

电子控制自动变速器常采用油压电磁阀来控制主油路油压或减振器背压。这种自动变速器可以在油压试验中人为地向油压电磁阀施加电信号，同时测量油路油压的变化，以检查油压电磁阀的工作是否正常。不同车型的电子控制自动变速器的油压电磁阀的工作原理不完全相同，其检测方法也不一样。下面以雷克萨斯 LS400 轿车的 A341E 和 A342E 电子控制自动变速器为例，说明测试油压电磁阀工作的方法，其他车型也可以参考。

（1）将油压表接至自动变速器减振器背压的测压孔。

（2）对照电路图，找出自动变速器电脑线束插头上油压电磁阀控制端的接线脚，将一个 8W 灯泡的一脚与油压电磁阀控制端的接脚连接。

（3）将汽车停放在地面上，拉紧手制动拉杆，并用三角木块将 4 个车轮塞住。

（4）启动发动机，检查并调整好发动机怠速。

（5）踩住制动踏板，将操纵手柄挂入前进挡（D）位置。

（6）读出此时的减震器背压，其值应大于 0。

（7）将连接油压电磁阀的 8W 灯泡的另一脚接地，此时油压电磁阀将通电开启。读出此时的减震器背压。在油压电磁阀的接线脚经 8W 灯泡接地时，油压电磁阀将通电开启、此时减震器背压应下降为 0。如有异常，说明油压电磁阀工作不良，如图 6-17 所示。

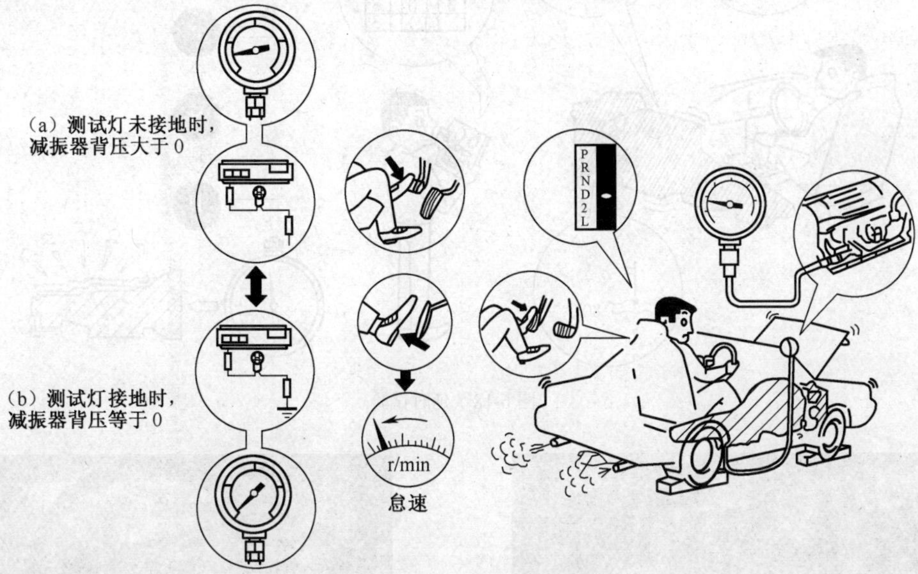

图 6-17　油压电磁阀工作的测试

6.7 延时试验

在发动机怠速运转时将操纵手柄从空挡拨至前进挡或倒挡后，需要有一段短暂时间的迟滞或延时才能使自动变速器完成挡位的接合（此时汽车会产生一个轻微的震动），这一短暂的时间称为自动变速器换挡的迟滞时间。延时试验就是测出自动变速器换挡的迟滞时间，根据迟滞时间的长短来判断主油路油压及换挡执行元件的工作是否正常。延时试验的步骤如图 6-18 所示。

（1）让汽车行驶，使发动机和自动变速器达到正常工作温度。

（2）将汽车停放在水平地面上，拉紧手制动。

（3）检查发动机怠速。如不正常，应按标准予以调整。

（4）将自动变速器操纵手柄从空挡（N）位置拨至前进挡（D）位置，如图 6-19 所示，用秒表测量从拨动操纵手柄开始到感觉汽车震动为止所需的时间，该时间称为 N—D 延时时间。

（5）将操纵手柄拨至 N 位置，让发动机怠速运转 1min 后，再做一次同样的试验。

（6）做 3 次试验，并取平均值。

（7）按上述方法，将操纵手柄由 N 位置拨至 R 位置，测量 N—R 延时时间，如图 6-20 所示。

大部分自动变速器 N—D 延时时间小于 1.0～1.2s，N—R 延时时间小于 1.2～1.5s。若 N—D 延时时间过长，说明主油路油压过低、前进离合器摩擦片磨损过甚或前进单向超越离合器工作不良；若 N—R 延时时间过长，说明倒挡主油路油压过低、倒挡离合器或倒挡制动器磨损过甚或工作不良。

图 6-18 延时试验

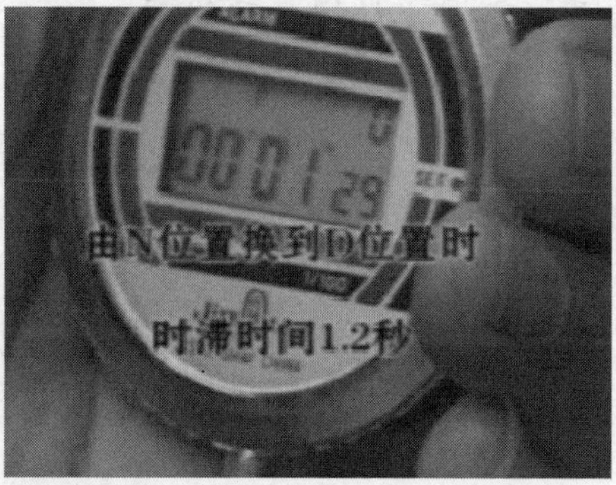

图 6-19 N 挡到 D 挡的时间测试图

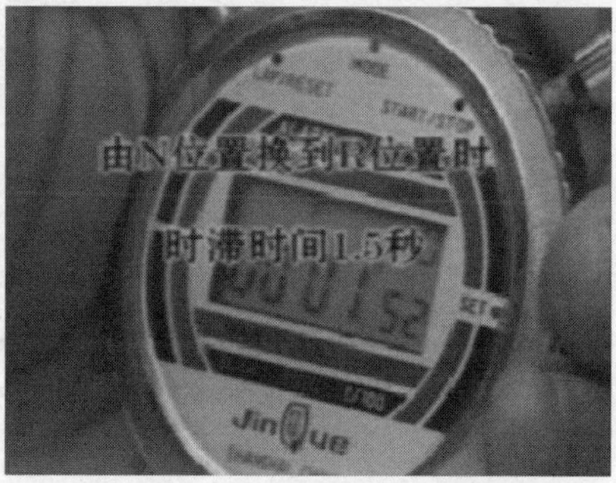

图 6-20 N 挡到 R 挡的时间测试

6.8 手动换挡试验

电子控制自动变速器可以采用手动换挡试验的方法来确定故障出在电子控制系统还是自动变速器其他部分。所谓手动换挡试验就是将电子控制自动变速器所有换挡电磁阀的线束插头全部脱开，此时计算机不能通过换挡电磁阀来控制换挡，自动变速器的挡位取决于操纵手柄的位置。不同车型的电子控制自动变速器在脱开换挡电磁阀线束插头后的挡位和操纵手柄的关系都不完全相同。丰田轿车的各种电子控制自动变速器在脱开换挡电磁阀线束插头后的挡位和操纵手柄的关系见表 6-5。

表 6-5 丰田轿车电子控制自动变速器手动换挡时挡位和操纵手柄的关系

操纵手柄位置	挡 位
P	停车挡
R	倒挡

续表

操纵手柄位置	挡　位
N	空挡
D	超速挡
2	3 挡
L	1 挡

手动换挡试验的步骤如下。

（1）脱开电子控制自动变速器的所有换挡电磁阀线束插头。

（2）启动发动机，将操纵手柄拨至不同位置，然后做道路试验（也可以将驱动轮悬空，进行台架试验）。

（3）观察发动机转速和车速的对应关系，以判断自动变速器所处的挡位。不同挡位时发动机转速与车速的关系可以参考表 6-6。由于变矩器的减速作用与传递的扭矩有关，因此表中的车速只能作为参考，实际车速将随着行驶中节气门开度的不同而产生一定的变化。

表 6-6　　自动变速器不同挡位时发动机转速和车速的关系

挡　位	发动机转速/（$r \cdot min^{-1}$）	车速/（$km \cdot h^{-1}$）
1 挡	2 000	18～22
2 挡	2 000	34～38
3 挡	2 000	50～55
超速挡	2 000	70～75

（4）若操纵手柄位于不同位置时自动变速器所处的挡位与表 6-6 相同，说明电子控制自动变速器的阀板及换挡执行元件基本上工作正常。否则，说明自动变速器的阀板或换挡执行元件有故障。

（5）试验结束后，接上电磁阀线束插头。

（6）清除计算机中的故障代码，防止因脱开电磁阀线束插头而产生的故障代码保存在计算机中，影响自动变速器的故障自诊断工作。

6.9 别克自动变速器 4T65-E 的维护

车辆每行驶 40 000km 或 24 个月便需更换自动变速器油。推荐使用纯正的 Honda ATF PREMIDM 自动变速器油或其等效产品 DEXRON-Ⅱ、DEXRON-Ⅲ。

6.9.1 油液液位的检查

（1）将发动机升温至正常温度（散热器风扇开启）。

（2）汽车应置于水平位置，发动机运转，切换挡杆，处于驻车 PARK 挡位。

将发动机升温至正常温度（散热器风扇开启）。

（3）从变速器上取下油尺，并使用干净布擦净（见图 6-21）。

（4）将油尺插入变速器。

（5）取出油尺检查液位，液位应在上下标记之间（见图 6-22）。

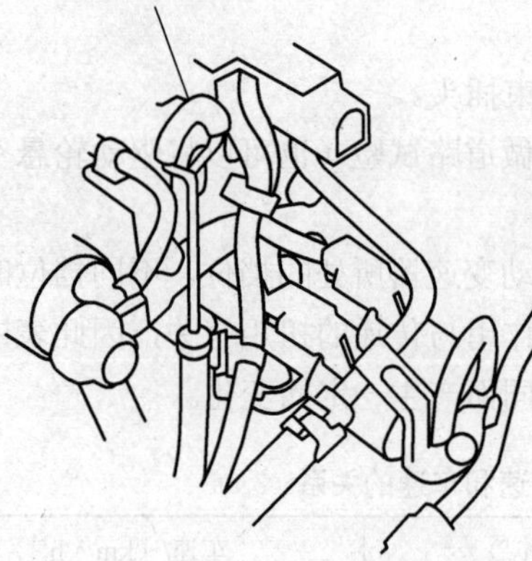

图 6-21 油尺位置

图 6-22 油液位置

（6）如果液位低于下标记，则在加注口管中添加推荐的油液，使其达到上标记。油液只能使用纯正的 HONDA ATF PREMIDM 或等效产品，使用非 HONDA ATF 会影响换挡效果。

（7）将油尺插回变速器中。

6.9.2 ATF 油液的更换

（1）驱动车辆，使变速器达到正常工作温度（散热器风扇开启）。

（2）将车辆停在平地上，并使发动机停机。

（3）取下泄油螺塞，并排放出自动变速器油液。

（4）使用新的密封垫圈重新装上泄油螺塞（见图 6-23），然后给变速器添加推荐的油液至油尺上标记。油液只能使用纯正的 DEXRON。

自动变速器油容量：卸掉底储油盘，7.0 升；完全大修，9.5 升；干燥 12.7 升。

图 6-23 安装泄油螺栓

6.9.3 失速试验

（1）施加驻车制动，并阻挡住前车轮。

（2）将转速表与发动机相连接，启动发动机。

（3）确认 A/C 开关断开。在发动机温度升至正常工作温度后（散热器风扇开启），换至 2 挡位置。

（4）将制动器踏板和加速踏板踩到底 6～8s，观察发动机转速。

（5）冷却 2s 时间，然后在 D4、1 和 R 位置重复上述检测。

特别提醒：失速检测只应用于诊断目的；转速在 D4，2、1 和 R 位置应相同。

表 6-7　　失速故障原因

故　障	可能的故障原因
在 D4、2、1 和 R 位置失速转速高	ATF 液位低或 ATF 泵输出功率不足 ATF 滤网堵塞 压力调节器阀卡滞闭合 离合器滑脱
在 1 位置失速转速高	1 挡离合器滑脱
在 2 位置失速转速高	2 挡离合器滑脱
在 4 位置失速转速高	4 挡离合器滑脱
在 D4、2、1 和 R 位置失速转速低	发动机输出功率不足 液力变矩器单向离合器打滑

失速转速的规定值为：2 400r/min，维修极限：2 250～2 550r/min；如果失速转速和规定值不符，参考表 6-7 进行检查。

6.9.4 压力检测

注意事项：检测前，确认变速器油添加到规定的液位；检测前发动机要升温；检测前验证压力控制 PC 电磁阀是否正从动力系统控制模块接收到正确的电信号。

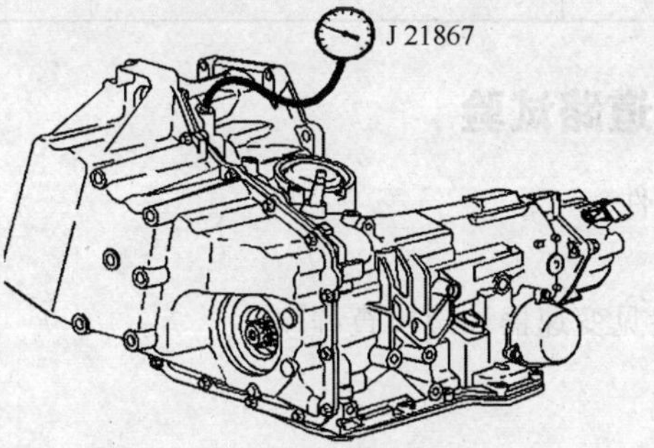

图 6-24　专用工具与检查孔位置

（1）将车辆升起，施加驻车制动；

（2）关闭发动机；

（3）拆卸机油压力测试孔柱塞；

（4）安装 J21867 管路压力表（见图 6-24）；

（5）将选档杆置于驻车挡并调整驻车制动器；

（6）启动发动机并使发动机怠速运转预热，注意，总测试运行时间应不超过 2min 否则变速器可能损坏；

（7）进入故障诊断仪上的压力控制 PC 电磁阀控制测试；

（8）将压力控制 PC 电磁阀实际电流从 0.0A 增加到 1A 每次增加 0.1A 在每次压力变化后使压力稳定 5s 从 J21867 压力表上读取相应的管路压力，参见表 6-8 管路压力。

（9）与表中数据进行比较；

（10）如果压力读数与表中数据相差较大（参见不正确管路压力）；

（11）拆卸 J 21867；

（12）在压力测试孔柱塞上使用密封剂 GM P/N 12345382；

（13）安装机油压力测试孔柱塞，紧固机油压力测试孔柱塞到 12 牛顿米。

表 6-8　管 路 压 力

压力控制电磁阀电流	近似管道压力*	
	公　制	英　制
0 安培	1332－1615 千帕	193－234 磅/平方英寸
0.1 安培	1304－1611 千帕	189－234 磅/平方英寸
0.2 安培	1254－1585 千帕	182－230 磅/平方英寸
0.3 安培	1 195－1530 千帕	173－221 磅/平方英寸
0.4 安培	1089－1461 千帕	158－212 磅/平方英寸
0.5 安培	977－1358 千帕	141－197 磅/平方英寸
0.6 安培	813－1241 千帕	118－180 磅/平方英寸
0.7 安培	598－1091 千帕	86－158 磅/平方英寸
0.8 安培	370－911 千帕	53－132 磅/平方英寸
0.9 安培	353－704 千帕	51－102 磅/平方英寸

6.9.5 自动变速器的道路试验

（1）路试前确保下列条件

- 发动机运行正常。
- 变速器油位正确参见变速器油液检查程序。
- 轮胎压力正确。

（2）在路试时

- 只有当交通条件允许时进行试验。
- 有效地安全地操纵车辆。
- 遵守所有交通规则。
- 在进行测试时注意查看故障诊断仪，在技术人员的帮助下进行以保证安全操纵车辆。
- 注意任何异常的声音或气味。

（3）挂高挡控制和变矩器离合器啮合

动力系统控制模块主要依据两个输入来计算挂高挡点节气门开度及车速，当动力系统控制模块确定换挡条件符合时动力系统控制模块通过关闭或打开相应电磁阀的接地电路指令换挡。

- 换挡速度表选择 12% 25%或 50%的节气门位置所有示出的节气门开度都应于正常的驱动范围测试。
- 监测下列故障诊断仪参数。

◆ 节气门开度。

◆ 车速。

◆ 发动机转速。

◆ 指令齿轮。

◆ 滑动速度。

◆ 电磁阀状态。

● 将换挡选挡杆置于超速挡 OVERDRIVE 位置。

● 使用选择的节气门开度加速车辆保持节气门稳定。

● 在变速器挂高挡时注意每个挡位变化时的车速在指令齿轮变化 1～2s 内应明显地感觉到换挡或发动机速度变化。

● 将换挡速度与换挡速度表比较（参照换挡速度），换挡速度可能由于变速器油温或响应电子控制的液压延迟而产生微小变化。

◆ 注意任何换挡困难换挡松软或延迟或滑动。

◆ 注意任何噪声或振动。

● 重复以上步骤完成所有的节气门开度调整。

● 检查变矩离合器 TCC 是否加在第 3 和第 4 挡。

（4）在部分节气门开度下挂低挡。

● 将选挡杆置于超速挡 OVERDRIVE 位置。

● 在第 4 档位加速车辆到 64～88 公里/小时。

● 快速增加节气门开度到 50%以上。

● 确认下列各项。

◆ 释放变矩器离合器。

◆ 变速器立即挂低挡到第 3 档位。

（5）节气门全开挂低挡。

● 将选挡杆置于超速挡 OVERDRIVE 位置。

● 在第 4 挡位加速车辆到速度 64～88 公里/小时。

● 快速增大节气门开度到 100%节气门全开。

● 确认下列各项。

◆ 释放变矩器离合器。

◆ 变速器立即挂低挡到第 2 挡位。

（6）手动挂低挡

4-3 手动挂低挡不由换挡电磁阀控制，4-3 手动挂低挡由液压控制。3-2 和 2-1 手动挂低挡为电子控制，电磁阀的状态会在选择手动 4-3 挂低档过程中或短时后变化。

（7）手动 4-3 挂低挡

● 将选挡杆置于超速挡 OVERDRIVE 位置。

● 在第 4 挡位加速车辆到 64～88 公里/小时。

● 在移动选挡杆到第 3 挡位时释放节气门。

● 确认下列各项。

◆ 释放变矩器离合器。

- ◆ 变速器立即挂低挡到第 3 挡位。
- ◆ 发动机放慢车辆。

（8）手动 4-2 挂低挡

- 将选挡杆置于超速挡 OVERDRIVE 位置。
- 加速车辆到 64～72 公里/小时。
- 在移动选挡杆到第 2 挡位时，释放节气门。
- 确认下列各项；
  - ◆ 释放变矩器离合器。
  - ◆ 变速器立即挂低挡到第 2 挡位。
  - ◆ 发动机放慢车辆。

（9）手动 4-1 挂低挡

- 将选挡杆置于超速挡 OVERDRIVE 位置。
- 加速车辆到 64 公里/小时。
- 在移动选挡杆到第 1 档位时，释放节气门。
- 确认下列各项。
  - ◆ 释放变矩器离合器。
  - ◆ 变速器立即挂低挡到第 1 挡位。
  - ◆ 发动机放慢车辆。
  - ◆ 变速器在校正速度时，典型值是 48～64 公里/小时挂低挡到第 1 挡位。

（10）滑行挂低挡

- 将选挡杆置于超速挡 OVERDRIVE 位置。
- 变矩器离合器啮合时，加速车辆到第 4 挡位。
- 释放节气门并稍加制动。
- 确认下列各项。
  - ◆ 释放变矩器离合器。
  - ◆ 挂低挡发生于换挡速度表中所示的速度，参见换挡速度。

（11）手动挡位选择

由换挡电磁阀控制手动换挡，挡位中的挂高挡节气门开度为 10 至 15%。

（12）倒挡

- 车辆停止时，移动换挡选档杆到倒挡 REVERSE 位置。
- 慢慢加速车辆。
- 确认车辆没有明显的滑动噪声或振动。

（13）手动第 1 挡位

- 车辆停止时，移动换挡选挡杆到 1 挡 FIRST 位置。
- 加速至 32 公里/小时。
- 确认下列各项。
  - ◆ 不出现挂高挡。
  - ◆ 变矩器离合器不起作用。
  - ◆ 没有明显的滑动噪声或振动。

（14）手动第 2 挡位

- 车辆停止时，移动换挡选挡杆到 2 挡 SECOND 位置。
- 加速至 57 公里/小时确认下列各项。
  - ◆ 1-2 换挡发生。
  - ◆ 2-3 换挡不发生。
  - ◆ 没有明显的滑动噪声或振动。

（15）手动第 3 挡位

- 车辆停止时，移动换挡选档杆到 3 挡 THIRD 位置。
- 加速车辆到 64 公里/小时。
- 确认下列各项
  - ◆ 1-2 换挡发生。
  - ◆ 2-3 换挡发生。
  - ◆ 没有明显的滑动噪声或振动。

课题七 7 自动变速器故障自诊断

学习目标

◎ 能够人工读取故障码。
◎ 能够仪器读取故障码。
◎ 掌握自动变速器故障码的消除方法。

任务内容组成

自动变速器故障自诊断
- 掌握故障码的含义
- 掌握自动变速器型号识别
- 熟悉故障码的读取和消除方法
- 熟悉各种诊断仪器

7.1 自动变速器在检修中的注意事项

（1）自动变速器发生故障需要拖回修理厂时，应把传动轴拆掉后用牵引车拖回，或者把驱动轮抬起后用牵引车拖回。

（2）在自动变速器需要解体时，应彻底清洁变速器外壳，以避免解体后变速器内部的精密液压元件受灰尘或其他杂质的污染。

（3）应在清洁的场地进行解体。零件解体时，一定要按顺序排放在零件架上，以便能按正确的位置将其装回和避免漏装某个零件。若因配件暂时缺乏而无法将某一组件装配起来，则应将该组件中的所有零部件有顺序地单独置于一处。

（4）对不可重复使用的零件，如开口销、垫片、O 形圈、油封等一定要更换新的，这类不可重复使用的零件在相应的汽车或自动变速器总成维修手册中，一般均用特殊符号标出。

（5）修理中新换的密封油环、离合器摩擦片、离合器钢片、零部件配合的旋转或滑动表面，在装配时都应以自动变速器油加以涂抹，对新的离合器摩擦片，最好将其浸泡在自动变速器油中至少 15min 后再行装配。如果更换整个离合器或制动器，那么新的离合器或制动器在装用前也要在自动变速器油中浸泡 15min 以上。

（6）螺栓、螺母是预涂零件的，在原厂装配前已涂好一层密封紧固胶。如果预涂件被重新紧固、拧松或以任何方式动过，都必须以规定的密封紧固胶重新涂抹。重涂时，应首先清除掉螺栓、螺母或其他安装零件螺纹上的旧密封紧固胶，用压缩空气吹干后，用规定的密封紧固胶涂在螺栓、螺母或螺纹上。预涂件一般在维修手册中也用特殊符号标示出来。

（7）在重新组装变速器之前，应用普通的非易燃熔剂仔细地清洗所有的零件。应用尼龙布或纸将零件擦净，而不要用普通的棉纱。否则棉纱留下的棉绒会影响自动变速器正常工作。

（8）组装时，应给所有零件涂上一层自动变速器油。在O形圈上可涂凡士林油，以便于安装，但不得使用其他的润滑脂。在组装时，要特别注意不要损伤O形圈和衬垫等密封零件。

（9）自动变速器拆修后，应用新的规定牌号自动变速器油将其充满。

7.2 自动变速器基本故障诊断

自动变速器是一个由机械、液压和电子控制系统组成的封闭装置。一旦出现故障，检修的难度较大。在没有确定故障部位时，不能随便进行解体检修。因为自动变速器从发动机上分离后并解体，此时由于缺少ATE的压力和电流的控制，解体后的自动变速器只能检查机械系故障，所以其他部分的故障没有办法进行检查。因此，必须按照检查步骤进行（不要轻易解体）。

1．首先检查常见故障部位

电控自动变速器的机械部件和液压部件的制造加工精度都比较高，所以正常使用，1～2年内通常不会发生故障。而比较常见的故障是：ATF液面高度不当或油质老化变质；液压系统系统漏油；节气门拉索（杆）或换挡杆等联动装置松动或调节不当；发动机怠速不稳；电控系统线路连接松动或接触不良。通过外观检查，以上的故障可以迅速排除。

2．充分利用自诊断系统和检测仪器

电控自动变速器系统出现故障时，计算机的自诊断系统会记录下故障代码，因此在检修前首先进行故障自诊断操作，即利用检测仪器或特定的方法将故障代码从ECU中读出，为迅速地诊断故障的范围提供依据。

3．未确定故障大致范围时不要轻易分解

自动变速器的分解应该是故障诊断的最后步骤。因为在未分解前，可通过相关的试验方法判断故障在液压系统还是机械系统或者是电子系统，通过具体的试验还可以判断出是液压系统的哪一部分故障。这样可以避免不必要的拆卸，对判断故障部位非常有利。

4．自动变速器检修步骤

（1）根据驾驶员的故障叙述进行确认操作。

（2）根据确认的故障进行直观检查。

（3）利用检测仪器或自诊断系统，读取故障代码。如果有故障代码，按代码进行故障的范围查；如果无故障代码，进行下一步检查。

（4）根据故障的现象，进行必要的试验操作，确定故障的性质和具体的范围。

（5）根据上一步的试验结果，按范围和部位检修自动变速器。

（6）进行道路试验，检验故障是否排除。

7.3 自诊断系统

自诊断系统是依靠车上的电脑通过实时记录各种传感器、执行器的工作信号，经过运算来确定故障内容和范围，并存储在计算机的存储器中以故障代码的方式进行显示。对于 OBD-II 型诊断系统，需要用专用仪器读取故障代码。

1．故障代码的读取

故障代码的读取方法有人工的方法和特定的步骤进行读取和专用仪器通过专用接口进行调取两种。车型不同读取的方法也不相同，下面叙述基本的方法和步骤。

（1）自动变速器故障指示灯出现故障显示或电子控制系统有故障。

（2）查找并确定诊断盒（控制盒）或诊断接门的位置。

（3）确定故障代码显示灯或连接专用仪器。

（4）检查蓄电池电压是否正常，若不正常，修理或更换蓄电池。

（5）若正常，检查代码显示灯或诊断接口电路是否正常，若不正常，进行更换或修理。

（6）确定故障代码读取或调取的操作步骤。

（7）人工读取或利用仪器调取故障代码。

（8）根据故障代码并对照故障代码表，确定故障的部位及修理方法。

（9）按照故障原因和部位，进行排除法珍断，对确定故障进行修理。

（10）清除自动变速器 ECU 中存储的故障代码。

（11）进行相关的试验及路试，若代码和故障现象同时消失，说明故障已排除。

2．故障显示信号检查

（1）主要是针对仪表板上，有故障代码显示的车辆。

（2）系统正常时，接通点火开关（“ON”位置），故障指示灯亮起，汽车行驶时自动熄灭。系统有故障时，汽车行驶后故障指示灯仍然亮着或不断闪烁。故障显示信号，根据车型的不同而不同。

7.4 自动变速器故障的检测

1．自动变速器电脑的检测

ECU 及其控制电路的故障可以用该车型的计算机检测仪或通用于各种车型的汽车计算机解码器来检测。

（1）检测 ECU 连接器各端子工作电压时，应注意以下几点。

① 在检测之前，应先检查自动变速器控制系统及其他电气系统各熔丝及有关的线束接线器是否正常。点火开关处于 ON 状态时，蓄电池电压应不低于 11V。过低的蓄电池电压会影响测量结果。

② 必须使用高阻抗的数字万用表，否则会损坏 ECU。

③ 必须在 ECU 和线束接线器处于连接的状态下测量 ECU 各接线端子的电压。

④ 应从线束接线器的电线一侧插入测笔来测量各接线端子的电压。ECU 接线器拔下时，不可以直接测量 ECU 各接线端子的电阻，否则会损坏 ECU。

⑤ 应可靠地连接 ECU 接线器，否则会损坏 ECU 内集成电路等电子元件。

⑥ 若要拔下 ECU 接线器测量各控制线路，应先拆下蓄电池接地线。不可在蓄电池连接完好的状态下拔下 ECU 接线器，否则会损坏 ECU。

2．自动变速器计算机检测注意事项

（1）应将 ECU 连同接线器一同拆下，如图 7-1 所示。

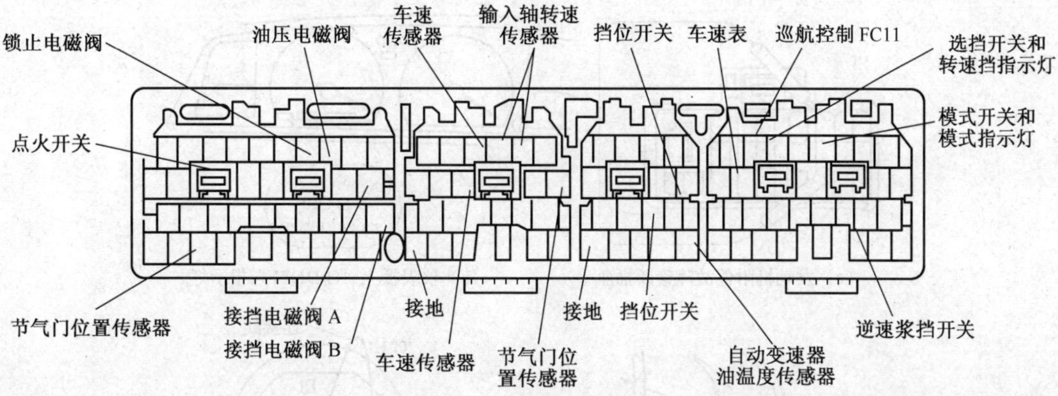

图 7-1　ECU 的连接端子

（2）在接线器处于连接的状态下，按顺序，分别在点火开关处于 OFF、ON 及汽车行驶等状态下测量 ECU 各接线端子与接地端子之间的电压，并将测得的电压与表中的标准电压值进行比较。如果测得的电压与标准值不符，说明 ECU 或控制电路有故障，应按表中列出的故障可能原因作进一步的检查；也可以拔下 ECU 接线器，测量各控制电路的电阻，并将测得的电阻值与标准值进行比较，从而确定控制电路的工作是否正常。

3．故障代码的读取方法

（1）故障代码的人工读取。不同车型的电子控制自动变速器计算机故障代码的人工读取方法各不相同。目前大部分车型的计算机故障代码的人工读取方法是：用一根导线将汽车计算机故障检测插座内特定的两个插孔（故障自诊断插孔和接地插孔）短接，然后通过观察仪表板上自动变速器故障警告灯的闪亮规律读取故障代码，日本丰田轿车、美国通用轿车、美国福特轿车等都是采用这种方法。不同车型的汽车计算机故障检测插座形状及插孔分布各不相同。下面以丰田皇冠 3.0 轿车为例，说明自动变速器计算机故障代码的读出方法。对于其他车型来说，其方法也基本相同。

在读取故障代码之前，应先检查汽车蓄电池电压是否正常，以防止蓄电池电压过低而导致计算机故障自诊断电路工作不正常。然后按下列操作方法读出故障代码。

① 打开点火开关，将它置于 ON 位置，但不要启动发动机。

② 按下超速挡开关，使之置于 ON 位置（见图 7-2）。丰田轿车是以仪表板上的超速挡指示灯“O/D OFF”作为电子控制自动变速器控制系统的故障警告灯。若超速挡开关置于 ON 位置时，打开点火开关或汽车行驶中“O/D OFF”指示灯不停地闪烁，说明自动变速器的控制系统有故障。在读取故障代码时，不要将超速挡开关置于 OFF 位置，否则“O/D OFF”指示灯将一直亮着，无法读取故障代码。

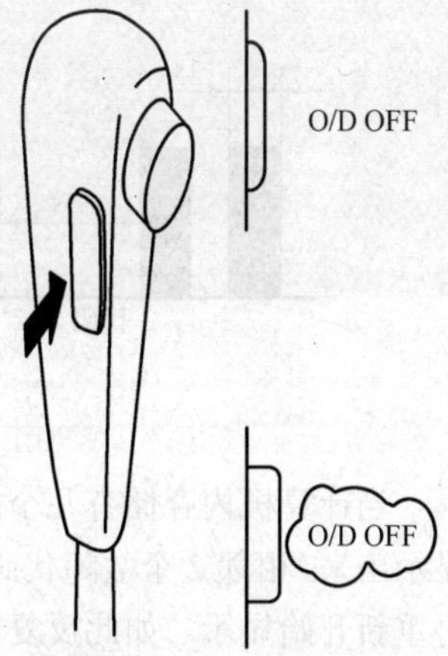

图 7-2　按下超速挡开关

③ 打开位于发动机附近的汽车计算机故障检测插座罩盖，依照罩盖内所注明的各插孔的名称，用一根导线将 TEl（故障自诊断触发端）和 E1（接地）两插孔相连接，如图 7-3 所示。

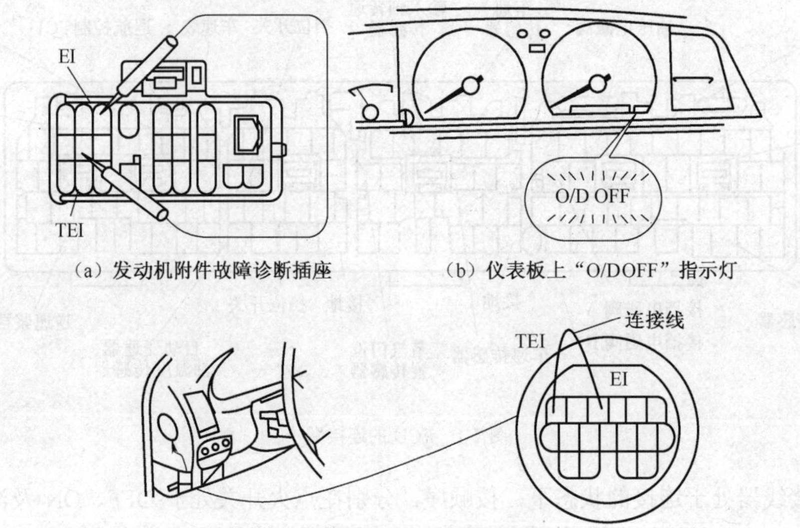

（a）发动机附件故障诊断插座　（b）仪表板上"O/DOFF"指示灯

（c）仪表板下方的故障诊断插座

图 7-3 多数丰田汽车计算机故障检测插座

④ 根据自动变速器故障警告灯的闪亮规律读出故障代码。若自动变速器控制系统工作正常，电脑内没有故障代码，则故障警告灯以每秒 2 次的频率连续闪亮。

若自动变速器电脑内存在故障代码，则故障警告灯以每秒 1 次的频率闪亮，并将两位数的故障代码的十位数和个位数先后用故障警告灯的闪亮次数表示出来。例如，当故障代码为 23 时，故障警告灯先以每秒 1 次的频率闪亮 2 次，表示故障代码的十位数为 2；然后停顿 l.5s，再以每秒 1 次的频率闪亮 3 次，表示故障代码的个位数为 3。如图 7-4 所示。

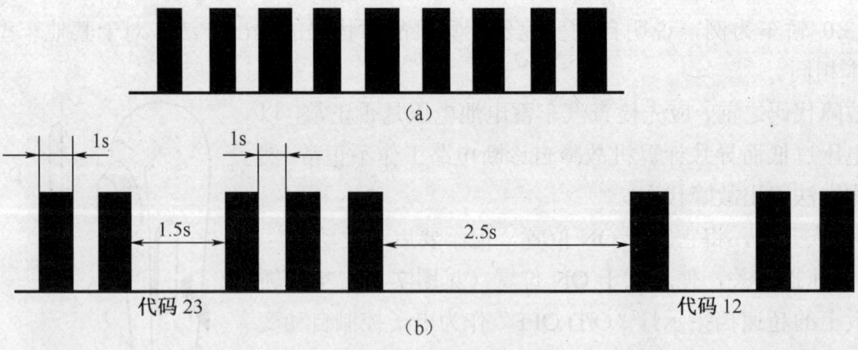

（a）

（b）

图 7-4 故障代码的显示

当计算机内存储有几个故障代码时，计算机按故障代码的大小，依次将所有储存的故障代码显示出来，相邻 2 个故障代码之间的停顿时间为 2.5s。当所有的故障代码全部显示完后，停顿 4.5s，再重新开始显示。如此反复，直到从故障检测插座上拔下连接导线为止。

有些车型的自动变速器故障警告灯以不同频率的闪亮次数来表示故障代码的不同位数，如以较慢频率的闪亮次数显示故障代码的十位数，以较快频率的闪亮次数显示故障代码的个位数。有一些车型自动变速器故障代码为 3 位数，其读取方法也基本相同。

⑤ 记录下故障代码，对照故障代码表，根据故障的原因进行修理。

⑥ 读取所有的故障代码后，从检测插座上拔下连接导线，关闭点火开关。

（2）汽车计算机检测仪的使用。为了方便汽车维修人员对汽车各部分的电子控制系统进行维修，许多汽车制造厂家为自己生产的带有计算机的汽车设计了专用的计算机检测仪（见图 7-5）。在这些汽车的控制电路上有一个专用的计算机故障检测插座，它通常位于发动机附近或驾驶室仪表板下方（见图 7-6）。通过线路与汽车各部分的计算机（如发动机计算机、自动变速器计算机、制动防抱死装置计算机等）连接。只要把汽车制造厂提供的该车型的计算机检测仪与汽车上的计算机故障检测插座连接，然后打开点火开关，就可以很方便地对汽车的发动机、自动变速器及其他部分的计算机和控制系统进行检测。这种计算机检测仪只能用于指定的车型，对于其他厂家的车型不能使用。

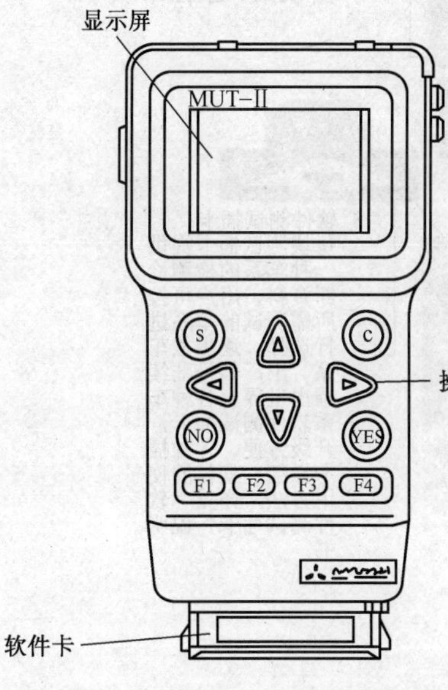

图 7-5　汽车计算机检测仪

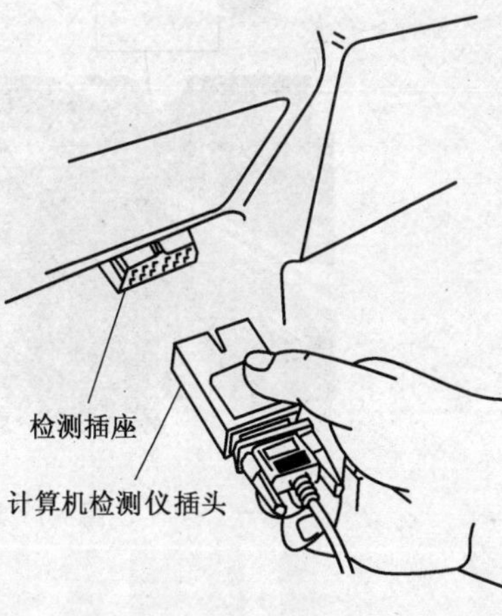

图 7-6　汽车计算机故障检测插座

通过专用或通用的汽车计算机检测仪（见图 7-7）和汽车计算机解码器，可以对电子控制自动变速器的控制系统进行以下几种检测。

① 读取故障代码。汽车计算机检测仪和汽车计算机解码器都可以很方便地读出储存在汽车自动变速器计算机内的故障代码，并显示出故障代码的含义，为检修自动变速器的控制系统提供可靠的依据。

② 进行数据传送。许多车型的电脑在运行中会将各种输入、输出信号的瞬时数值（如：各传感器的信号、计算机的计算结果、控制模式、计算机向各执行器发出的控制信号等），以串行输送的方式，经故障检测插座内的某个插孔向外传送。计算机检测仪可以将这些数值以数据表的方式在检测仪的屏幕上显示出来，使整个控制系统的工作一目了然。检修人员可以根据自动变速器工作过程中控制系统各种数据的变化情况来判断控制系统的工作是否正常，或将计算机

的指令与自动变速器的实际反应进行比较，以准确地分辨故障出在控制系统还是自动变速器其他部分。

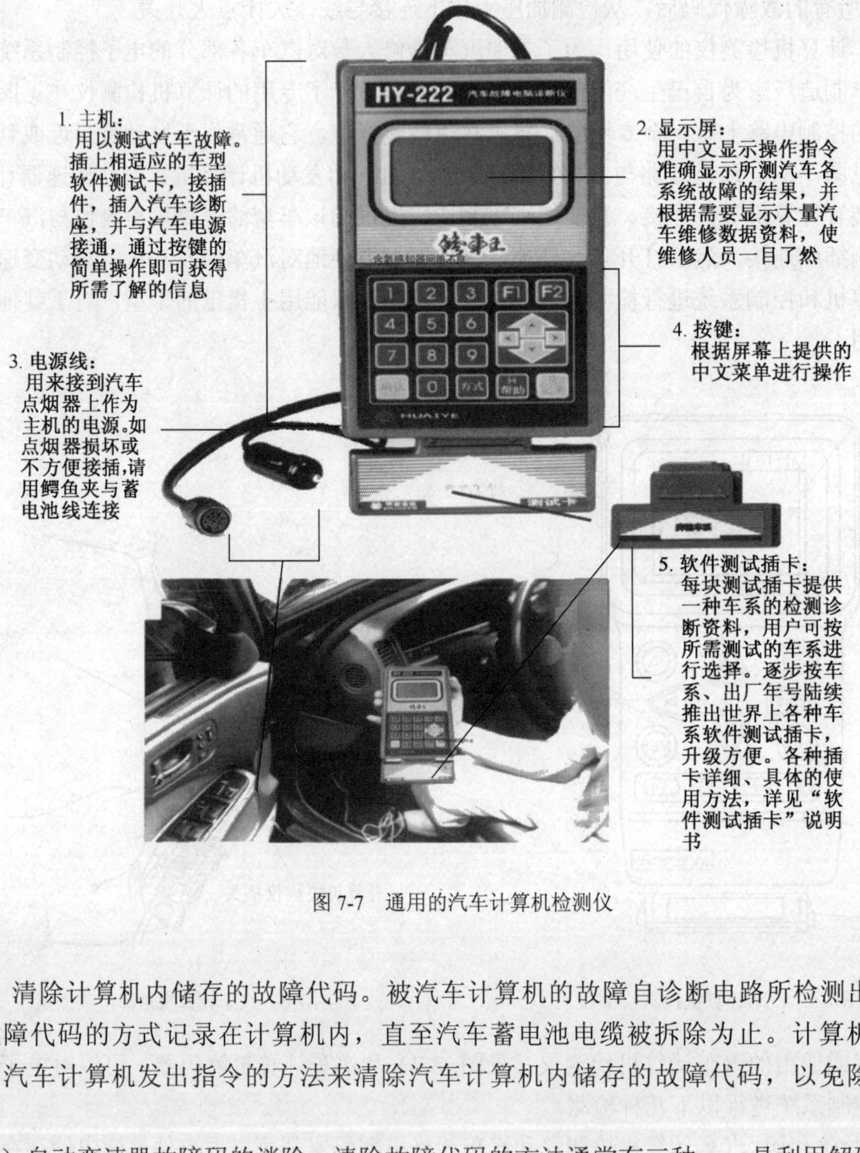

图 7-7 通用的汽车计算机检测仪

③ 清除计算机内储存的故障代码。被汽车计算机的故障自诊断电路所检测出的故障将一直以故障代码的方式记录在计算机内，直至汽车蓄电池电缆被拆除为止。计算机检测仪可以通过向汽车计算机发出指令的方法来清除汽车计算机内储存的故障代码，以免除拆卸蓄电池电缆。

（3）自动变速器故障码的消除。清除故障代码的方法通常有三种：一是利用解码器或诊断仪器进行清除；其次是从蓄电池附近的仪表板熔断器中拆下发动机燃油喷射（EFI）熔断丝（15A）10s 以上的时间来清除；最后一种就是断开蓄电池的负极连接线，但是这样也会将其他电子部件存储的记录一同清除。

如果故障代码没有清除，它将一直存储在 ECU 的存储器中，以后发生故障读取代码时，将会与新故障代码一同显示。

清除故障代码后，进行道路试验，检查自动变速器原先发生故障时的症状是否消失，并通过故障代码指示灯看是否显示正常。否则，须再进行诊断和修理。

7.5 自动变速器维修须知

现代汽车所配装的自动变速器，设计精巧，使用方便，但维修复杂。维修过程中必须遵循一定的原则，按程序进行。很多长期从事自动变速器维修的工程师和维修技工都认为在实施维修的过程中，必须注意以下几点。

（1）发动机、ECU（ECT），汽车底盘或变速器本身都会影响变速器性能。尤其是发动机调整不当导致加速不良、启动迟滞等现象，都极易误诊为自动变速器故障！因此，在进行维修之前，首先必须确定故障到底发生在哪一部分，做到有的放矢。

（2）拆检电气元件时，应先取下蓄电池负极桩接线。

（3）换保熔断时，新熔断丝必须具有相当的电流强度，绝不能使用超过或低于标准值的熔断丝。检查电气元件的万用电表，其内阻至少应有 10kΩ，最好使用数字式万用电表。

（4）举升车辆一定要小心，若只是顶起汽车的前端或后端，注意用三角木将车轮抵住，以防止车辆滑动，确保安全。

（5）检查软管和电线的接头，确保其连接正确可靠。

（6）拆卸和分解变速器时，保持零件的原来顺序，以利装复。

（7）对于组件进行分解、检查和装配时，应依序分组进行。避免同时放在工作台上，看起来相似而实际不同，从而混装。若因别的原因致使某一组件不能装复，应保证将该组的所有零件都放在一个单独处，然后再分解，检查和装配每一组件。

（8）分解变速器之前应对外部进行彻底的清洗，以防外部脏物污染内部零件。因为液压系统对于细小的异物，污垢都很敏感，有时即使是小小的杂物也可能引起新的故障。

（9）所有零件必须彻底清洗干净，液压油道和小孔都要用压缩空气吹通，确保其不被堵塞。一般用 ATF 或煤油清洗零件。

（10）冷解阀体总成时，每一阀门都应与其弹簧放在一起。

（11）凡开口销、密封垫、O 形圈、油封等零件，都属一次性使用件，每次修理均换新件。

（12）磨损了的衬套要更换，必须连同带有衬套的那个零件总体一起更换。

（13）推力轴承和座圈滚道若已磨损或损坏时必须更换。

（14）准备装配的新离合器、制动器在装配前必须放在 ATF 中浸泡至少 15min。

（15）所有密封油环，离合器摩擦片，旋转元件和滑动表面，在装配时都应用 ATF 涂抹，装用新离合器摩擦片之前，将其泡在 ATF 中浸润至少 15min。

（16）确定卡簧两端没有对准任一切口后再装入定位槽中。

（17）可用凡士林（石油膏）将小零件粘在它们的位置上，以利组装。

（18）自动变速器是高精度的零件总成，总装前要仔细检查，哪怕是一道小的划痕也会引起漏油或影响性能。

（19）在密封垫或类似零件上不能用密封胶。

（20）所有零件用吹风的办法干燥，绝不能用工作抹布，否则其纤维会影响变速器正常工作性能。

（21）总装前，应再次确认所有组件都装配正确，若装配期间发现某些组件有些损坏，立即将这些组件分解进行检修。

（22）所有拆、装过程最好使用专用工具。

（23）凡滚针轴承和座圈滚道都应保证装在正确的位置和方向。

（24）所有螺栓按标准力矩拧紧，拧紧时一定要用扭力扳手。

7.6 自动变速器故障的自诊断与故障代码（01N）

7.6.1 自动变速器故障的自诊断

（1）进行自动变速器故障自诊断的条件。

① 换挡杆放在P挡上并且拉上手制动器。

② 汽车供电电压正常。

③ 熔断丝完好。

④ 变速器接地连接点接触良好。

（2）连接故障阅读仪V.A.G1551和选择功能。

① 拆下手制动器手柄旁边的诊断插座上方的盖板，如图7-8所示。

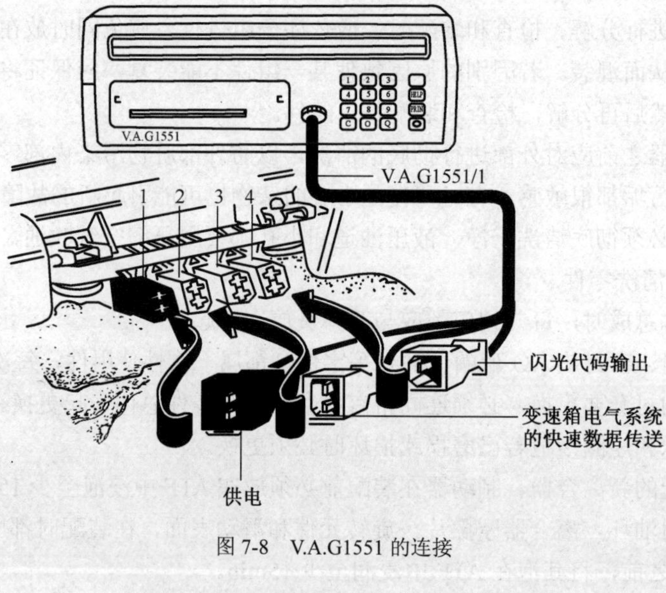

图7-8 V.A.G1551的连接

② 关闭点火开关，用诊断导线V.A.G1551/3连接好故障阅读仪V.A.G1551。屏幕显示如下：

V.A.G-SELF-DIAGNOSIS	HELP
1—Rapid data transfer	
2—Flash code output	
V.A.G 自诊断	帮助
1—快速数据传输	
2—闪烁代码输出	

③ 接通点火开关，按数字键1。屏幕显示如下：

Rapid data transfer	HELP
Enter address word XX	
快速数据传输	帮助
输入地址码 XX	

④ 输入数字键 0 和 2，屏幕显示如下：

Rapid data transfer	Q
02 Gearbox electronics	
快速数据传输	Q
02 变速器电子系统	

⑤ 按 Q 键确认，屏幕显示如下：

01N 927 733BA AG4 Gearbox 01N	2754
Coding 00000	wsc00000
01N 927 733BA AG4 变速器 01N	2754
编码 00000	wsc00000

其中：01N 927 733 表示配件号；AG4 Gearbox 01N 表示 4 挡自动变速器 01N；2754 表示 EPROM（程序版本）；编码 00000 目前不需要；wsc00000 表示最近一次编码故障阅读仪 V.A.G1551 的经销商代号。

屏幕显示如下：

Rapid data transfer	HELP
Select function XX	
快速数据传输	帮助
选择功能 XX	

按 HELP 键，则可列出所有可执行功能的列表，如表 7-1 所示。

表 7-1 可选择功能表

代码	功能
01	查询控制单元版本
02	查询故障代码
04	进行基本设定
05	清除故障代码
06	结束输出
08	读测量数据块

（3）查询故障代码。

① 连接故障阅读仪 V.A.G1551，输入地址码 02-变速器电子系统，屏幕显示如下：

Rapid data transfer	HELP
Select function XX	
快速数据传输	帮助
选择功能 XX	

② 输入数字键 0 和 2，查询故障代码，屏幕显示如下：

Rapid data transfer Q 02-Interrogate fault memory
快速数据传输 Q 02-查询故障存储

③ 输入 Q 键确认。屏幕上显示出存储的故障数量或“No faults recognized!”没有识别到故障：

X Faults recognized!
X 个故障被识别！

④ 按→键依次显示所有故障代码直至结束。01N 型电控自动变速器故障代码如表 7-2 所列。

表 7-2 01N 型自动变速器故障代码表

故障代码	故障原因	故障排除
No fault Recognized!（没有识别到故障）	如果进行了修理之后，显示出“No fault recognized”（没有识别到故障），自诊断结束。如果虽然已经执行了自诊断，但是自动变速器仍然工作不佳，应根据故障诊断程序进行修理	
00258 电磁阀 1-N88 开路 对地短路	开路或对地短路 电磁阀 1-N88 有故障	根据电路图检查导线和连接（先检查连接触点是否被腐蚀或有水渗入，如有必要，应当更换。如果显示电磁阀有故障，应当仔细检查变速器上阀体扁状导线和导线之间的 10 插脚插头） 读测量数据块；显示组编号 004 执行电气检测
00260 电磁阀 2-N89 开路 对地短路	开路或对地短路 电磁阀 2-N89	根据电路图检查导线和连接 读测量数据块；显示组编号 004 执行电气检测
00262 电磁阀 3-N90 开路 对地短路	开路或对地短路 电磁阀 3-N90	根据电路图检查导线和连接 读测量数据块；显示组编号 004 执行电气检测
00264 电磁阀 4-N91 开路 对地短路	开路或对地短路 电磁阀 4-N91	根据电路图检查导线和连接 读测量数据块；显示组编号 004 执行电气检测
00266 电磁阀 5-N92 开路 对地短路	开路或对地短路 电磁阀 5-N92	根据电路图检查导线和连接 读测量数据块；显示组编号 004 执行电气检测

续表

故障代码	故障原因	故障排除
00268 电磁阀 6-N93 开路 对地短路	开路或对地短路 电磁阀 6-N93	根据电路图检查导线和连接 读测量数据块；显示组编号 004 执行电气检测
00270 电磁阀 7-N93 开路 对地短路	开路或对地短路 电磁阀 7-N94	根据电路图检查导线和连接 读测量数据块；显示组编号 004 执行电气检测
00281 车速传感器 G68 无信号	导线开路 车速传感器 G68 有故障	根据电路图检查导线和连接 读测量数据块；显示组编号 002 执行电气检测 更换车速传感器 G68
00293 多功能开关 F125 不明确的开关状态	开路或对地短路 多功能开关 F125 有故障	根据电路图检查导线和连接 读测量数据块；显示组编号 001 执行电气检测 更换多功能开关 F125
00297 变速器转速传感器 G38 无信号	导线开路 变速器转速传感器 G38 有故障	根据电路图检查导线和连接 执行电气检测 更换变速器转速传感器 G38
00300 变速器油温度传感器 G93 故障类型不能识别	导线开路 变速器油温度传感器 G93 有故障	根据电路图检查导线和连接 读测量数据块；显示组编号 005 执行电气检测
00518 节气门电位计 G69 信号超出允许的范围	导线开路 发动机控制单元或节气门电位计 G69（在节气门总成内）有故障。来自节气门电位计 G69 的信号通过发动机控制单元直接送入变速器控制单元并且只能在读测量数据块中进行检查 如果自诊断显示节气门电位计有故障，也应当执行发动机控制单元的自诊断	如果不显示出故障代码 00638，应当先排除本故障 根据电路图检查导线和连接 读测量数据块；显示组编号 001 和 003 检查发动机控制单元 更换节气门电位计 G69 或发动机控制单元 对系统进行基本设定
00529 转速信号出错	导线开路	根据电路图检查导线和连接 读测量数据块；显示组编号 003 检查发动机控制单元 执行电气检测

续表

故障代码	故障原因	故障排除
00532 供电电压	蓄电池有故障 供给液压阀的电压太低	测试蓄电池电压 读测量数据块；显示组编号 002 检测至发动机控制单元 J217 的电压 执行电气检测
00545 发动机/变速器 电气连接 开路 对地短路	开路或对地短路 发动机/变速器控制单元未连接 发动机和变速器控制单元之间的影响点火正时点火的信号未被传送或传送不正常	根据电路图检查导线和连接 读测量数据块；显示组编号 005 检查发动机控制单元 对系统进行基本设定
00596 液压阀之间的导线短路	阀体扁状导线和导线束之间的 10 插脚插头	根据电路图检查导线和连接 执行电气检测 更换扁并状导线
00638 发动机/变速器电气连接 2 无信号	开路或对地短路 发动机/变速器控制单元未连接 节气门信号未被传送至变速器控制单元	根据电路图检查导线和连接 读测量数据块；显示组编号 005 检查发动机控制单元，如有必要，进行更换 对系统进行基本设定
00641 ATF 温度信号太大	变速器温度太高，最高温度应不超过 148℃。如果 ATF 的温度太高，变速器自动切换至下一个较低的挡位 汽车后面拖车的负荷太大 ATF 液位不正确 变速器油温度（ATF）传感器有故障	检查 ATF 液位 读测量数据块；显示组编号 005；读取 ATF 的温度 根据电路图检查导线和连接 更换扁状导线
00652 挡位监控 不可信的信号	电气/液压有故障 离合器或阀体有故障	读测量数据块；显示组编号 004 并且通过汽车的道路试车确定故障发生在哪个挡位
00660 换低挡开关/节气门电位计（只有在行驶中才能识别 00660 故障） 不可信的信号	导线开路	根据电路图检查导线和连接
	换低挡开关 F 有故障	读测量数据块；显示组编号 001 执行电气检测 调整或更换加速踏板拉索
	节气门电位计 G69 有故障	按照“排除故障”00518-节气门电位计 G69 中的描述进行修理
65535 控制单元有故障	控制单元 J217 有故障	更换控制单元 对系统进行基本设定

（4）清除故障代码。

① 查询到故障代码以后，屏幕显示如下：

Rapid data transfer	HELP
Select function XX	
快速数据传输	帮助
选择功能 XX	

② 按数字键 0 和 5 清除故障代码，屏幕显示如下：

Rapid data transfer	Q
05 Erase fault memory	
快速数据传输	Q
05 清除故障存储	

③ 按 Q 键确认，屏幕显示如下：

Rapid data transfer	→
Fault memory is erased	
快速数据传输	→
故障存储被清除	

④ 屏幕显示约 5s 后，故障存储被清除。如果在查询故障代码和清除故障代码过程中点火开关处于关闭状态，那么故障存储将不能被清除，屏幕显示如下：

Attention!
Fault memory was not interrogated
注意！
故障存储不能被识别

（5）进行基本设定。进行下列修理之后，应当进行基本设定：更换发动机；更换发动机控制单元；更换/改变节气门；调整节气门（设定怠速）；更换节气门电位计 G69；改变节气门电位计 G69 的设置；更换自动变速器控制单元 J217。

① 连接故障阅读仪 V.A.G1551，输入地址码 02-变速器电子系统，屏幕显示如下：

Rapid data transfer	HELP
Select function XX	
快速数据传输	帮助
选择功能 XX	

② 按数字键 0 和 4，进行基本设定。此时加速踏板应当保持在怠速位置，屏幕显示如下：

Rapid data transfer	Q
04-Basic setting	
快速数据传输	Q
04-基本设定	

③ 按 Q 键确认，屏幕显示如下：

Basic setting	HELP
Enter display group number XXX	
基本设定	帮助
输入显示组号码 XXX	

④ 按数字键 00 和 0，按 Q 键确认，屏幕显示如下：

System in basic setting	0→
系统基本设定	0→

⑤ 将加速踏板踩到底，使得换挡开关动作并且保持在该位置上 3s。此时系统进行基本设定。按→键，V.A.G 将退回到起始状态。

（6）读测量数据块。

① 连接故障阅读仪 V.A.G1551，输入地址码 02-变速器电子系统，屏幕显示如下：

Rapid data transfer	HELP
Select function XX	
快速数据传输	帮助
选择功能 XX	

② 按数字键 0 和 8，读测量数据块，屏幕显示如下：

Rapid data transfer	Q
08-Read measured value block	
快速数据传输	Q
08-读测量数据块	

③ 按 Q 键确认，屏幕显示如下：

Basic setting	HELP
Enter display group number XXX	
基本设定	帮助
输入显示组号码 XXX	

④ 输入显示组编号，按 Q 键确认，屏幕显示如下：

Read measured value block 1			
1	2	3	4
读测量数据块 1			
1	2	3	4

显示组编号及测量数据块 4 个显示区域各代表的意义如表 7-3 所示。

表 7-3 显示组一览表

显示区域 1 2 3 4	显示组号	显示区域	说明
读测量数据块 1 → P 0.8V 0% 00000111	001	1 2 3 4	换挡杆位置 节气门电位计电压 加速踏板数值 开关位置
读测量数据块 2 → 0.983A 0.985A 12.76V 2.50V	002	1 2 3 4	电磁阀 N93 实际电流 电磁阀 N93 额定电流 蓄电池电压 车速传感器 G68 上的电压
读测量数据块 3 → 0km/h 900rpm 0 0%	003	1 2 3 4	车速 发动机转速 所选择的挡位 加速踏板的数值
读测量数据块 4 → 100000 0 P 0km/h	004	1 2 3 4	电磁阀 所选择的挡位 换挡杆的位置 车速
读测量数据块 5 → 40℃ 0011011 0 900r/min	005	1 2 3 4	ATF 温度 换挡器输出 所选择的挡位 发动机转速
读测量数据块 6 →	006	1、2 3、4	可以被忽略
读测量数据块 7 → 1H +/- 200rpm 900rpm 0%	007	1 2 3 4	所选择的挡位（+与-显示区域 2 有关） 锁止离合器打滑 发动机转速 加速踏板的数值
读测量数据块 8 →	008	1、2 3、4	可以被忽略

7.6.2 自动变速器自诊断流程

自动变速器自诊断的流程图如图 7-9 所示。

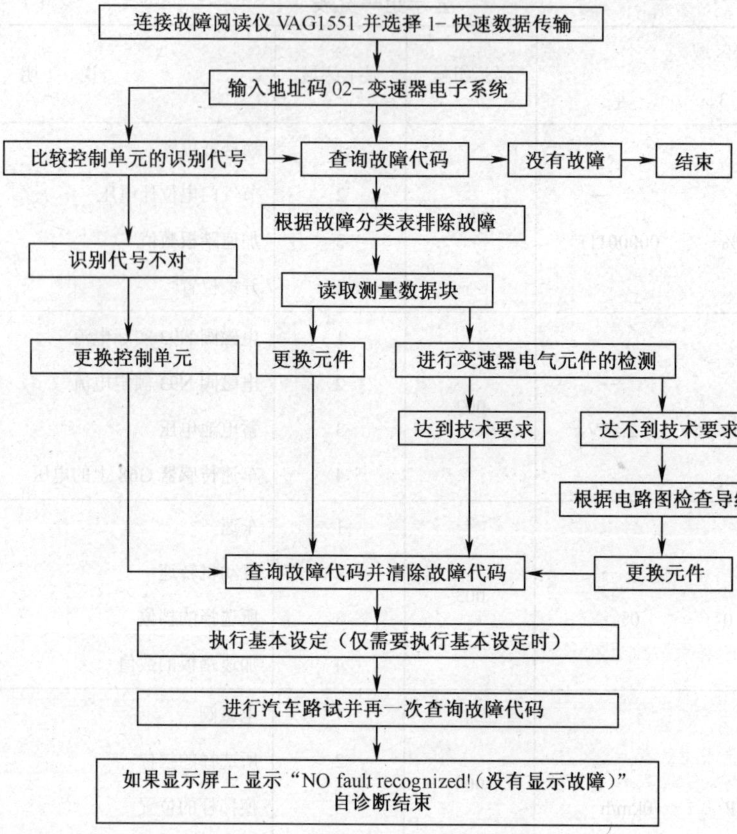

图 7-9 自动变速器自诊断流程图

7.7 自动变速器主要电气电子元件的检测

7.7.1 控制单元 J217 的拆卸与安装

（1）自动变速器控制单元的拆卸。掀开地毯并向上折叠，松开盒子的控制单元，如图 7-10 箭头所示。脱开多插脚插头，然后拔出控制单元上的插头，如图 7-11 所示。

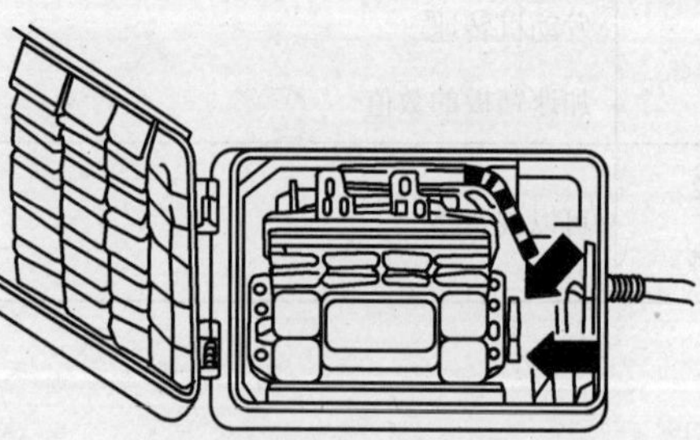

图 7-10 拆卸变速器控制单元

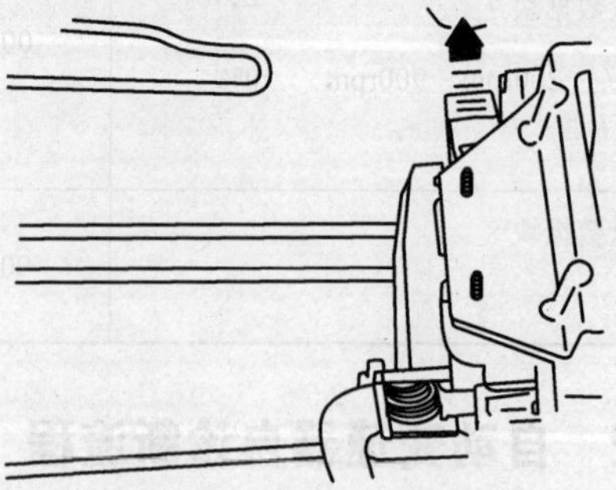

图 7-11 拔出变速器控制单元

（2）自动变速器控制单元的安装。将多插脚插头插入控制单元 J217 的插脚 1，然后锁止多插脚插头 2，如图 7-12 所示。

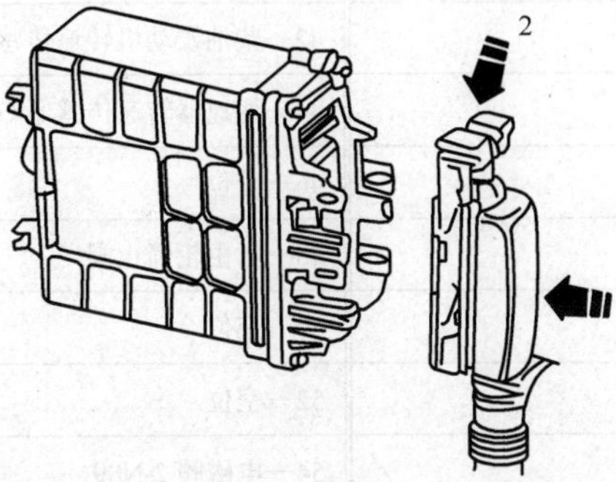

图 7-12　安装变速器控制单元

7.7.2　自动变速器控制单元的端子含义

自动变速器控制单元的端子共 68 个，各个端子的含义如表 7-4 所示。

表 7-4　　自动变速器控制单元的端子及其含义

端子与含义	端子与含义
1—接地	2—空位
3—空位	4—空位
5—空位	6—变速器油温度（ATF）G93
7—空位	8—空位
9—电磁阀 3-N90	10—电磁阀 7-N94
11—驻车/空挡信号	12—空调器的换低挡
13—点火正时干预	14—空位
15—制动指示灯开关 F 信号电压	16—换低挡开关 F8
17—空位	18—多功能开关 F125
19—TD（转速）信号	20—车速传感器 G68
21—变速器转速传感器 G38	22—电磁阀 6-N93 供电电压
23—供电电压（接线柱 15）	24—诊断导线，K 线
25—空位	26—空位
27—空位	28—空位
29—换挡杆锁止电磁阀	30—空位
31—空位	32—空位
33—空位	34—空位
35—空位	36—诊断导线，L 线
37—空位	38—空位

续表

端子与含义	端子与含义
39—空位	40—多功能开关 F125
41—节气门电位计 G69 信号*	42—柴油发动机转速传感器（屏蔽）
43—车速传感器 G68（屏蔽）	44—变速器转速传感器 G38（屏蔽）
45—供电电压（接线柱 30）	46—空位
47—电磁阀 4-N91	48—自由轮锁止阀
49—空位	50—空位
51—空位	52—空位
53—空位	54—电磁阀 2-N89
55—电磁阀 1-N88	56—电磁阀 5-N92
57—换挡杆显示	58—电磁阀 6-N93
59—空位	60—巡航控制系统（输入接线柱 15）
61—巡航控制系统（输出）	62—多功能开关 F125
63—多功能开关 F125	64—发动机转速传感器 G28（柴油发动机）
65—车速传感器 G68	66—变速器转速传感器 G38
67—电磁阀供电电压	68—空位

*：信号（端子）通过发动机控制单元被直接送入变速器控制单元，并且只能在读测量数据块中进行检测。

主要电气/电子元件的检测如下。

变速器主要电气元件的检测项目有控制单元 J217 的供电电压、换挡杆锁止电磁阀 N110、制动指示灯开关 F、电磁阀 1～7（N88～N94）、换低挡开关 F8、变速器油温传感器 G93（ATF）、车速传感器 G68、变速器转速传感器 G38 等。其检测及故障排除如表 7-5 和表 7-6 所示。

检测条件：蓄电池电压正常；熔断丝正常；蓄电池与变速器的连接及蓄电池和变速器的接地线接触良好。

表 7-5 电气元件测试表（执行步骤）

被检查元件	执行步骤	被检查元件	执行步骤
来自控制单元 J217 的供电电压	执行步骤 1	电磁阀 5-N92	执行步骤 8
换挡杆锁止电磁阀 N110	执行步骤 2	电磁阀 6-N93	执行步骤 9
制动指示灯开关	执行步骤 3	电磁阀 7-N94	执行步骤 10
电磁阀 1-N88	执行步骤 4	换低挡开关 F8	执行步骤 12
电磁阀 2-N89	执行步骤 5	变速器油温传感器 G39（ATF）	执行步骤 13
电磁阀 3-N90	执行步骤 6	车速传感器 G68	执行步骤 14
电磁阀 4-N91	执行步骤 7	变速器转速传感器 G38	执行步骤 15

表 7-6 电气元件测试表（测量电压或电阻）

测试步骤	测试内容	测试端子	测试条件	额定值	故障排除
1	来自控制单元 J217 的供电电压	1+23	点火开关接通	约蓄电池电压	检查线路 检查从端子 1 至接地的线路 检查从端子 23 至接线柱 15 中央电子系统的线路
2	换挡杆锁止电磁阀 N110	15+29	点火开关接通 不踩制动踏板	约蓄电池电压	检查线路 更换换挡杆锁止电磁阀
			不踩制动踏板	0.2V	
3	制动灯指示开关 F	15+1	点火开关接通 不踩制动踏板	0	检查线路 检修制动指示灯开关
			踩下制动踏板	约蓄电池电压	
4	电磁阀 1-N88	55+67	关闭点火开关	55～65Ω	检查线路 更换扁状导线或阀体
		55+1		无穷大	
5	电磁阀 2-N89	54+67	关闭点火开关	55～65Ω	检查线路 更换扁状导线或阀体
		54+1		无穷大	
6	电磁阀 3-N90	9+67	关闭点火开关	55～65Ω	检查线路 更换扁状导线或阀体
		9+1		无穷大	
7	电磁阀 4-N91	47+67	关闭点火开关	55～65Ω	检查线路 更换扁状导线或阀体
		47+1		无穷大	
8	电磁阀 5-N92	56+67	关闭点火开关	55～65Ω	检查线路 更换扁状导线或阀体
		56+1		无穷大	
9	电磁阀 6-N93	58+22	关闭点火开关	4.5～6.5Ω	检查线路 更换扁状导线或阀体
		58+1		无穷大	
		22+1			
10	电磁阀 7-N94	10+67	关闭点火开关	55～65Ω	检查线路 更换扁状导线或阀体
		10+1		无穷大	
11	换挡杆锁止电磁阀 N110	23+29	关闭点火开关	14～25Ω	检查线路 更换扁状导线或阀体
12	换低挡开关 F8	1+16	关闭点火开关 不踩加速踏板	无穷大	检查线路 调整或更换加速踏板拉索
			踩加速踏板到底，使换低挡开关动作	小于 1.5Ω	
13	变速器油温度传感器 G93（ATF）	6+67	关闭点火开关 ATF 约 20℃ 约 60℃ 约 120℃	0.247MΩ 48.8kΩ 7.4kΩ	检查线路 更换扁状导线
14	车速传感器 G68	20+65	关闭点火开关	0.8～0.9kΩ	检查线路 更换车速传感器
15	变速器转速传感器 G38	21+66	关闭点火开关	0.8～0.9kΩ	检查线路 更换变速器转速传感器

课题八 自动变速器的拆装与故障维修

学习目标

- ◎ 掌握自动变速器的拆装流程。
- ◎ 掌握自动变速器维修流程。
- ◎ 理解自动变速器的维修过程注意事项。

任务内容组成

自动变速器的拆装与维修
- 自动变速器拆装流程
- 自动变速器维修流程
- 自动变速器的故障判断
- 注意事项与仪器使用

8.1 自动变速器的拆卸

自动变速器的拆卸方法和普通齿轮变速器有所不同，必须按照正确的步骤进行，以避免损坏自动变速器。在拆卸自动变速器之前，应关闭汽车的点火开关，拆下蓄电池负极电缆，放掉自动变速器中的液压油，然后按下列步骤进行拆卸。

（1）拆下与节气门摇臂连接的自动变速器节气门拉索，拔下自动变速器上的所有线束插头，拆除车速表软轴、液压油加油管、散热器油管、操纵于柄与于动阀摇臂的连接杆等所有与自动变速器连接的零部件。

（2）拆去排气管中段，拆除自动变速器下方的护罩、护板等。

（3）松开传动轴与自动变速器输出轴的连接螺栓，拆下传动轴。

（4）拆下飞轮壳盖板，用起子撬动飞轮，逐个拆下飞轮与变矩器的连接螺栓。

（5）拆下起动机。

（6）拆下自动变速器与车架的连接支架，用千斤顶托住自动变速器。

（7）拆下自动变速器和飞轮壳的连接螺栓，将变矩器和自动变速器一同抬下。在抬下自动变速器时，应扶住变矩器，以防止滑落。

在拆卸前驱动自动变速器时，应先拆除变速器上方的有关部件，如蓄电池、空气滤清器、进气管等，同时还应拆去左右前轮和半轴，如图 8-1 所示。

再按图 8-2 所示顺序拆除其他零件，并用专用支架将发动机吊住，然后用千斤顶托住自动变速器，松开自动变速器与发动机的连接螺栓，将自动变速器和变矩器一同拆下。

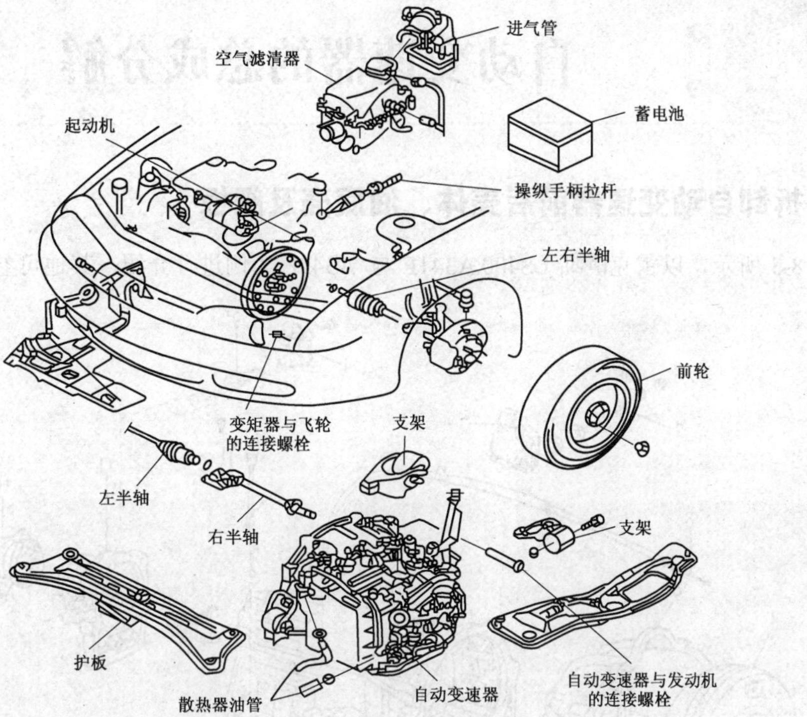

图 8-1　前驱动自动变速器的拆卸

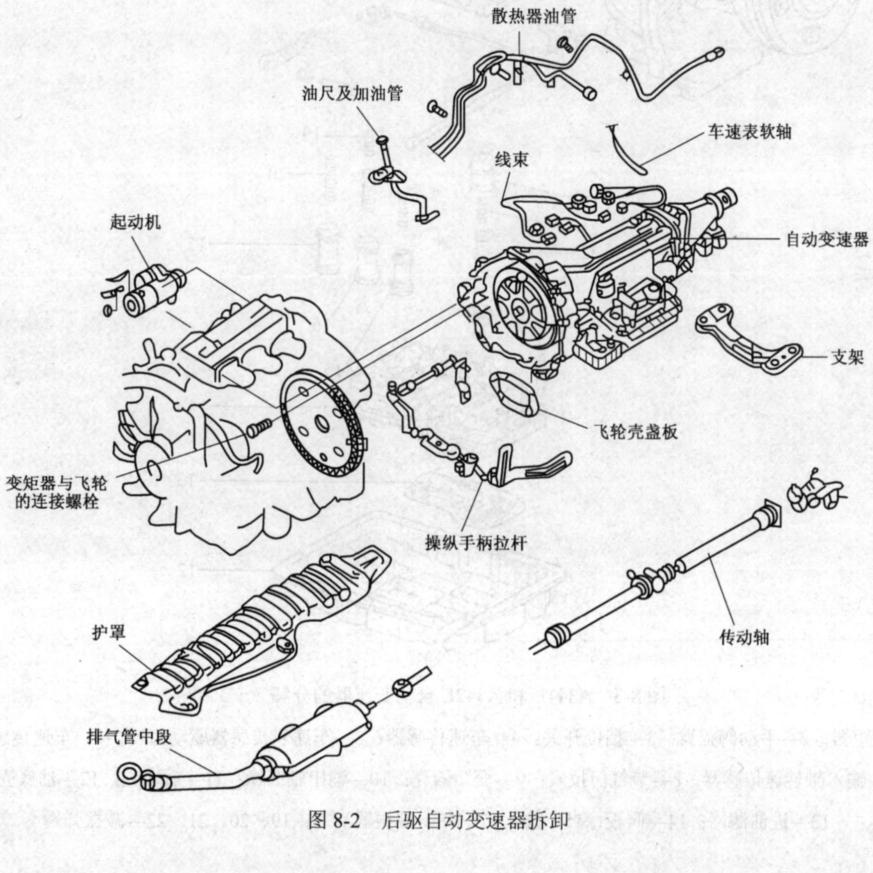

图 8-2　后驱自动变速器拆卸

8.2 自动变速器的总成分解

8.2.1 拆卸自动变速器前后壳体、油底壳及阀板

如图 8-3 所示，以雷克萨斯 LS400 A341E 与 A342E 为例进行介绍，其他可参照进行。

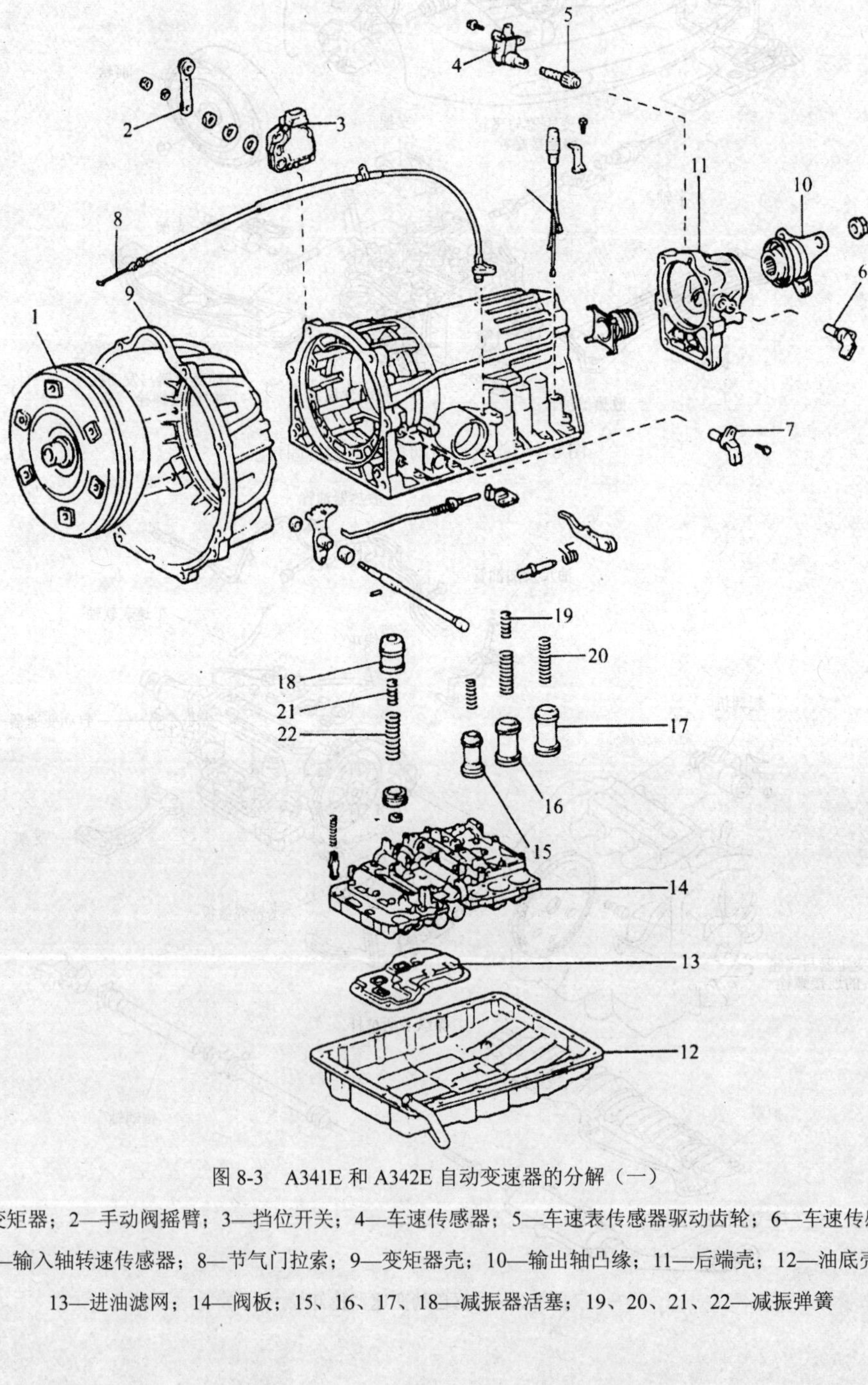

图 8-3 A341E 和 A342E 自动变速器的分解（一）

1—变矩器；2—手动阀摇臂；3—挡位开关；4—车速传感器；5—车速表传感器驱动齿轮；6—车速传感器；7—输入轴转速传感器；8—节气门拉索；9—变矩器壳；10—输出轴凸缘；11—后端壳；12—油底壳；13—进油滤网；14—阀板；15、16、17、18—减振器活塞；19、20、21、22—减振弹簧

（1）从自动变速器前方取下变矩器。

（2）拆除所有安装在自动变速器壳体上的部件，如加油管、挡位开关、车速传感器、输入轴传感器等。

（3）松开紧固螺栓，拆下自动变速器前端的变矩器壳。

（4）拆除输出轴凸缘和自动变速器后端壳，从输出轴上拆下车速传感器感应转子。

（5）拆下油底壳，松开进油滤网与阀板之间的固定螺栓，从阀板上拆下进油滤网。

（6）拔下连接在阀板上的所有线束插头，拆除与节气门阀连接的节气门拉索，松开阀板与自动变速器壳体之间的固定螺栓（见图 8-4），取下阀板总成。阀板上的螺栓除了一部分是固定在自动变速器壳体上之外，还有许多是上下阀板之间的固定螺栓。在拆卸阀板总成时，应对照《自动变速器维修手册》，认准阀板与自动变速器壳体之间的固定螺栓。若没有《自动变速器维修手册》，则在拆卸阀板时，应先松开阀板四周的固定螺栓，再检查阀板总成是否松动。若未松动，可将阀板中间的所有螺栓逐个松开少许，直至阀板总成松动为止，即可找出阀板上所有固定在自动变速器壳体上的固定螺栓。

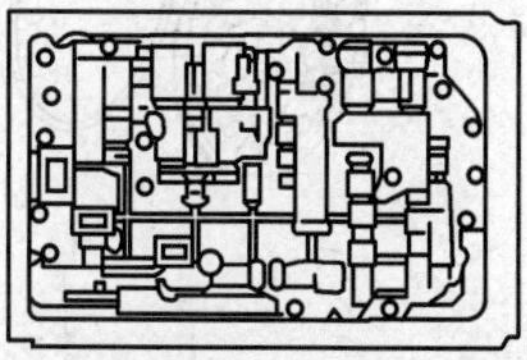

图 8-4　A341E 和 A342E 自动变速器阀板固定螺栓

有些自动变速器的阀板与自动变速器壳体之间有油管连接（如 A340E 自动变速器）。对此，可先用起子将油管撬起后再拆下阀板总成。

（7）取出自动变速器壳体油道中的止回阀和弹簧如图 8-5（a）所示。

（8）取出自动变速器壳体上的减振器活塞。方法是：用手指按住减振器活塞，从减振器活塞周围相应的油孔中吹入压缩空气，如图 8-5（b）所示，将减振器活塞吹出。

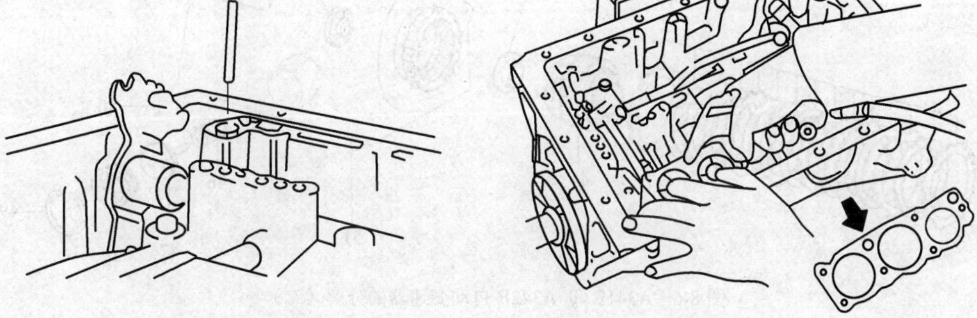

（a）　（b）

图 8-5　取出止回阀和减振器活塞

8.2.2　拆卸油泵总成

（1）拆下油泵周围的固定螺栓。

（2）用专用拉具拉出油泵总成。

（3）分解行星齿轮变速器。分解行星齿轮变速器如图 8-6 所示。

① 从自动变速器前方取出超速行星架和直接离合器组件及超速齿圈。

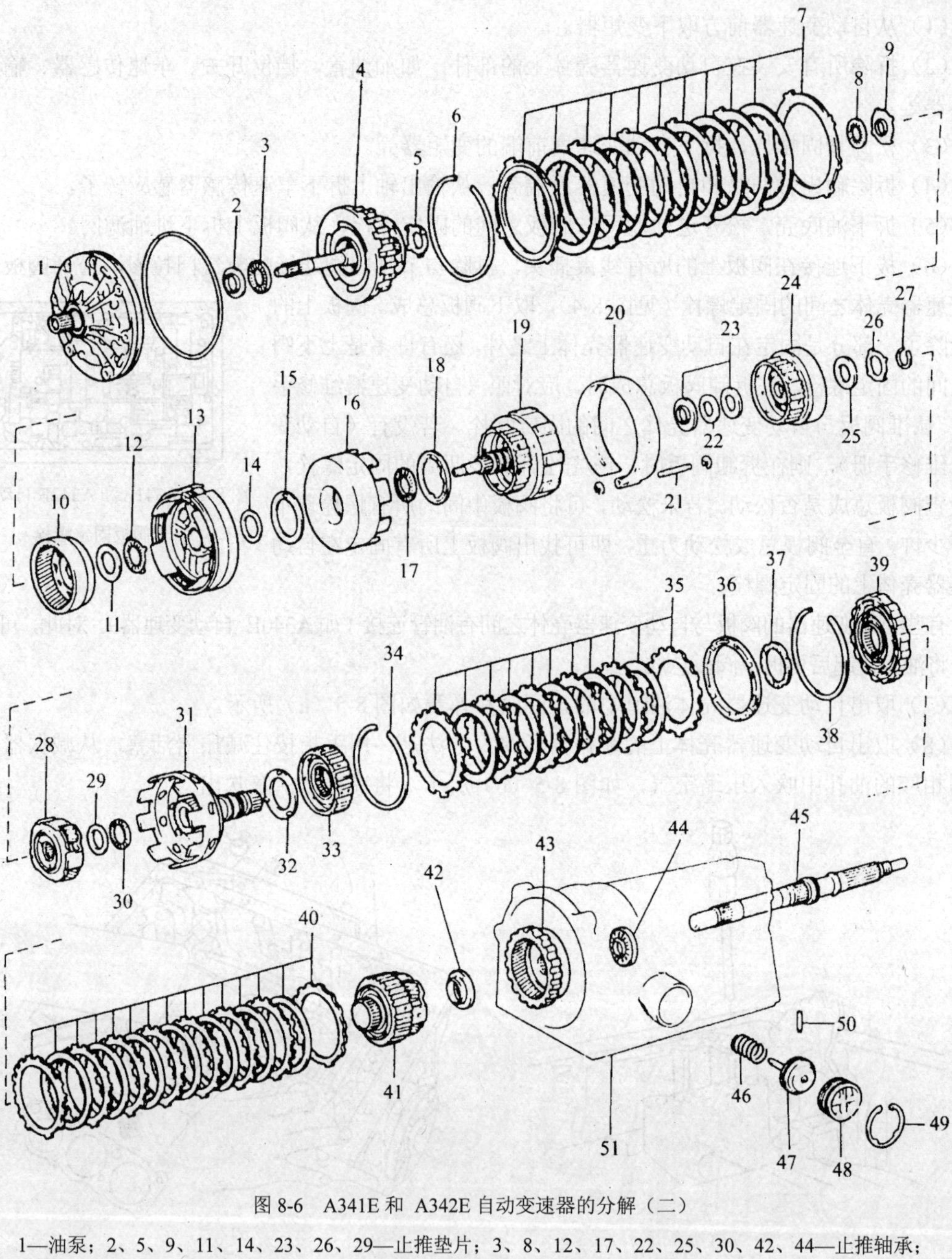

图 8-6 A341E 和 A342E 自动变速器的分解（二）

1—油泵；2、5、9、11、14、23、26、29—止推垫片；3、8、12、17、22、25、30、42、44—止推轴承；4—超速行星架和直接离合器组件；6、27、34、38、49—卡环；7—超速制动器钢片和摩擦片；10—超速齿圈；13—超速制动器鼓；15、18、32、37—尼龙止推垫圈；16—倒挡及高挡离合器组件；19—前进离合器组件；20—2 挡强制制动带；21—制动带销轴；24—前齿圈；28—前行星架；31—前后太阳轮组件；33—2 挡单向超越离合器；35—2 挡制动器摩擦片和钢片；36—活塞衬套；39—2 挡制动器鼓；40—低挡及倒挡制动器摩擦片；41—后行星架和行星轮组件；43—后齿圈；45—输出轴；46—弹簧；47—2 挡强制制动带活塞；48—2 挡强制制动带活塞；49—2 挡强制制动带液压缸缸盖；50—超速制动鼓进油孔油封；51—变速器壳体

② 拆卸超速制动器：用起子拆下超速制动器卡环，取出超速制动器钢片和摩擦片。拆下超速制动器鼓的卡环，松开壳体上的固定螺栓，用拉具拉出超速制动器鼓。

③ 拆卸 2 挡强制制动带活塞：从外壳上拆下 2 挡强制制动带液压缸缸盖卡环，用手指按住液压缸缸盖，从液压缸进油孔中吹入压缩空气，将液压缸缸盖和活塞吹出。

④ 取出中间轴、高挡及倒挡离合器和前进离合器组件。

⑤ 拆出 2 挡强制制动带销轴，取出制动带。

⑥ 拆出前行星排：取出前齿圈，将自动变速器立起，用木块垫住输出轴，拆下前行星架上的卡环，拆出前行星架和行星轮组件。

⑦ 取出前后太阳轮组件和低挡单向超越离合器。

⑧ 拆卸 2 挡制动器：拆下卡环，取出 2 挡制动器的所有摩擦片、钢片及活塞衬套。

⑨ 拆卸输出轴、后行星排和低挡及倒挡制动器组件：拆下卡环，抓住输出轴，取出输出轴、后行星排、前进单向超越离合器、低挡及倒挡制动器和 2 挡制动器鼓组件。

在分解自动变速器时，应将所有组件和零件按分解顺序依次排放，以便于检修和组装。要特别注意各个止推垫片、止推轴承的位置，不可错乱。

各种车型的后驱动自动变速器基本上都可按上述顺序和方法进行分解。

8.3 自动变速器各部件的分解

8.3.1 油泵的分解

油泵的分解如图 8-7 所示。

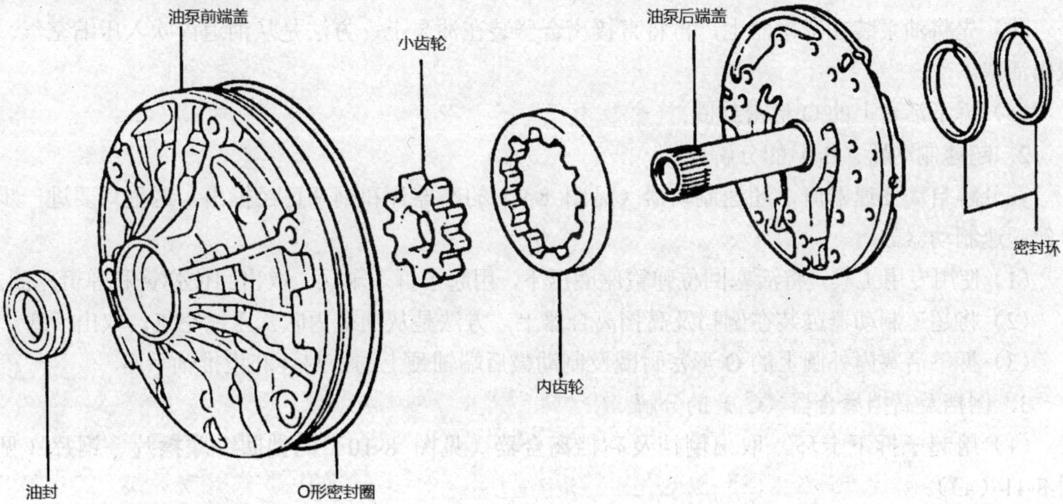

图 8-7 油泵的分解

（1）拆下油泵后端轴颈上的密封环。

（2）按照对称交叉的顺序依次松开油泵螺栓，打开油泵。

（3）用油漆在小齿轮和内齿轮上作一记号，取出小齿轮及内齿轮。

（4）拆下油泵前端盖上的油封。

在分解油泵时应注意，不要损伤铝合金的油泵前端盖，不可用冲子在油泵齿轮和油泵壳上作记号。

8.3.2 离合器、制动器的分解

1．直接离合器（C_0）的分解

（1）从超速行星架和直接离合器组件上取下直接离合器（见图 8-8）。

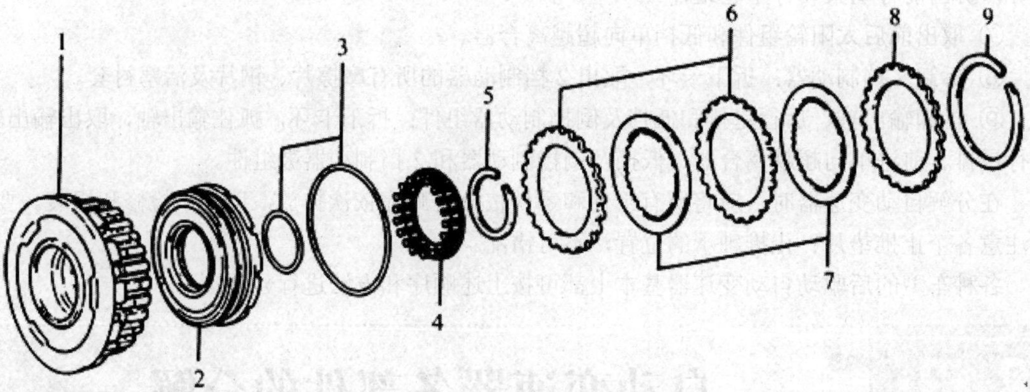

图 8-8 直接离合器的分解

1—直接离合器鼓；2—活塞；3—O 形密封圈；4—回位弹簧及弹簧座圈；5、9—卡环；6—钢片；7—摩擦片；8—挡圈

（2）用起子拆除卡环，取出挡圈、摩擦片、钢片。

（3）使用专用工具，将活塞回位弹簧座圈压下，用卡环钳或起子拆下卡环，取出弹簧座圈和回位弹簧。

（4）先将油泵装在变矩器上，再将直接离合器装在油泵上，方法是从油道内吹入压缩空气，取出活塞。

（5）拆下活塞上的 O 形密封圈。

2．超速制动器（B_0）的分解

在分解自动变速器时，超速制动器（见图 8-9）的摩擦片和钢片已经拆出，这里只要进一步分解超速制动器鼓。

（1）使用专用工具，将活塞回位弹簧座圈压下，用起子拆下卡环，取出回位弹簧和弹簧座圈。

（2）将超速制动器鼓装在倒挡及高挡离合器上，方法是从油道内吹入压缩空气，取出活塞。

（3）拆下活塞内外圆上的 O 形密封圈及制动鼓后端轴颈上的密封环和止推轴承座。

3．倒挡及高挡离合器（C_1）的分解

（1）用起子拆下卡环，取出倒挡及高挡离合器（见图 8-10）的挡圈、摩擦片、钢片（见图 8-11（a））。

（2）使用专用工具，将倒挡及高挡离合器活塞回位弹簧座圈压下，用卡环钳或起子拆下卡环，取出回位弹簧及弹簧座圈（见图 8-11（b））。

（3）将倒挡及高挡离合器装在超速制动器鼓上，从油道内吹入压缩空气，取出活塞。

（4）取下活塞内外圆上的两个 O 形密封圈。

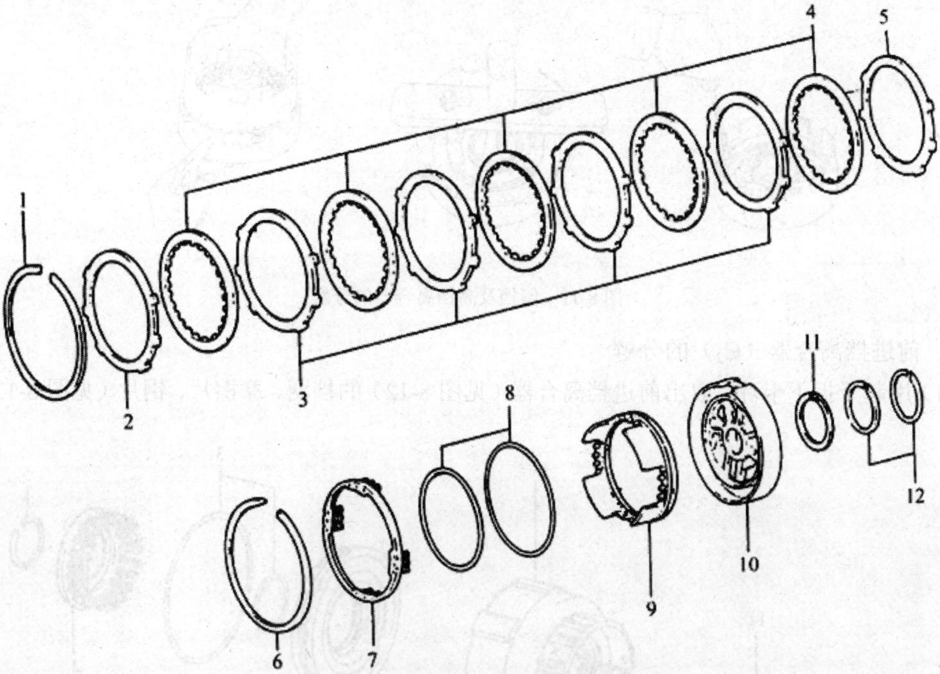

图 8-9　超速制动器的分解

1、6—卡环；2、5—挡圈；3—钢片；4—摩擦片；7—回位弹簧及弹簧座圈；8—O 形密封圈；

9—活塞；10—制动器鼓；11—止推垫片；12—密封环

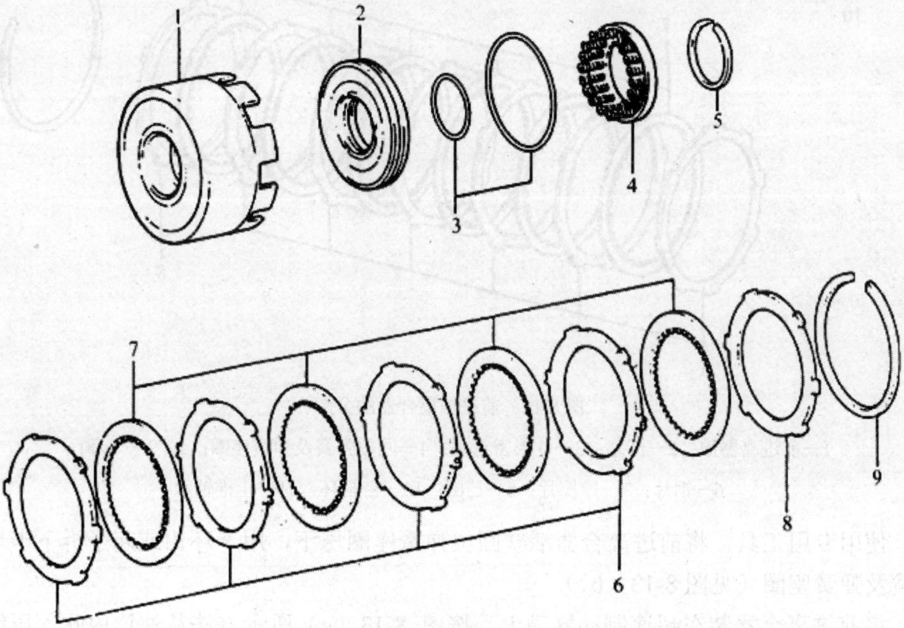

图 8-10　倒挡及高挡离合器（C_1）的分解

1—倒挡及高挡离合器鼓；2—活塞；3—O 形密封圈；4—回位弹簧及弹簧座圈；

5、9—卡环；6—钢片；7—摩擦片；8—挡圈

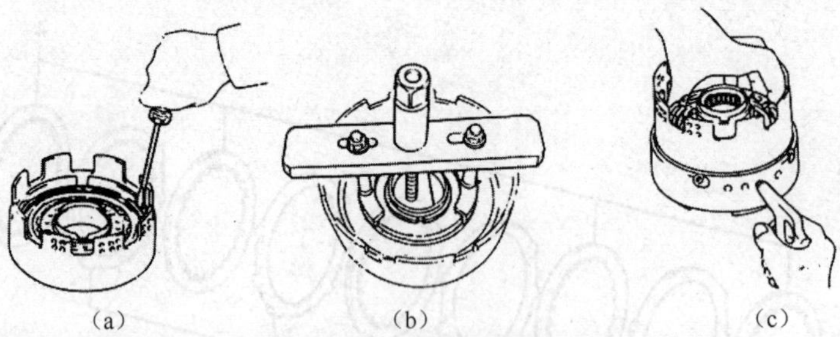

图 8-11　倒挡及高挡离合器的分解

4．前进挡离合器（C_2）的分解

（1）用起子拆下卡环，取出前进挡离合器（见图 8-12）的挡圈、摩擦片、钢片（见图 8-13（a））。

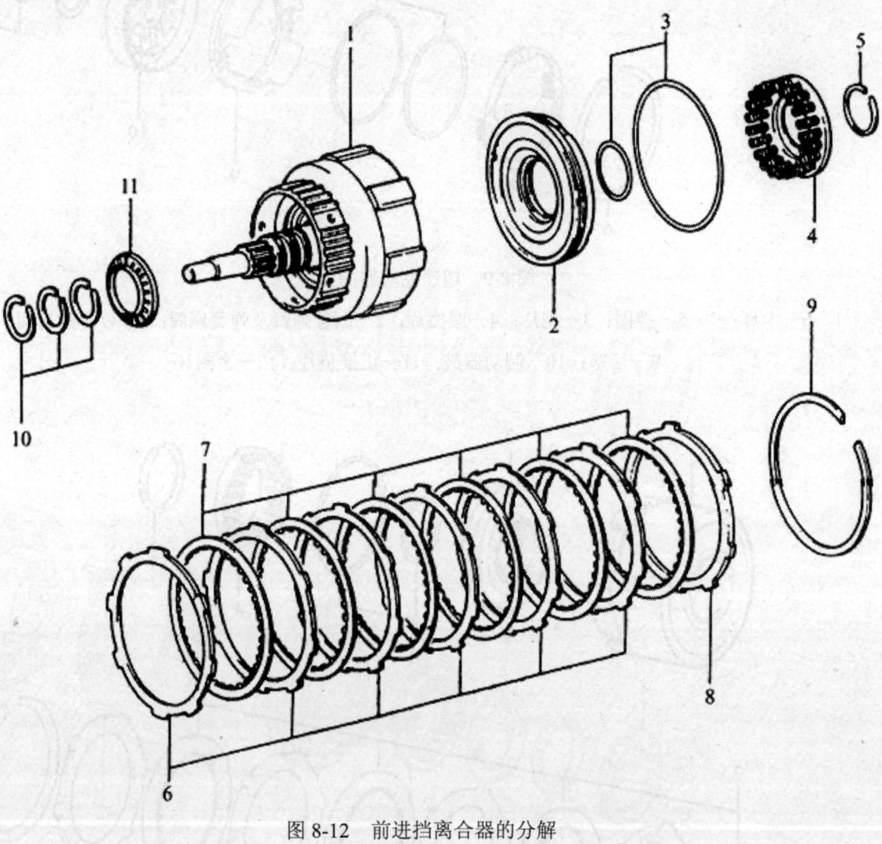

图 8-12　前进挡离合器的分解

1—前进离器鼓；2—活塞；3—O 形密封圈；4—回位弹簧及弹簧座圈；5、9—卡环；

6—钢片；7—摩擦片；8—挡圈；10—密封环；11—止推轴承

（2）使用专用工具，将前进离合器活塞回位弹簧座圈压下，用卡环钳或起子拆下卡环，取出回位弹簧及弹簧座圈（见图 8-13（b））。

（3）将前进离合器装在超速制动器鼓上，按图 8-13（c）所示方法从油道内吹入压缩空气，取出前进离合器活塞。

（4）取下活塞内外圆上的两个 O 形密封圈及前进离合器鼓前端轴颈上的密封环。

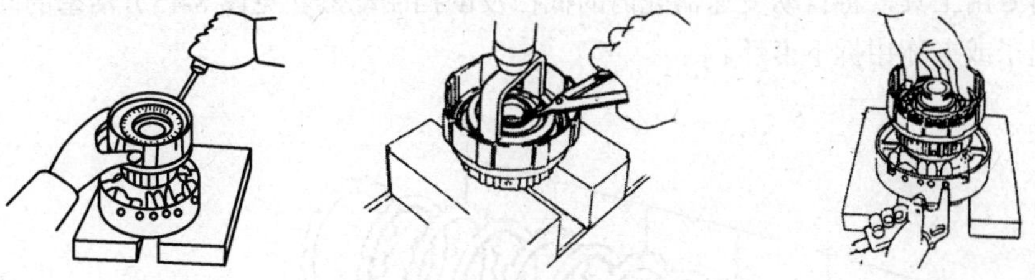
（a）（b）（c）

图 8-13　前进挡离合器的分解

5．2 挡制动器（B_1）的分解

在分解自动变速器时 2 挡制动器（见图 8-14）的摩擦片和钢片已经拆出，这里只要进一步分解 2 挡制动器鼓。

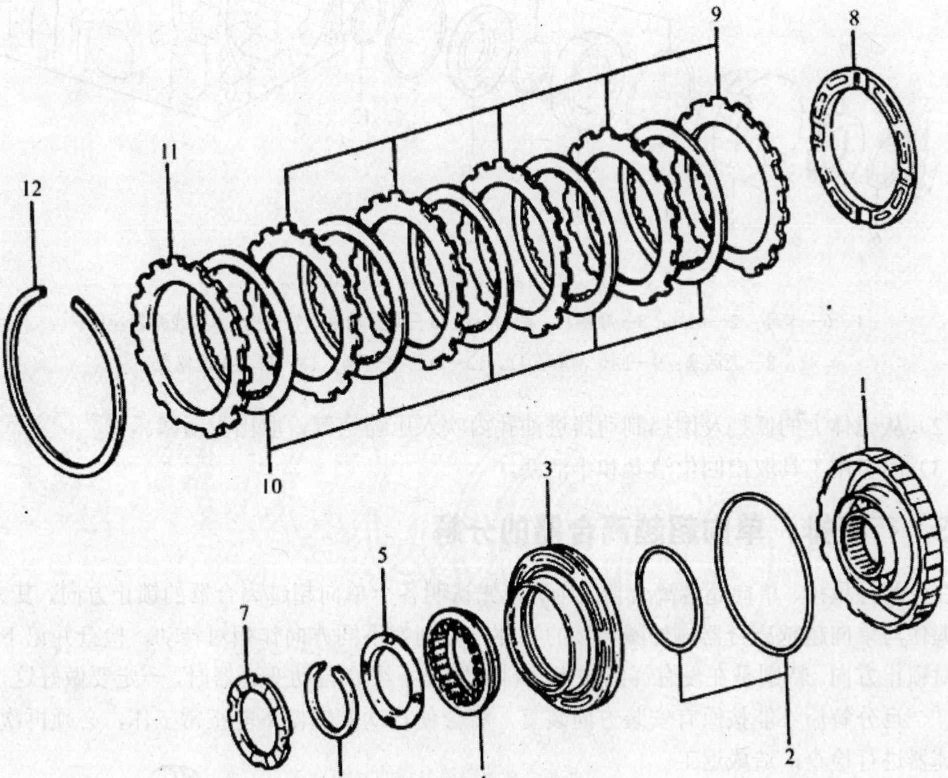

图 8-14　2 挡制动器的分解

1—2 挡制动器鼓；2—O 形密封圈；3—活塞；4—回位弹簧；5—弹簧座圈；6、12—卡环；7—止推垫圈；8—活塞衬套；9—钢片；10—摩擦片；11—挡圈

（1）使用专用工具，将 2 挡制动器活塞回位弹簧座圈压下，用起子或卡环钳拆下卡环，取出回位弹簧及弹簧座圈。

（2）从 2 挡制动器鼓外圆上的油孔内吹入压缩空气，取出活塞。

6．低挡及倒挡制动器（B_2）的分解

（1）使用专用工具，将自动变速器壳内的低挡及倒挡制动器（见图 8-15）活塞的回位弹簧座圈压下，用起子或卡环钳拆下卡环。

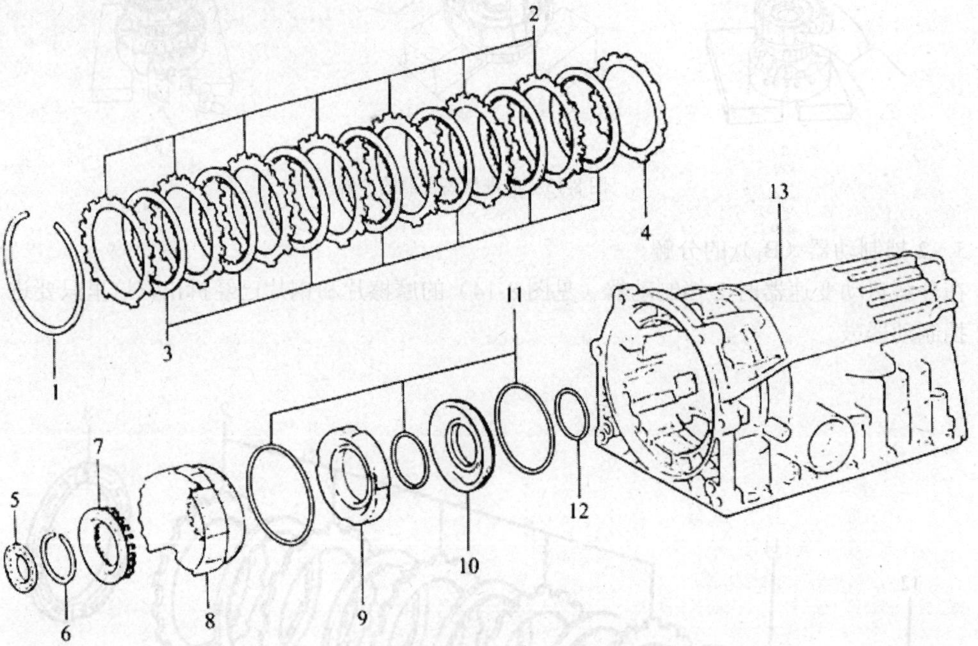

图 8-15　低挡及倒挡制动器（B_2）的分解

1、6—卡环；2—钢片；3—摩擦片；4—挡圈；5—卡推轴承；7—回位弹簧及弹簧座圈；8—大活塞；9—回位滑套；11、12—O 形密封圈；13—自动变速器壳

（2）从壳体上的低挡及倒挡制动器进油孔内吹入压缩空气，取出大活塞。

（3）用专用工具取出回位滑套和小活塞。

8.3.3　行星排、单向超越离合器的分解

在分解行星排、单向超越离合器之前，应先认明各个单向超越离合器的锁止方向，其方法是：用手握住与单向超越离合器内外圈连接的零件，分别朝不同方向作相对转动，检查并记下内外圈的相对锁止方向。特别是在没有详细技术资料的情况下维修自动变速器时，一定要做好这一记录；否则，一旦分解后不能按原有安装方向装复，将会使自动变速器不能正常工作，必须再次分解自动变速器进行检查，造成返工。

1．超速行星排、直接单向超越离合器的分解

（1）按图 8-16 所示方法检查直接单向超越离合器的锁止方向，应使该单向超越离合器外圈（行星架）相对于内圈（直接离合器鼓）在逆时针方向（由自动变速器前方看，下同）锁止，在顺时针方向可以自由转动。

（2）按图 8-17 所示顺序分解超速行星排和直接单向超越离合器。

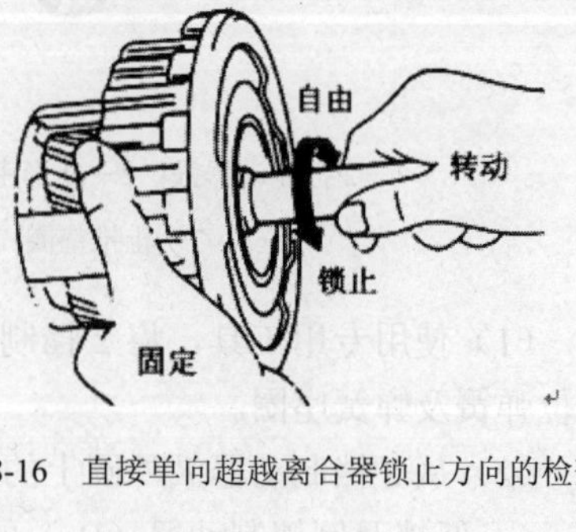

图 8-16　直接单向超越离合器锁止方向的检查

2．行星排、2 挡单向超越离合器的分解

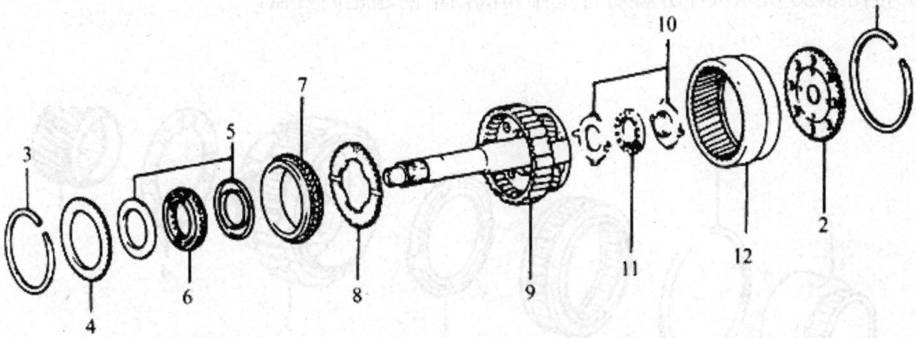

图 8-17 超速行星排、直接单向超越离合器的分解

1、3—卡环；2—齿圈凸缘盘；4—挡圈；5—挡环；6—单向超越离合器；7—单向超越离合器外圈；8—卡推垫片；9—超速行星架和行星轮组件；10—止推垫圈；11—止推轴承；12—齿圈

（1）用左手握住太阳轮驱动鼓、右手转动 2 挡单向超越离合器外圈，检查 2 挡单向超越离合器的锁止方向（见图 8-18），应使外圈相对于内圈在逆时针方向锁止、在顺时针方向能自由转动。

（2）按图 8-19 所示顺序分解前行星排和 2 挡单向超越离合器。

3．后行星排、低挡单向超越离合器的分解

（1）用左手握住后行星架，右手转动低挡单向超越离合器内圈，检查其锁止方向，应使内圈相对于外圈在顺时针方向锁止，在逆时针方向可以自由转动。

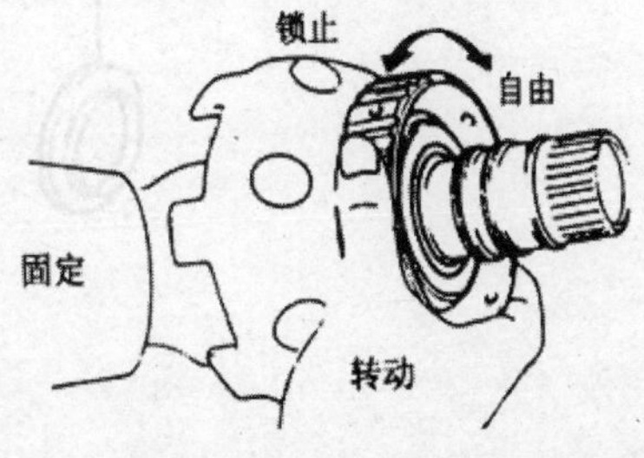

图 8-18 2 挡单向超越离合器锁止方向的检查

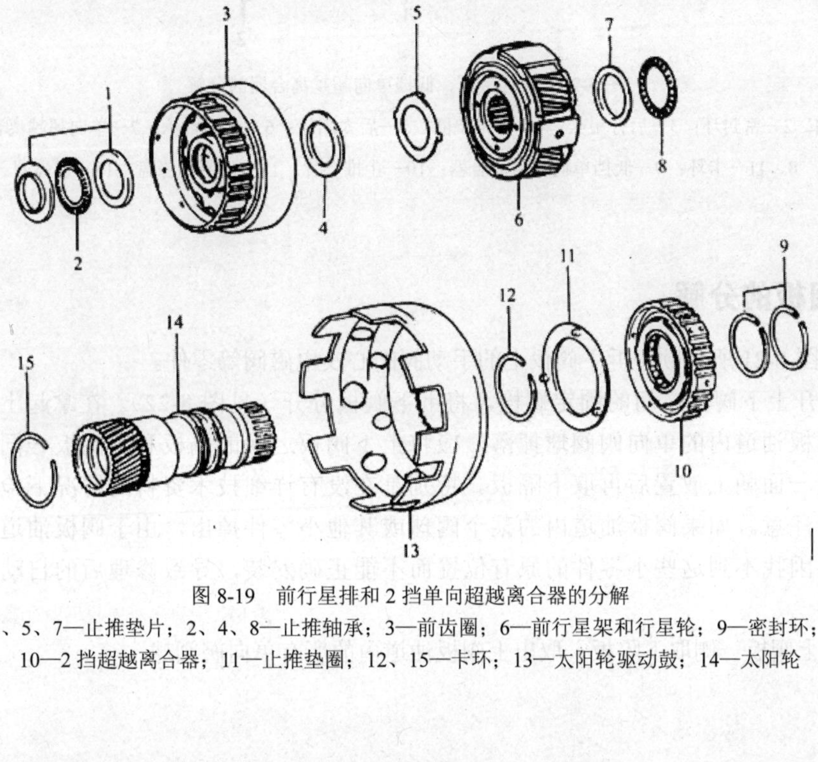

图 8-19 前行星排和 2 挡单向超越离合器的分解

1、5、7—止推垫片；2、4、8—止推轴承；3—前齿圈；6—前行星架和行星轮；9—密封环；10—2 挡超越离合器；11—止推垫圈；12、15—卡环；13—太阳轮驱动鼓；14—太阳轮

（2）按图 8-20 所示顺序分解后行星排和低挡单向超越离合器。

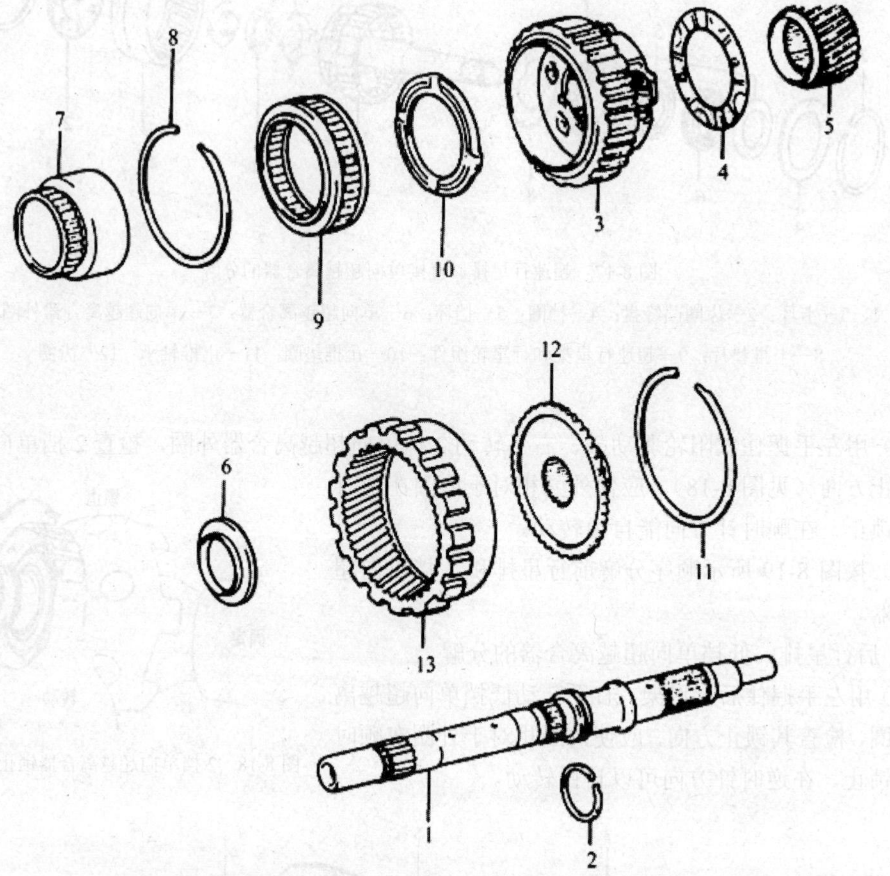

图 8-20 后行星排、低挡单向超越离合器的分解

1—输出轴；2—密封环；3—后行星架；4—止推垫圈；5—后太阳轮；6—止推轴承；7—单向超越离合器内圈；8、11—卡环；9—低挡单向超越离合器；10—止推垫片；12—齿圈凸缘盘；13—后齿圈

8.3.4 阀板的分解

（1）按图 8-21 所示顺序拆下阀板上的手动阀阀心及电磁阀等零件。

（2）松开上下阀板之间的固定螺栓，将上下阀板分开（见图 8-22）。在拿起上阀板时，为了防止上阀板油道内的单向阀阀球掉落，应将上下阀板之间的隔板和上阀板一同拿起，并将上阀板油道一面朝上放置后再取下隔板。特别是在没有详细技术资料的情况下检修自动变速器时，更要注意。如果阀板油道内的某个阀球或其他小零件掉出，由于阀板油道的形状十分复杂，往往因找不到这些小零件的原有位置而不能正确安装，导致修理后的自动变速器工作异常。

（3）从上阀板一侧取下隔板，取出上阀板油道内的所有单向阀阀球。

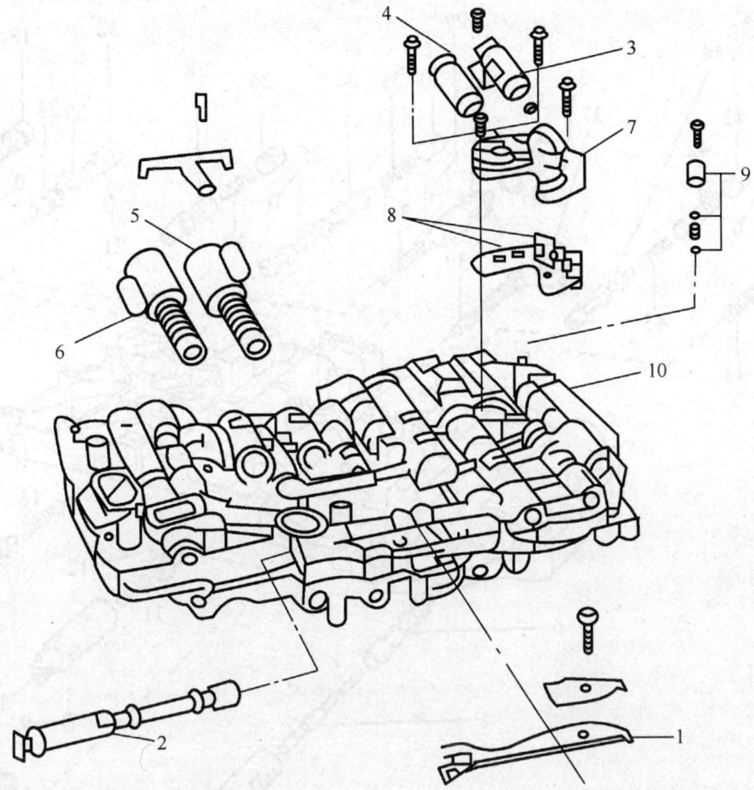

图 8-21　拆卸阀体上的手动阀和电磁阀

1—手动阀摇臂定位弹簧；2—手动阀；3、4—换挡电磁阀；5—油压电磁阀；6—锁止电磁阀；7—换挡电磁阀座；8—换挡电磁阀滤网；9—泄压阀；10—阀体

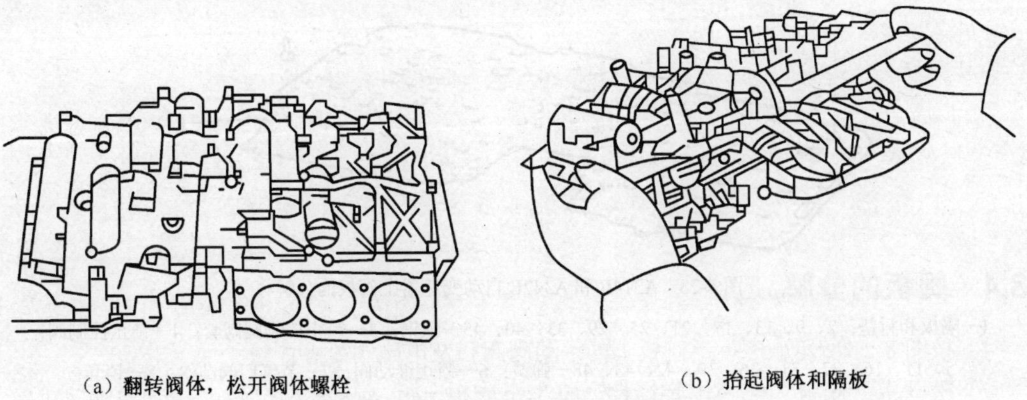

（a）翻转阀体，松开阀体螺栓　　（b）抬起阀体和隔板

图 8-22　分开上下阀体

（4）按图 8-23 所示顺序拆出上阀板中所有的控制阀。在拆出每个控制阀时，应先取出锁销和栓塞，再让阀心和弹簧从阀孔中自由落出。若阀心在阀孔中有卡滞，不能自由落出，可用木锤或橡皮锤敲击阀板，将阀心震出；不要用铁丝或钳子伸入阀孔去取阀心，以免损坏阀孔内径或阀心。

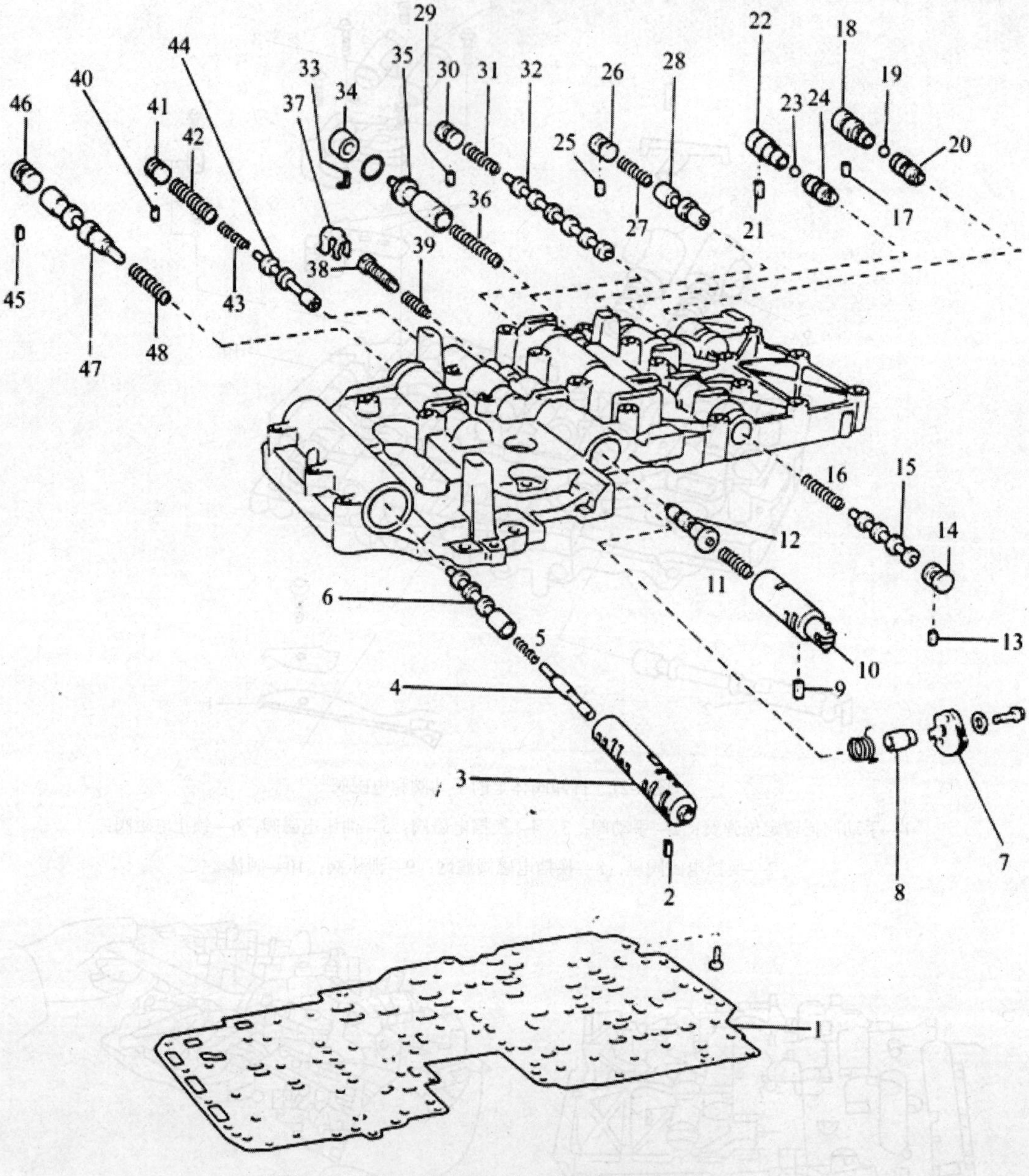

图 8-23 A314E 和 A342E 自动变速器上阀板的分解

1—隔板和衬垫；2、9、13、17、21、25、29、33、40、45—锁销；3—锁止控制阀阀套；4—锁止控制阀；5、11、16、27、31、36、39、42、43、48—弹簧；6—锁止继动阀；7—节气门阀凸轮；8—销套；10—强制降挡阀；12—节气门阀；14、18、22、26、30、34、41、46—栓塞；15—3-4 换挡阀；19、23—止回阀阀球；20、24—止回阀；28—倒挡控制阀；32—2-3 换挡阀；35—前进挡减振器活塞；37—锁片；38—节气门阀调节螺钉；44—前进挡减振器节流阀；47—变矩器

（5）按图 8-24 所示顺序拆出下阀板中所有的控制阀。

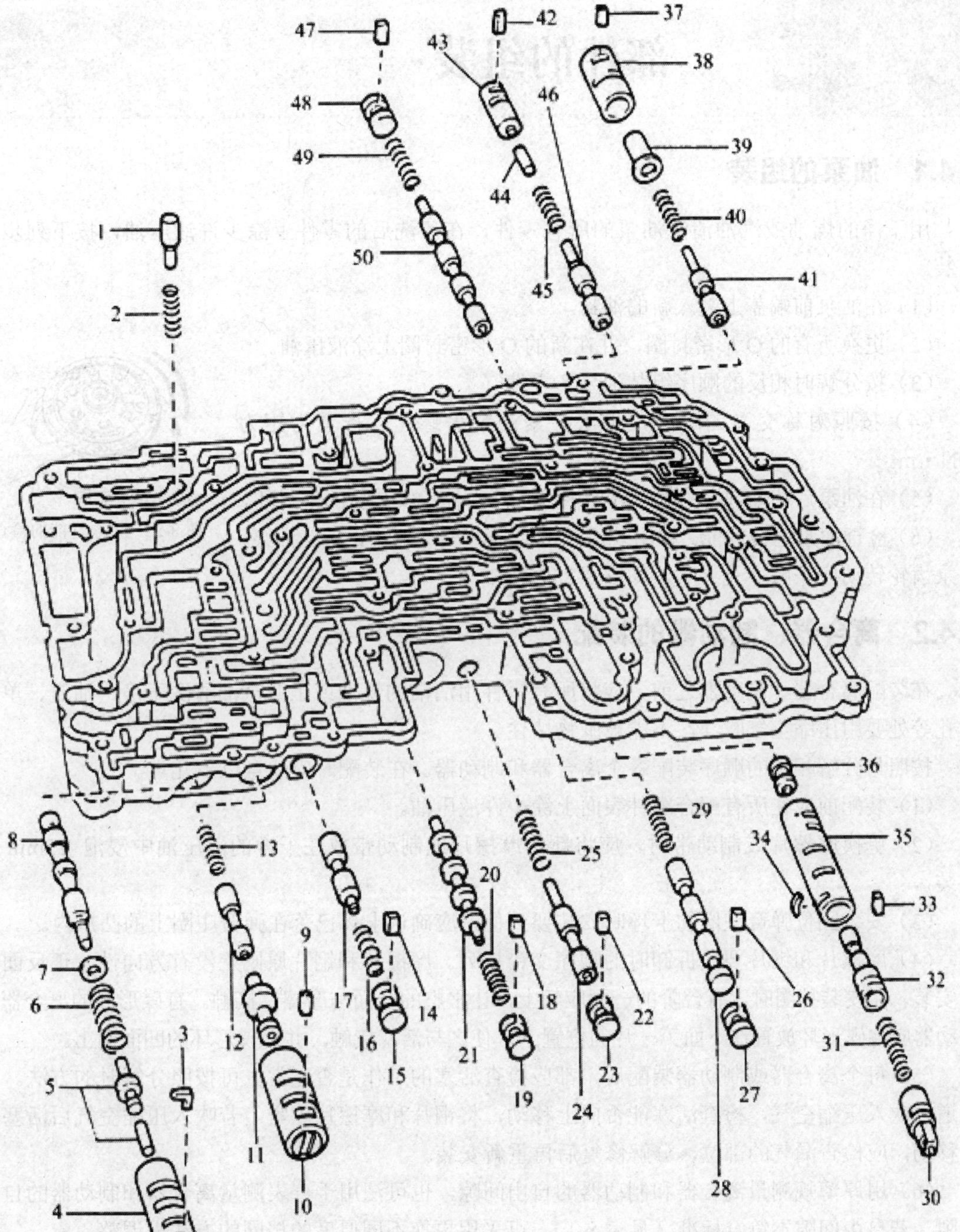

图 8-24 A341E 和 A34E 自动变速器下阀板的分解

1—止回阀；2、6、13、16、20、25、29、31、40、45、49—弹簧；3、9、14、18、22、26、33、34、37、42、47—锁销；4、10、35、38、43—阀套；5、11、36、39、44—阀杆；7—垫圈；8—主油路调压阀；12—锁止控制阀；15、19、23、27、30、48—栓塞；17—止回阀；21—电磁转换阀；24—电磁调节阀；28—截止阀；32—减振器控制阀；41—滑行调节阀；46—滑行调节阀；50—换挡阀

8.4 部件的组装

8.4.1 油泵的组装

用干净的煤油或汽油清洗油泵的所有零件，在清洗后的零件上涂少许液压油，按下列步骤组装。

（1）在油泵前端盖上装入新的油封。

（2）更换所有的O形密封圈，并在新的O形密封圈上涂液压油。

（3）按分解时相反的顺序组装油泵各零件。

（4）按照对称交叉的顺序，依次拧紧油泵盖螺栓，拧紧力矩为10N·m。

（5）在油泵后端轴颈上的密封环槽内涂上凡士林，安装新的密封环。

（6）检查油泵运转性能。将组装后的油泵插入变矩器中，转动油泵，油泵齿轮转动应平顺，无异响，如图8-25所示。

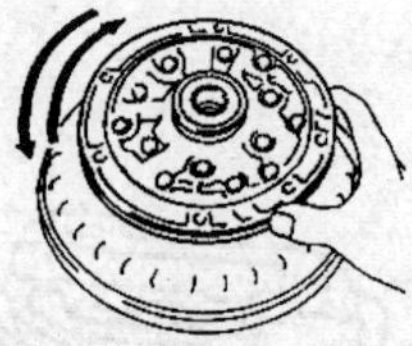

图8-25 油泵性能的检查

8.4.2 离合器、制动器的装配

在装配离合器、制动器之前，应将所有零件用清洁的煤油或工业汽油清洗干净，油道、单向阀孔等处要用压缩空气吹净，不能被脏物堵住。

按照与分解相反的顺序装配各个离合器和制动器。在装配时应注意以下几点。

（1）装配前应在所有配合零件表面上涂少许液压油。

（2）更换摩擦片或制动带时，应将新的摩擦片或制动带放在干净的液压油中浸泡 15min 后安装。

（3）安装回位弹簧庄圈的卡环时安装要到位，应确认卡环已落在弹簧庄圈上的凸爪内。

（4）摩擦片和钢片要按拆卸时的顺序交错排列。摩擦片和钢片原则上没有方向性，正反面都可安装。在安装挡圈时，有台阶的一面应朝上，让平整的一面与摩擦片接触。有碟形环的离合器或制动器应将碟形环放置在下面第一片的位置上，使之与活塞接触，并使碟形环的凹面向上。

（5）每个离合器或制动器装配后，都应检查活塞的工作是否正常。可按照分解时的方法。向油道内吹入压缩空气，检查活塞能否向上移动，将钢片和摩擦片压紧。若吹入压缩空气后活塞不能移动，应检查漏气的部位，分解修复后再重新安装。

（6）用厚薄规测量离合器和制动器的自由间隙，也可法用千分表测量离合器和制动器的自由间隙。若自由间隙不符合标准（见表8-1），可采用更换不同厚度的挡圈的方法来调整。

表8-1 A341E和A342E自动变速器的离合器和制动器检修标准

离合器或制动器的名称	代号	弹簧自由长度标准/mm	自由间隙/mm
直接离合器	C_0	15.8	1.45～1.70
超速制动器	B_0	17.23	1.75～2.05
倒挡及高挡离合器	C_1	24.35	1.37～1.60

续表

离合器或制动器的名称	代 号	弹簧自由长度标准/mm	自由间隙/mm
前进离合器	C_2		0.70～1.00
2 挡制动器	B_1	19.64	0.63～1.98
低挡及倒挡制动器	B_2	12.9	0.70～1.22
2 挡强制制动带	B_3		2.0～3.0

8.4.3 阀板的装配

（1）将清洗后的上下阀板和所有控制阀零件放在干净的液压油中，让它浸泡几分钟。

（2）按相反的顺序安装上下阀体各控制阀，注意各控制阀弹簧的安装位置（见图 8-26）切不可将各控制阀的弹簧装错。必要时可参考表 8-3、表 8-5，以区分各个控制阀的弹簧。

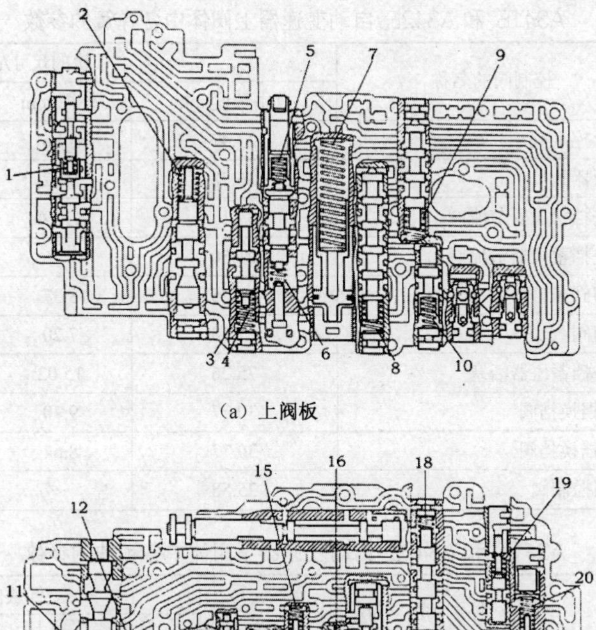

（a）上阀板

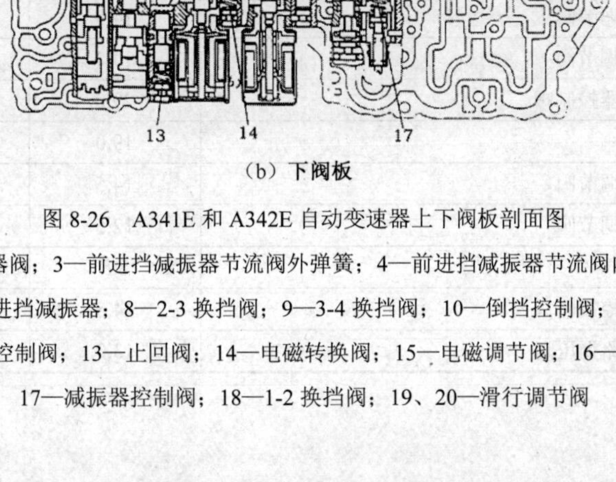

（b）下阀板

图 8-26 A341E 和 A342E 自动变速器上下阀板剖面图

1—锁止继动阀；2—变矩器阀；3—前进挡减振器节流阀外弹簧；4—前进挡减振器节流阀内弹簧；5—强制降挡阀；6—节气门阀；7—前进挡减振器；8—2-3 换挡阀；9—3-4 换挡阀；10—倒挡控制阀；11—主油路调压阀；12—锁止控制阀；13—止回阀；14—电磁转换阀；15—电磁调节阀；16—截止阀；17—减振器控制阀；18—1-2 换挡阀；19、20—滑行调节阀

表 8-2 A341E 和 A342E 自动变速器上阀体中各锁块的参数

序号	控制阀的名称	锁块的尺寸/mm		
		长	宽	高
1	止回阀	10.0	5.0	3.2
2	止回阀	21.2	5.0	3.2
3	倒挡控制阀	16.0	5.0	3.2
4	2-3 挡换挡阀	12.5	5.0	3.2
5	前进挡蓄压器活塞	37.5	5.0	3.2
6	前进挡蓄压器节流阀	12.5	—	—
7	变矩器阀	10.0	5.0	3.2
8	锁止控制阀	21.2	5.0	3.2
9	节气门阀	21.2	5.0	3.2
10	3-4 挡换挡阀	11.5	5.0	3.2

表 8-3 A341E 和 A342E 自动变速器上阀体中各弹簧的参数

序号	控制阀的名称	锁块的尺寸/mm			
		自由长度/mm	外径/mm	圈数	颜色
1	锁止控制阀	23.42	5.86	12.25	红
2	变矩器阀	36.78	9.22	13.50	-
3	前进挡蓄压器节流阀	37.13	11.14	11.25	白
4	前进挡蓄压器节流阀	21.50	7.76	11.50	-
5	气门阀	27.25	8.37	12.50	黄
6	气门阀	17.50	7.20	10.25	红
7	前进挡蓄压器活塞	75.26	15.02	17.06	粉红
8	2-3 挡换挡阀	30.77	9.70	10.50	紫
9	3-4 挡换挡阀	30.77	8.64	10.50	紫
10	倒挡控制阀	25.58	—	8.75	—

表 8-4 A341E 和 A342E 自动变速器下阀体中各锁块的参数

序号	控制阀的名称	锁块的尺寸/mm		
		长	宽	高
1	1 挡-2 挡换挡阀	14.5	5.0	3.2
2	滑行调节阀	14.5	5.0	3.2
3	滑行调节阀	14.5	5.0	3.2
4	蓄压器控制阀	29.0	5.0	3.2
5	截止阀	19.0	5.0	3.2
6	电磁调节阀	14.5	—	—
7	电磁调节阀	12.5	5.0	3.2
8	止回阀	8.5	5.0	3.2
9	锁止控制阀	14.5	5.0	3.2
10	主油路调压阀	13.0	5.0	3.2

表 8-5　　A341E 和 A342E 自动变速器下阀体中各弹簧的参数

序　号	控制阀的名称	锁块的尺寸/mm			
		自由长度/mm	外径/mm	圈数	颜色
1	主油路调压阀	40.62	16.88	9.0	红
2	锁止控制阀	18.52	5.30	12.75	白
3	止回阀	18.80	7.48	7.50	—
4	电磁调节阀	18.80	7.48	7.50	—
5	电磁调节阀	30.63	7.99	15.25	—
6	截止阀	20.30	6.10	12.75	—
7	蓄压器控制阀	34.50	8.85	12.50	—
8	1 挡-2 挡换挡阀	30.77	9.70	10.50	—
9	滑行调节阀	19.73	8.04	9.80	—
10	滑行调节阀	26.11 26.71 27.41	8.04	10.75 11.5 11.75	橙 淡绿 黄

（3）按图 8-27 所示位置，将上阀板油道内的阀球装入并按图 8-28 所示位置放入锁块，必要时可参考表 8-2、表 8-4。

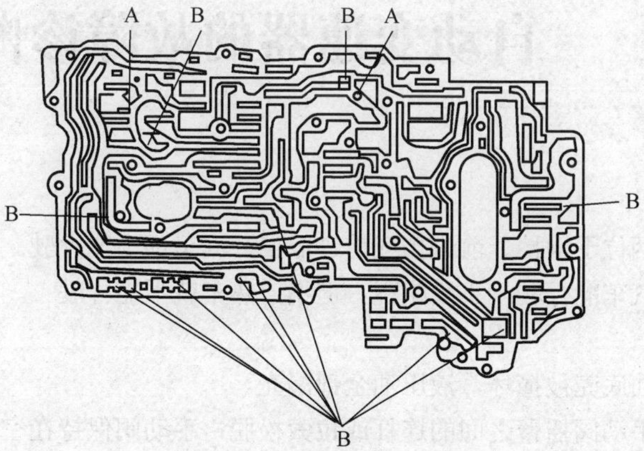

图 8-27　上阀体球阀安装位置

A—球阀（ϕ6.35mm）　B—球阀（ϕ5.54mm）

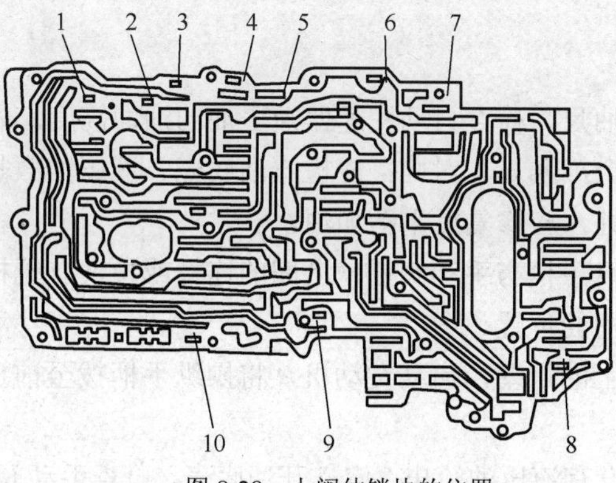

图 8-28　上阀体锁块的位置

1～10—锁块

（4）用螺钉将隔板及隔板衬垫固定在上阀板上。

（5）将上下阀板合在一起，按图 8-29 所示方法将三种不同规格的阀板螺栓安装在不同的位置上，分 2～3 次将所有螺栓拧紧。阀板螺栓的标准拧紧力矩为 6.1N・m。

（6）按相反的顺序安装电磁阀、手动阀。

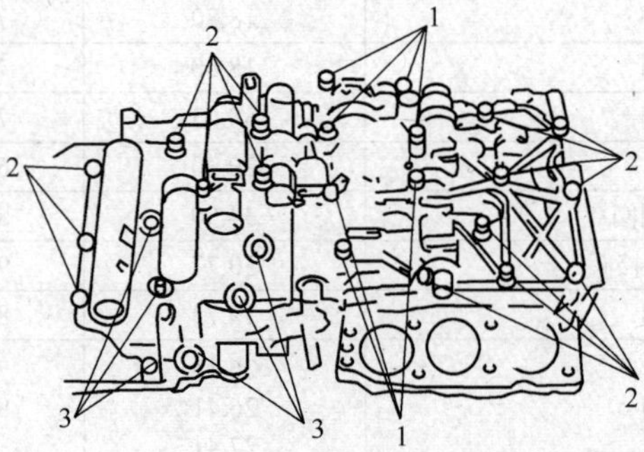

图 8-29　A341E 和 A342E 自动变速器阀板螺栓的安装位置

1—长螺栓（长度为 45mm）；2—中螺栓（长度为 35mm）；3—短螺栓（长度为 20mm）

8.5 自动变速器的故障诊断与排除

1．汽车不能行驶

故障现象：

（1）无论操纵手柄位于倒挡、前进挡或前进低挡，汽车都不能行驶。

（2）冷车启动后汽车能行驶一小段路程，但稍一热车就不能行驶。

故障原因：

（1）自动变速器油底壳被撞坏，液压油全部漏光。

（2）操纵手柄和手动阀摇臂之间的连杆或拉索松脱，手动阀保持在空挡或停车挡位置。

（3）油泵进油滤网堵塞。

（4）主油路严重泄漏。

（5）油泵损坏。

故障诊断与排除：

（1）拔出自动变速器的油尺，检查自动变速器液压油的油面高度。若油尺上没有液压油，说明自动变速器内的液压油已全部漏光。对此，应检查油底壳、液压油散热器、油管等处有无破损而导致漏油。如有严重漏油处，应修复后重新加油。

（2）检查自动变速器操纵手柄与手动阀摇臂之间的连杆或拉索有无松脱。如有松脱，应予以装复，并重新调整好操纵手柄的位置。

（3）拆下主油路测压孔上的螺塞，启动发动机，将操纵手柄拨至前进挡或倒挡位置，检查测压孔内有无液压油流出。

（4）若主油路侧压孔内没有液压油流出，应打开油底壳，检查手动阀摇臂轴与摇臂有无松脱，手动阀阀心有无折断或脱钩。若手动阀工作正常，则说明油泵损坏。对此，应拆卸分解自动变速器，更换油泵。

（5）若主油路测压孔内只有少量液压油流出，油压很低或基本上没有油压，应打开油底壳，检查油泵进油滤网有无堵塞。如无堵塞，说明油泵损坏或主油路严重世漏。对此，应拆卸分解自动变速器，予以修理。

（6）若冷车启动时主油路有一定的油压，但热车后油压即明显下降，说明油泵磨损过甚。对此，应更换油泵。

（7）若测压孔内有大量液压油喷出，说明主油路油压正常，故障出在自动变速器中的输入轴、行星排或输出轴。对此，应拆检自动变速器。汽车不能行驶的故障诊断与排除程序如图 8-30 所示。

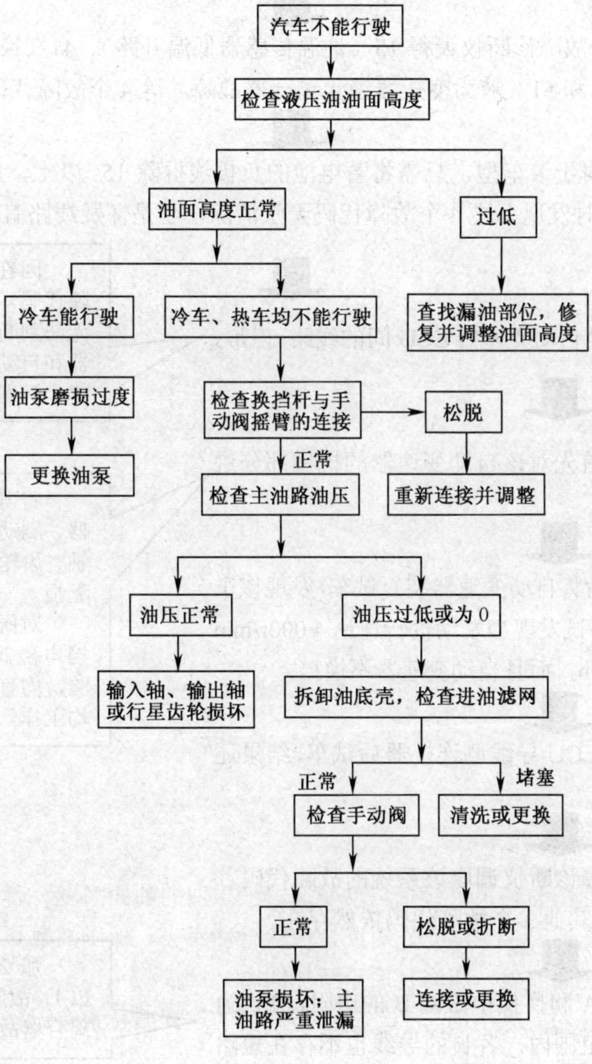

图 8-30　汽车不能行驶的故障诊断与排除程序

案例分解一：索纳塔车自动变速器无挡

（1）故障现象。

一辆 95 款索纳塔轿车，采用 KM175 型自动变速器，在正常行驶中突然出现发动机空转，而后将变速杆挂入任何挡位部无法行驶的现象。

（2）故障原因、诊断与排除。

将该车拖至修理厂进行检查，发现无论在热机还是在冷机的状恋下，将变速杆挂入任何挡位，该车都无法行驶。

↓

检查自动变速器油，其油量和品质都正常。

↓

检查传动轴、万向节和换挡机构，也均正常。

↓

用元征 ADC2000 故障诊断仪调得 15（油温传感器低温开路）、41（换挡电磁阀 A 开路）、43（换挡电磁阀 B 开路）和 51（液力变矩器锁止离合器故障）等 4 个故障代码。

↓

清除故障代码（对于该车型，只需将蓄电池的负极线拆除 15s 以上，就可以清除自动变速器 ECU 内的故障记忆）时发现上述 4 个故障代码无法清除，于是怀疑线路有问题。

↓

检查自动变速器至自动变速器 ECU 间的线路，正常。

因在静态下部无法清除故障代码，该车也不能行驶，所以无法判断换挡电磁阀、油温传感器和自动变速器 ECU 这三者间哪个问题。

↓

根据维修经验，首先对该自动变速器的机械部分进行检查。

将其解体后发现各挡离合器、制动器摩擦片没有损坏，各轴、齿轮、轴承和密封圈均完好无损。

对阀体进行了清洗后，将换挡电磁阀、压力控制阀通电试验，均有“咔嗒”声。说明它们均工作。

↓

更换油温传感器后将自动变速器装复试车，发现该车能够前进和后退，但路试发现当发动机转速达 4 000r/min 时，车速才达到 80km/h，而且自动变速器不换挡。

↓

拔下自动变速器 ECU 导线侧连接器后试车，结果还是一样。

↓

用 ADC2000 故障诊断仪调取该系统的故障代码，故障代码 15 消失，而其他 3 个故障代码依然存在。

↓

测量换挡电磁阀 A 和换挡电磁阀 B 的电阻，分别为 22Ω 和 23Ω，在标准范围内，各自的导线也不存在短路和短路的现象。

那么到底是自动变速器 ECU 故障还是液力变矩器锁止离合器故障呢？

↓

将该车用举升机举起，让车主挂挡，此时在车下可以听到在自动变速器与发动机之间有金属摩擦声，但该声音瞬间就消失了。

根据维修经验，一般可认为液力变矩器有故障，于是决定测量该自动变速器的油压。

将变速杆置于 D 位，接通超速控制开关，当发动机转速为 2 500r/min 时，在减压测试口测得的油为 0.3MPa（正常值为 0.35～0.70MPa）液力变矩器为 0.12MPa（正常值为 0.44～0.63MPa）。

两者的压力都较低，说明液力变矩器可能有问题。

为了准确判断出故障部位，接着做了失速试验，结果发现在任何挡失速转速都过低，为 1 200r/min（正常值应为 1 800～2 800r/min）。

因发动机动力性能良好,因此就可以判断为液力变矩器有问题。

再次拆下自动变速器，换上一只翻新的液力变矩器后，装复自动变速器，测量液力变矩器的油压，为 0.6MPa。

对该车进行路试，当发动机转速达 2 500r/min 时，车速已达 120km/h，而且自动变速器换挡正常。

再次用 ADC2000 故障检测仪调取自动变速器系统的故障代码，无故障代码显示。

故障完全排除。

案例分解二：别克轿车没有 2、3、4 挡

（1）故障现象。

该车在行驶中没有 2、3、4 挡，无法正常提速。

（2）故障排除。

修前试车，最高时速仅为 70km/h，且节气门全开。

用 Tech2 检查，电控系统无故障，只是始终在 1 挡，没有 2、3、4 挡。打开油底盘，未发现异常现象。

抬下变速器，打开侧盖，拆下槽板/阀体、链轮、从动链轮支架后，发现 2 挡离合器外壳与内衬焊接部位脱落。

2 挡离合器外壳与内衬脱落，使得在提速中 2 挡无法离合，故无法达到 2、3、4 挡的换挡要求，所以只能在 1 挡运行。

更换 2 挡离合器，并清洗其余零件，重新安装后，从低速到高速多次换挡试车，无异常现象。

故障排除。

2．自动变速器打滑

故障现象：

（1）起步时踩下加速踏板，发动机转速很快升高但车速升高缓慢。

（2）行驶中踩下加速踏板加速时，发动机转速升高但车速没有很快提高。

（3）平路行驶基本正常，但上坡无力，且发动机转速异常高。

故障原因：

（1）液压油油面太低。

（2）液压油油面太高，运转中被行星排剧烈搅动后产生大量气泡。

（3）离合器或制动器摩擦片、制动带磨损过甚或烧焦。

（4）油泵磨损过甚或主油路泄漏，造成油路油压过低。

（5）单向超越离合器打滑。

（6）离合器或制动器活塞密封圈损坏，导致漏油。

（7）减振器活塞密封圈损坏，导致漏油。

故障诊断与排除：

打滑是自动变速器最常见的故障之一。虽然自动变速器打滑往往都伴有离合器或制动器摩擦片严重磨损甚至烧焦等现象，但如果只是简单地更换磨损的摩擦片而没有找出打滑的真正原因，则会使修后的自动变速器使用一段时间后又出现打滑现象。因此，对于出现打滑的自动变速器，不要急于拆卸分解，应先做各种检查测试，以找出造成打滑的真正原因。

（1）对于出现打滑现象的自动变速器，应先检查其液压油的油面高度和品质。若油面过低或过高，应先调整至正常后再做检查。若油面调整正常后自动变速器不再打滑，可不必拆修自动变速器。

（2）检查液压油的品质。若液压油呈棕黑色或有烧焦味，说明离合器或制动器的摩擦片或制动带有烧焦，应拆修自动变速器。

（3）做路试，以确定自动变速器是否打滑，并检查出现打滑的挡位和打滑的程度。将操纵手柄拨入不同的位置，让汽车行驶。若自动变速器升至某一挡位时发动机转速突然升高，但车速没有相应地提高，即说明该挡位有打滑。打滑时发动机的转速愈容易升高，说明打滑愈严重。

根据出现打滑的规律，还可以判断产生打滑的是哪一个换挡执行元件（以 3 行星排的辛普森式 4 挡行星齿轮变速器为例）。

① 若自动变速器在所有前进挡都有打滑现象，则为前进离合器打滑。

② 若自动变速器在操纵手柄位于 D 位时的 1 挡有打滑而在操纵手柄位于 L 位或 1 位时的 1 挡不打滑，则为前进单向超越离合器打滑。若不论操纵手柄位于 D 位或 L 位或 1 位时，1 挡都有打滑现象，则为低挡及倒挡制动器打滑。

③ 若自动变速器只在操纵手柄位于 D 位时的 2 挡有打滑，而在操纵手柄位于 S 位或 2 位时的 2 挡不打滑，则为 2 挡单向超越离合器打滑。若不论操纵手柄位于 D 位或 S 位或 2 位时，2 挡都有打滑现象，则为 2 挡制动器打滑。

④ 若自动变速器只在 3 挡有打滑现象，则为倒挡及高挡离合器打滑。

⑤ 若自动变速器只在超速挡有打滑现象，则为超速制动器打滑。

⑥ 若自动变速器在倒挡和高挡时都有打滑现象，则为倒挡及高挡离合器打滑。

⑦ 若自动变速器在倒挡和 1 挡时都有打滑现象，则为低挡及倒挡制动器打滑。

（4）对于有打滑故障的自动变速器，在拆卸分解之前。应先检查自动变速器的主油路油压，以找出造成自动变速器打滑的原因。自动变速器不论前进挡或倒挡均打滑，其原因往往是主油路油压过低。若主油路油压正常，则只要更换磨损或烧焦的摩擦元件即可。若主油路油压不正常，则在拆修自动变速器的过程中，应根据主油路油压（详见前面章节），相应地对油泵或阀板进行检修，并更换自动变速器的所有密封圈和密封环。自动变速器打滑的故障诊断与排除程序如图 8-31 所示。

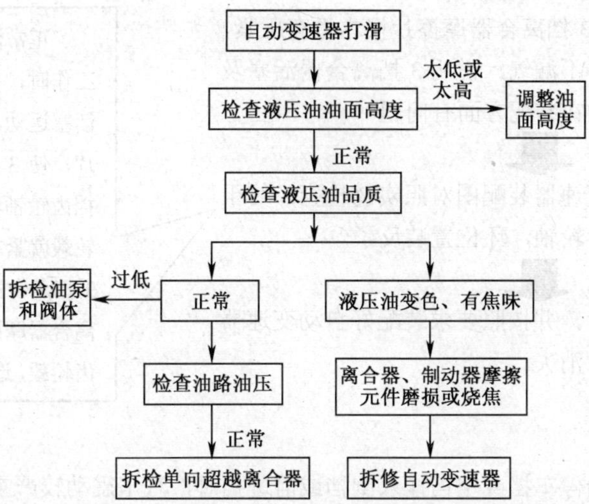

图 8-31 故障诊断与排除程序

案例分解：本田车自动变速器打滑

（1）故障现象。

一辆本田雅阁轿车（采用 2.2L 发动机和自动变速器）当车速达到 50km/h 时，发动机转速会突然升高。

（2）故障原因、诊断与排除。

首先试车验证故障现象。发现在各前进挡位起步都正常，发动机加速良好，驱动有力。

将变速杆直于 D4 位行驶，当车速达到 30km/h，发动机转速为 1 800r/min 时自动变速器进行了 1 次换挡，再继续加速行驶也正常，但当车速达到 50km/h 左右时就出现上述故障现象。因为只感觉到升了 1 次挡，怀疑自动变速器 3 挡存在打滑现象。

为了验证该判断的正确性，将变速杆置于 2 位，当车速达到 80km/h 时放松加速踏板使节气门处于小开度状态，同时将变速杆推到 D4 位，跳过 3 挡，然后继续让轿车加速行驶，发现轿车的车速能达到 120km/h 以上，接着让轿车减速，当车速降到 50km/h 左右时，再重新让发动机加速，自动变速器又出现了打滑现象，证明 3 挡确实打滑。

对该车自动变速器 3 挡打滑的原因进行分析，认为可能的原因有：油压低；3 挡油路泄压；3 挡离合器摩擦片间隙太大；自动变速器阀体有故障；换挡电磁阀或其线路有故障。

首先对主油道压力进行测试，油压为 820kPa，正常。

检查自动变速器电磁阀和车速传感器线路，未发现问题。

于是就将自动变速器拆下来检查，因为 3 挡打滑，决定对 3 挡离合器油道进行加压试验。

当向 4 挡离合器通入压缩空气后，4 挡离合器与 4 挡齿轮连接为一个整体；再向 3 挡离合器通入压缩空气后，发现 3 挡齿轮和主轴能相对转动。

经仔细观察，发现3挡离合器摩擦片根本没有压紧，但同时发现该离合器并不漏气，说明3挡离合器活塞及密封圈完好无损，可能在装配方面有问题。

↓

根据该车型自动变速器装配图对照实物检查，终于发现问题：原来3挡齿轮轴，环位置装反了。

↓

更换离合器摩擦片，并按照要求装配好自动变速器后试车，上述故障现象消失。

> 正常情况下，当3挡离合器工作时，在油压的作用下离合器活塞运动，压紧3挡离合器摩擦片，使3挡齿轮实现传动。当3挡齿轮轴环位置装反后，3挡齿轮毂就紧靠3挡离合器活塞，当3挡离合器工作时不能压紧3挡离合器摩擦片，反而压紧了3挡齿轮毂，造成离合器摩擦片打滑。

3．换挡冲击大

故障现象：

（1）在起步时，由停车挡或空挡挂入倒挡或前进挡时，汽车震动较严重。

（2）行驶中，在自动变速器升挡的瞬间汽车有较明显的闯动。

故障原因：

（1）发动机怠速过高。

（2）节气门拉索或节气门位置传感器调整不当使主油路油压过高。

（3）升挡过迟。

（4）真空式节气门阀的真空软管破裂或松脱。

（5）主油路调压阀有故障，使主油路油压过高。

（6）减振器活塞卡住，不能起减振作用。

（7）单向阀钢球漏装，换挡执行元件（离合器或制动器）接合过快。

（8）换挡执行元件打滑。

（9）油压电磁阀不工作。

（10）电脑有故障。

故障诊断与排除：

导致自动变速器换挡冲击大的故障原因很多，情况也比较复杂。故障原因可能是调整不当等，对此，只要稍作调整即可排除；也可能是自动变速器内部的控制阀、减振器或换挡执行元件有故障，对此，必须分解自动变速器，予以修理；还可能是电子控制系统有故障，对此，必须对电子控制系统进行检测，才能找出具体原因。因此，在诊断故障的过程中，必须循序渐进，对自动变速器的各个部分做认真的检查。一定要在全面检测的基础上，有针对性地进行分解修理，切不可盲目地拆修。

（1）检查发动机怠速。装用自动变速器的汽车的发动机怠速一般为750r/min左右。若怠速过高，应按标准予以调整。

（2）检查节气门拉索或节气门位置传感器的调整情况。如不符合标准，应重新予以调整。

（3）检查真空式节气门阀的真空软管。如有破裂，应更换；如有松脱，应接牢。

（4）做道路试验。如果有升挡过迟的现象，则说明换挡冲击大的故障是升挡过迟所致。如果在升挡之前发动机转速异常升高，导致在升挡的瞬间有较大的换挡冲击，则说明离合器或制动器打滑，应分解自动变速器，予以修理。

（5）检测主油路油压。如果怠速时的主油路油压过高，则说明主油路调压阀或节气门阀有故障；可能是调压弹簧的预紧力过大或阀心卡滞所致；如果怠速时主油路油压正常，但起步进挡时有较大的冲击，则说明前进离合器或倒挡及高挡离合器的进油单向阀阀球损坏或漏装。对此，应拆卸阀板，予以修理。

（6）检测换挡时的主油路油压。在正常情况下，换挡时的主油路油压会有瞬时的下降。如果换挡时主油路油压没有下降，则说明减震器活塞卡滞。对此，应拆检阀板和减振器。

（7）电子控制自动变速器如果出现换挡冲击过大的故障，应检查油压电磁阀的线路以及油压电磁阀工作是否正常、计算机是否在换挡的瞬间向油压电磁阀发出控制信号。如果线路有故障，应予以修复；如果电磁阀损坏，应更换电磁阀；如果计算机在换挡的瞬间没有向油压电磁阀发出控制信号，说明计算机有故障，对此，应更换计算机。自动变速器换挡冲击大的故障诊断与排除程序如图 8-32 所示。

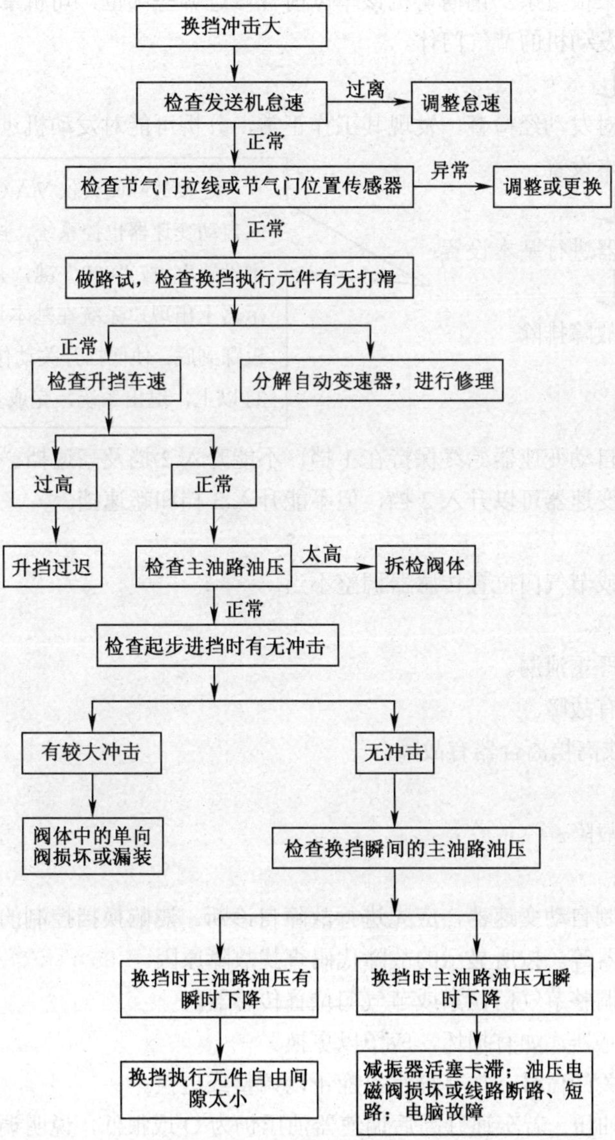

图 8-32　换挡冲击大的故障诊断与排除程序

案例分解：帕萨特 B5 轿车自动变速器工作不平稳

（1）故障现象。

该车行驶时工作不平稳，换挡时有冲击。

（2）故障排除。

试车发现，该车自动变速器工作确实不平稳，各挡之间进行转换时有冲击。

> 自动变速器工作不平稳，换挡时有冲击的原因主要是：自动变速器执行元件(如离合器或制动器等)损坏；主油路压力过高；换挡电磁阀有故障；控制阀体有故障；变速器控制单元有故障。

⬇

连接故障阅读仪 V.A.G1551 进行诊断，自动变速器电控系统无故障码存在。

⬇

这些故障检查起来很复杂。询问司机该车以前曾修过哪些部位，司机拿出一张结算单，从上面看出该车曾拆卸过发动机的节气门体。

⬇

拆卸节气门体时对发动经检查，发现其工作正常，分析可能对发动机进行了基本设置，而没对自动变速器进行基本设置。

⬇

下面对自动变速器进行基本设置：

> 连接故障阅读仪 V.A.G1551，选择“02”进入自动变速器也控系统，按“04”键，选择“基本设置”，按“000”键，并按“Q”键确认，显示器上出现“系统在基本设置”，此时将加速踏板踩到底，使低挡开关动作，并且保持在该位置 3s 以上，退出系统，完成基本设置。

⬇

再次试车，故障排除。

4．不能升挡

故障现象：

（1）汽车行驶中自动变速器始终保持在 1 挡，不能升入 2 挡及高速挡。

（2）行驶中自动变速器可以升入 2 挡，但不能升入 3 挡和超速挡。

故障原因：

（1）节气门拉索或节气门位置传感器调整不当。

（2）调速器有故障。

（3）调速器油路严重泄漏。

（4）车速传感器有故障。

（5）2 挡制动器或高挡离合器有故障。

（6）换挡阀卡滞。

（7）挡位开关有故障。

故障诊断与排除：

（1）对于电子控制自动变速器，应先进行故障自诊断。影响换挡控制的传感器有：节气门位置传感器、车速传感器等。按所显示的故障代码查找故障原因。

（2）按标准重新调整节气门拉索或节气门位置传感器。

（3）检查车速传感器。如有损坏，应予以更换。

（4）检查挡位开关的信号。如有异常，应予以调整或更换。

（5）测量调速器油压。若车速升高后调速器油压仍为 O 或很低，说明调速器有故障或调速器油路严重泄漏。对此，应拆检调速器。调速器阀心如有卡滞，应分解清洗，并将阀心和阀孔用金相砂纸抛光。若清洗抛光后仍有卡滞，应更换调速器。

（6）用压缩空气检查调速器油路有无泄漏。如有泄漏，应更换密封圈或密封环。

（7）若调速器油压正常，应拆卸阀板，检查各个换挡阀。换挡阀如有卡滞，可将阀心取出，用金相砂纸抛光，再清洗后装入。如不能修复，应更换阀板。

（8）若控制系统无故障，应分解自动变速器，检查各个换挡执行元件有无打滑，用压缩空气检查各个离合器、制动器油路或活塞有无泄漏。

自动变速器不能升挡的故障诊断与排除程序如图 8-33 所示。

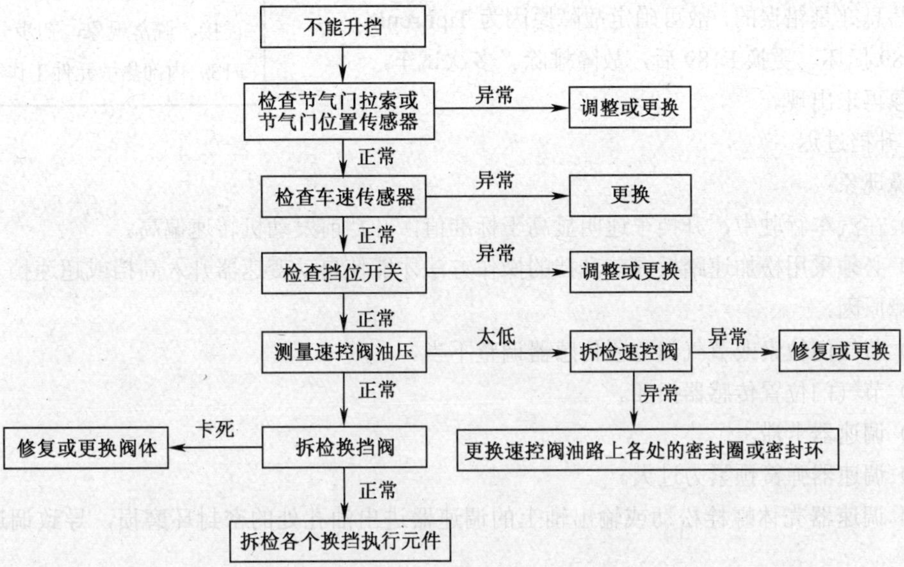

图 8-33　不能升挡故障诊断与排除程序

案例分解：2003 款奥迪 A4 轿车不升挡

（1）故障现象。

一辆2003 款奥迪A4轿车(BFB 1.8T 涡轮增压发动机)。行驶 715km，D 位行驶热车后，变速杆位于 D 位，仪表显示1、2、3、4、5 挡位，且位于 1 位时，加速不升挡，以至发动机转速达到 4 000r/min 时，车速仅能达到 40km/h。

（2）故障排除。

连接 V.A.S505l 及 V.A.S6017，检测自动变速器电子控制系统，读取故障码为 18161，显示内容为“Tiptronic 开关 F189 信号不可靠”。

针对“18161”故障，重点检测 F189 的信号状态。读取“03”组显示信息，在正常情况下，“03”组显示内容为：D，no operate；1 区显示换挡挡位（D 位）；2 区显示变速杆是否位于换挡槽；3 区显示变速杆在换挡槽

信号不可靠故障有几种可能原因：①信号时有时无，多数是由于传感器的电源线或搭铁线接触不良，传感器无电或无法构成回路，无法将信号准确的输入ECU 所致；②信号值超过上限，此种情况多发生在信号区间较大的传感器上，如空气流量计、冷却液温度传感器等，并多伴有“信号超限”故障码；③传感器同时输出互为镜像的信号，在正常的操作模式下，此种情况是不可能出现的，故ECU 将存储故障。

内是否有加挡操作；4 区显示变速杆在换挡槽内是否有减挡操作。

多次上路试车，直至故障现象出现，“03”组显示内容变为 D、MSwitah up button、Downbutton，此时根据 3 区、4 区显示信息可知，ECU 接收到变速杆在换挡槽内同时做加减挡操作，故判定信号不可靠，记录故障控制车速，不升挡，实质上变速杆并未切入换挡槽，可见 2 区显示信息亦是错误的，故可确定故障原因为 Tipitronie 开关 F189 损坏。更换 F189 后，故障排除。多次试车，故障现象再未出现。

> 此例故障为何是D位行驶一段时间热车后出现，而不是 D 位刚一挂入就出现？仔细检查 F189 电路板上所有焊点，未发现虚接、脱落现象，初步分析应为 F189 内部热敏元件工作不稳定。

5．升挡过迟

故障现象：

（1）在汽车行驶中，升挡车速明显高于标准值，升挡前发动机转速偏高。

（2）必须采用松加速踏板提前升挡的操作方法才能使自动变速器升入高挡或超速挡。

故障原因：

（1）节气门拉索或节气门位置传感器调整不当。

（2）节气门位置传感器损坏。

（3）调速器卡滞。

（4）调速器弹簧预紧力过大。

（5）调速器壳体螺栓松动或输出轴上的调速器进出油孔处的密封环磨损，导致调速器油路泄漏。

（6）真空式节气门阀推杆调整不当。

（7）真空式节气门阀的真空软管破裂或真空膜片室漏气。

（8）主油路油压或节气门油压太高。

（9）强制降挡开关短路。

（10）电脑或传感器有故障。

故障诊断与排除：

（1）对于电子控制自动变速器，应先进行故障自诊断。如有故障代码，则按所显示的故障代码查找故障原因。

（2）检查节气门拉索或节气门位置传感器的调整情况。如不符合标准，应重新予以调整。

（3）测量节气门位置传感器的电阻。如不符合标准，应予以更换。

（4）对于采用真空式节气门阀的自动变速器，应拔下真空式节气门阀上的真空软管，检查在发动机运转中真空软管内有无吸力。如果没有吸力，说明真空软管破裂、松脱或堵塞；对此，应予以修复。

（5）检查强制降挡开关。如有短路，应予以修复或更换。

（6）测量怠速时的主油路油压，并与标准值进行比较。若油压太高，应通过节气门拉索或节气门位置传感器予以调整。采用真空式节气门阀的自动变速器，应采用减少节气门阀推杆的长度的方法（见图 6-10）予以调整。若调整无效，应拆检主油路调压阀或节气门阀。

（7）用举升器将汽车升起，让驱动轮悬空，然后启动发动机，挂上前进挡，让自动变速器运转，同时测量调速器油压。调速器油压应能随车速的升高而增大。将不同转速下测得的调速器油压与《自动变速器维修手册》上的标准值进行比较。若油压值低于标准值，说明调速器有故障或调速器油路有泄漏。对此应拆卸自动变速器，检查调速器固定螺栓有无松动、调速器油路上的各处密封圈或密封环有无磨损漏油、调速器阀心有无卡滞或磨损过甚、调速弹簧是否太硬。

（8）若调速器油压正常，则升挡过迟的故障原因为换挡阀工作不良。对此，应拆检或更换阀板。自动变速器升挡过迟的故障诊断与排除程序如图 8-34 所示。

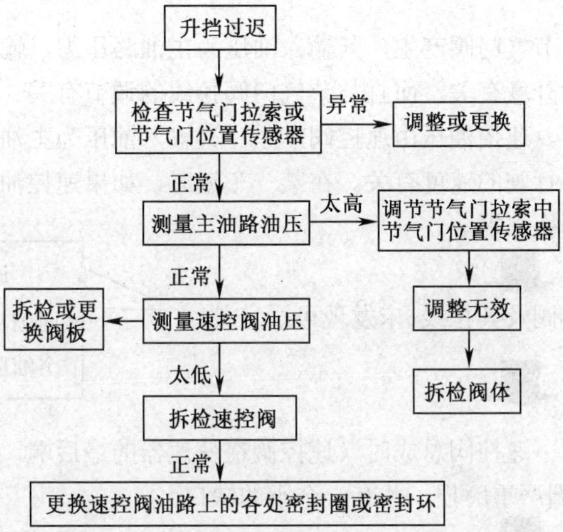

图 8-34　升挡过迟的故障诊断与排除程序

案例分解：自动变速器升挡过迟故障的排除

一辆进口别克世纪乘用车，自动变速器的型号为 4T60，属于液压控制换挡型。由于缺油，自动变速器内摩擦片和钢片严重烧毁。经修理，汽车虽能行驶，但驾驶员明显感到换挡过迟。后又反复修理过好几次，更换了许多零件，如阀板、油泵和变矩器等，但都没能彻底解决。

首先对该自动变速器进行了全面的检查。通过油压检测，发现主油路油压正常。

由于前面更换过零件后没有解决问题，判断问题的关键不在那些部位。

根据该车故障特征，对照液压油路图，对液压控制系统进行了全面的分析与研究。

对于液压控制换挡的自动变速器，挡位的变化主要有两个因素决定，即节气门油压与速控油压。如图 8-35 所示，节气门油压 P_2 与速控油压 P_1 同时作用在换挡阀的两端。当 P_2 与弹簧力 F 的合力大于 P_1 的作用力时，换挡阀处于最右侧，于是产生低挡油路（见图 8-35（a））；当 P_1 的作用力大于 P_2 与 F 的合力时，换挡阀向左移，于是产生高挡油路（见图 8-35（b））。一般的四挡自动变速器中，这样的换挡阀有 3 个，分别是 1-2 换挡阀、2-3 换挡阀和 3-4 换挡阀，换档控制原理相同。

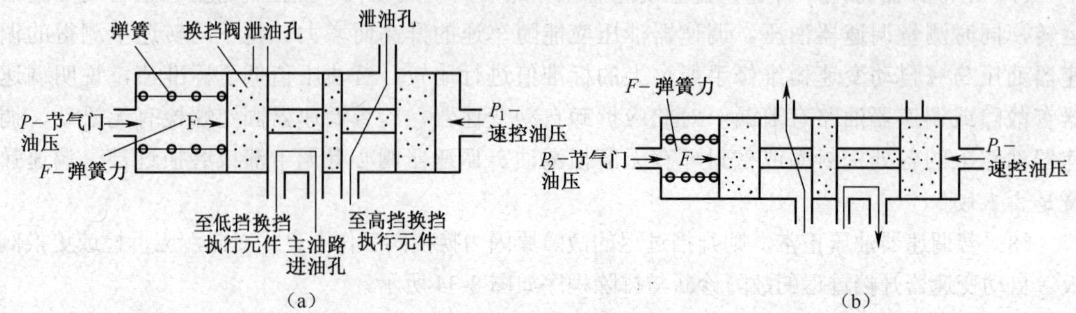

图 8-35 换挡阀工作原理示意图

其中，节气门油压由节气门阀产生，其输入油压为主油路压力，输出油压为节气门油压，油压的大小不仅与节气门的开度有关，而且与节气门阀拉线的调节有关。节气门油压过高，换挡延迟；油压过低，换挡提前。速控油压由速控阀产生，其输入油压为主油路压力，输出油压为速控油压，油压的大小与汽车行驶的速度有关。在某一车速时，如果速控油压低于标准值，则换挡延迟：如果高于标准值，则换挡提前。

就车仔细检查节气门阀及其拉线，未发现可疑之处。

通过以上分析，笔者认为，问题应该在作用在换挡阀的两个油压上。

再检查速控阀，当拆下速控阀总成时（速控阀在变速器的最后端，靠近差速器，就车可以将其拆下），发现有一密封圈严重磨损，并有一个小的缺口。

更换新的密封圈后再试车，故障排除。

原来正是因为密封圈损坏，造成严重的泄压，使得速控油压过低，从而引起换挡过迟。

6．无前进挡

故障现象：

（1）汽车倒挡行驶正常，在前进挡时不能行驶。

（2）操纵手柄在 D 位时不能起步，在 S 位、L 位（或 2 位、1 位）时可以起步。

故障原因

（1）前进离合器严重打滑。

（2）前进单向超越离合器打滑或装反。

（3）前进离合器油路严重泄漏。

（4）操纵手柄调整不当。

故障诊断与排除：

（1）检查操纵手柄的调整情况。如有异常，应按规定程序重新调整。

（2）测量前进挡主油路油压。若油压过低，说明主油路严重泄漏，应拆检自动变速器，更换前进挡油路上各处的密封圈和密封环。

（3）若前进挡的主油路油压正常，应拆检前进离合器。如摩擦片表面粉末冶金层有烧焦或磨损过甚，应更换摩擦片。

（4）若主油路油压和前进离合器均正常，则应拆检前进单向超越离合器。自动变速器无前进挡的故障诊断与排除程序如图 8-36 所示。

《自动变速器维修手册》所述方法检查前进单向超越离合器的安装方向是否正确以及有无打滑。如有装反，应重新安装；如有打滑，应更换新件。

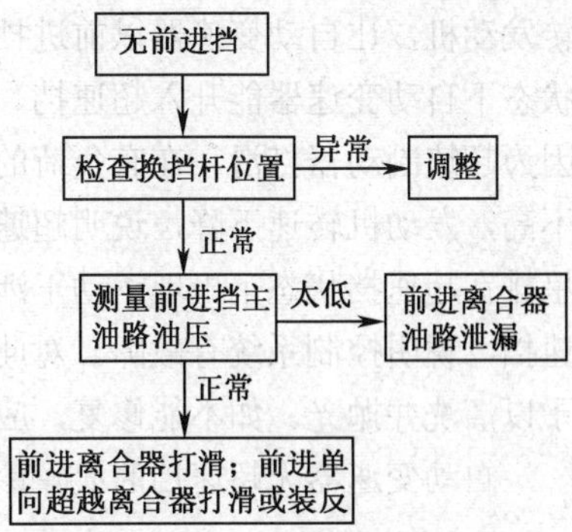

图 8-36　无前进挡的故障诊断与排除程序

7．无超速挡

故障现象：

（1）在汽车行驶中，车速已升高至超速挡工作范围，但自动变速器仍不能从 3 挡换入超速挡。

（2）在车速已达到超速挡工作范围后，采用提前升挡（即松开加速踏板几秒后再踩下）的方法也不能使自动变速器升入超速挡。

故障原因：

（1）超速挡开关有故障。

（2）超速电磁阀有故障。

（3）超速制动器打滑。

（4）超速行星排上的直接离合器或直接单向超越离合器卡死。

（5）挡位开关有故障。

（6）液压油温度传感器有故障。

（7）节气门位置传感器有故障。

（8）3-4 换挡阀卡滞。

故障诊断与排除：

（1）对于电子控制自动变速器，应先进行故障自诊断，检查有无故障代码。液压油温度传感器、节气门位置传感器、超速电磁阀等部件的故障都会影响超速挡的换挡控制。按显示的故障代码查找故障原因。

（2）检查液压油温度传感器在不同温度下的电阻值，并与标准值进行比较。如有异常，应更换液压油温度传感器。

（3）检查挡位开关和节气门位置传感器的信号。挡位开关的信号应和操纵手柄的位置相符。节气门位置传感器的电阻或输出电压应能随节气门的开大而上升，并与标准相符。如有异常，应予以调整。若调整无效，应更换挡位开关或节气门位置传感器。

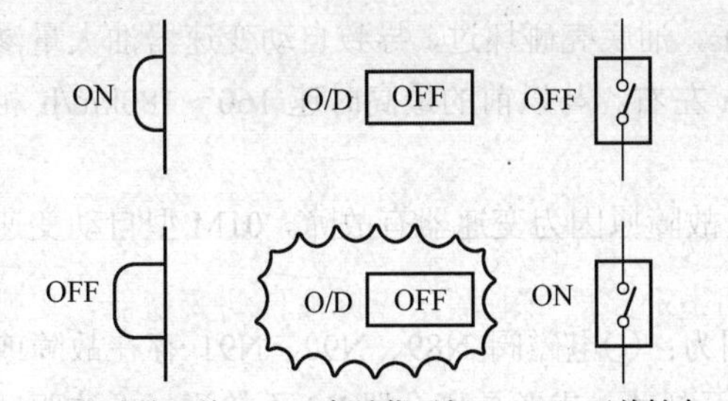

（a）超速挡开关　（b）超速指示灯　（c）开关触点

图 8-37　超速挡开关

（4）检查超速挡开关。在 ON 位置时，超速挡开关的触点应断开，超速指示灯不亮；在 OFF 位置时，超速挡开关的触点应闭合，超速指示灯亮起（见图 8-37）。如有异常，应检查电路或更换超速挡开关。

（5）检查超速电磁阀的工作情况。打开点火开关，但不要启动发动机，在按下超速挡开关时，检查超速电磁阀有无工作的声音。如果超速电磁阀不工作，应检查控制线路或更换超速电磁阀。

（6）用举升器将汽车升起，让驱动轮悬空。运转发动机，让自动变速器以前进挡工作，检查在空载状态下自动变速器的升挡情况。如果在空载状态下自动变速器能升入超速挡，且升挡车速正常，说明控制系统工作正常，不能升挡的故障原因为超速制动器打滑。在有负荷的状态下不能实现超速挡。如果能升入超速挡，但升挡后车速提不高，发动机转速下降，说明超速行星排中的直接离合器或直接单向超越离合器卡死，使超速行星排在超速挡状态下出现运动干涉，加大了发动机运转阻力。如果在无负荷状态下仍不能升入超速挡，说明控制系统有故障。对此，应拆卸阀板，检查 3-4 换挡阀。如有卡滞，可将阀心拆下，予以清洗并抛光。如不能修复，应更换阀板总成。

自动变速器无超速挡的故障诊断与排除程序如图 8-38 所示。

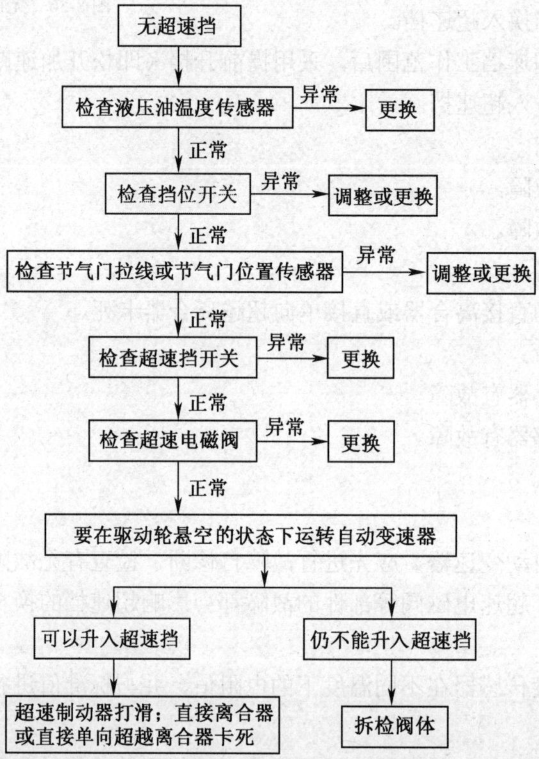

图 8-38 无超速挡开关的检查

案例分解：捷达都市先锋轿车无高速挡

（1）故障现象。一辆 1999 年生产的都市先锋轿车，油底壳碰坏过，导致自动变速器油大量渗漏。修理之后试车，发现最高时速只能达到 100km/h 左右。与以前的最高时速 160～180km/h 相比，相差太大。

（2）故障排除。检查后排除发动机故障可能性，故障原因为变速器有故障。01M 型自动变速器高速挡（4 挡）工作原理如图 8-39 所示。

根据高速挡工作原理，分析该车可能的故障原因为：①电磁阀 N89、N90、N91 存在故障或其控制油路堵塞，导致制动器 B8 不工作，大太阳轮不制动，或者是离合器 K3 不接通，无法驱动行星轮支架以及锁止离合器不接合，导致离合器打滑，发动机输出功率下降；②制动器 B2 存在故障，大太阳轮不制动；③离合器 K3 存在故障，行星轮架不被驱动；④锁止离合器打滑；⑤自动变速器油面偏低；⑥变速器油泵磨损，间隙大，油压低。

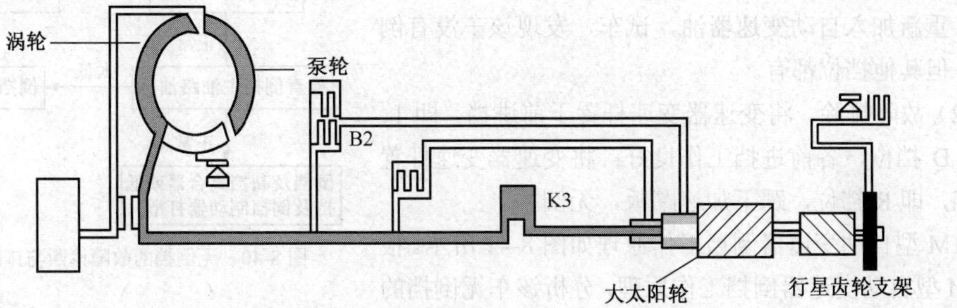

图 8-39　自动变速器高速挡（4 挡）工作原理

检修过程如下。

① 检查该车自动变速器油。拆下油底壳上用于检查自动变速器油的螺栓，放出溢流管处的自动变速器油。检查后确定该车自动变速器不缺少油。

② 对该车进行失速试验。试验结果 D 挡位失速时发动机转速为 2 000r/min 左右，正常，因此排除锁止离合器故障可能性。

③ 检查自动变速器油泵。检查油泵活塞接口是否锈住，活塞是否破裂以及齿轮之间啮合间隙，检查后确定、外良好，弹簧无脱落。

④ 检查大太阳轮制动器 B2 的内片（6 片）、外片（5 片）有无变形、烧蚀处，检查弹簧有无脱落。检查后确定内、外片良好，弹簧无脱落。

⑤ 检查 4 挡离合器 K3，发现 4 挡离合器内、各缺少 1 片、内片 5 片、外片 4 片；活塞环接口错位；涡轮槽中的圆形密封圈不到位。

重新更换 K3 内、外片，正确安装活塞环及涡轮槽中的圆形密封圈。

正确组装自动变速器，重新加注变速器油，对该车进行路试，高速挡工作正常，故障排除。

8．无倒挡

故障现象：

汽车在前进挡能正常行驶，但在倒挡时不能行驶。

故障原因：

（1）操纵手柄调整不当。

（2）倒挡油路泄漏。

（3）倒挡及高挡离合器或低挡及倒挡制动器打滑。

故障诊断与排除：

（1）检查操纵手柄的位置。如有异常，应按规定程序重新调整。

（2）检查倒挡油路油压。若油压过低，则说明倒挡油路泄漏。对此，应拆检自自动变速器，予以修复。

（3）若倒挡油路油压正常，应拆检自动变速器。更换损坏的离合器片或制动器片（制动带）。

自动变速器无倒挡的故障诊断与排除程序如图 8-40 所示。

案例分解：捷达都市先锋轿车无倒挡

（1）故障现象。一辆2002年生产的捷达都市先锋轿车，开车时不小心将变速器油底壳撞破，当时变速器油从破损处溢出，就近到其修理厂修补好变速器油底壳破损处，重新加入自动变速器油，试车，发现该车没有倒车挡，但其他挡位都有。

（2）故障排除。将变速器变速杆置于前进挡，即1、2、3、D挡位，各前进挡工作良好；将变速器变速杆置于倒挡，即R挡位，踩下加速踏板，无倒挡。

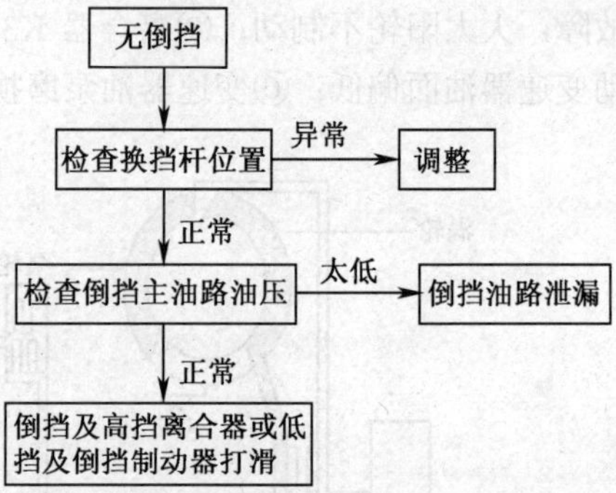

图8-40 无倒挡的故障诊断与排除程序

01M型自动变速器倒挡工作原理如图8-41所示。根据01M型自动变速器倒挡工作原理，分析该车无倒挡的故障原因主要如下。

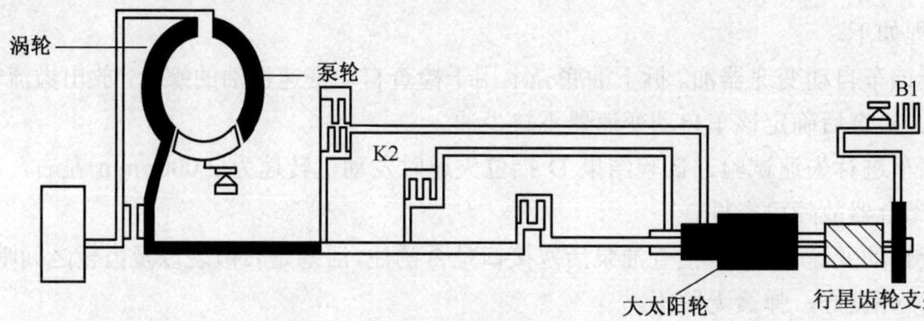

图8-41 01M型自动变速器倒挡工作原理示意图

① 倒挡离合器故障，导致大太阳轮不工作。

② 电磁阀N92故障或其控制的油路堵塞。

③ 制动器B1故障，导致行星齿轮支架无法固定，一直处于旋转工作状态，大太阳轮的旋转动力无法传至环齿圈。

④ 有关油路堵塞。

检修规程如下。

① 分解该车变速器，检查倒挡离合器K2及倒挡制动器B1。

a．分解倒挡离合器K2。拆卸自动变速器油泵，取出倒挡离合器K2，分解倒挡离合器K2。检查离合器K2的内片和外片有无受热变形，检查后发现内、外片均已因高温而变形，有退火现象，并有焦味。检查离合器K2活塞及弹簧，发现活塞及弹簧支撑板在离合器壳体内无法自由转动，均有受热膨胀变形的可能性，应更换离合器K2。

b．检查倒挡制动器B1。拆卸倒挡离合器K2及大太阳轮，拆卸滑阀箱和密封塞，然后取出倒挡制动器B1。检查制动器B1的内片和外片，确定其内、外片基本正常，无需更换。检查B1活塞倒挡活塞裙部挖断裂泄油处，辊子、弹簧安装位置牢靠，没有松脱现象，保持架与外环位置装配正确，无错位变形处。检查后确定倒挡制动器B1无故障，不需要更换。

② 检查润滑阀箱内的电磁阀N92，无故障，清洗有关油路，确定无堵塞现象。

③ 更换倒挡离合器K2，重新正确组装自动变速器，加注自动变速器油。

安装完毕后，对该车进行路试，倒挡工作正常，其他挡位工作良好，故障排除。

9．频繁跳挡

故障现象：

汽车以前进挡行驶时，即使加速踏板保持不动，自动变速器仍会经常出现突然降挡现象；降挡后发动机转速异常升高，并产生换挡冲击。

故障原因：

（1）节气门位置传感器有故障。

（2）车速传感器有故障。

（3）控制系统电路接地不良。

（4）换挡电磁阀接触不良。

（5）计算机有故障。

故障诊断与排除：

（1）对于电子控制自动变速器，应先进行故障自诊断。如有故障代码出现，按所显示的故障代码查找故障原因。

（2）测量节气门位置传感器。如有异常，应更换。

（3）测量车速传感器。如有异常，应更换。

（4）检查控制系统电路各条接地线的接地状态。如有接地不良现象，应予以修复。

（5）拆下自动变速器油底壳，检查各个换挡电磁阀线束接头的连接情况。如有松动，应予以修复。

（6）检查控制系统电脑各接线脚的工作电压。如有异常，应予以修复或更换。

（7）换一个新的阀板或计算机试一下。如果故障消失，说明原阀板或计算机损坏，应更换。

（8）更换控制系统所有线束。

自动变速器频繁跳挡的故障诊断与排除程序如图8-42所示。

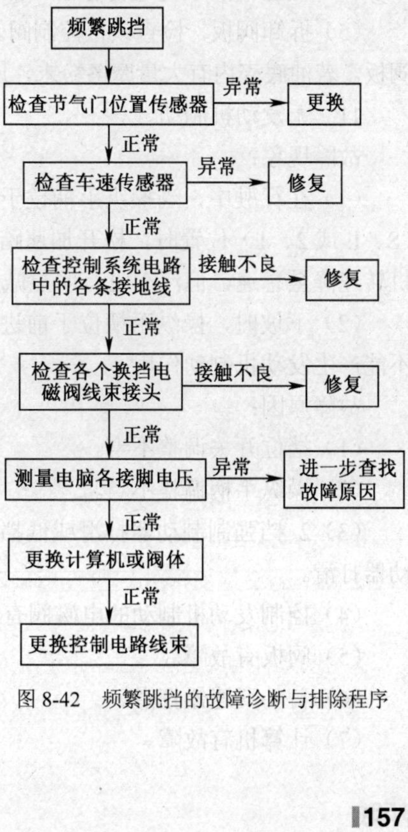

图 8-42　频繁跳挡的故障诊断与排除程序

案例分解：帕萨特 B5 Gsi 轿车自动变速器频繁跳挡

（1）故障现象。该车行驶中自动变速器频繁跳挡，且升挡时工作粗暴。

（2）故障排除。一般情况下，频繁跳挡的原因如下。

① 主油路压力不正常。

② 自动变速器阀体有故障。

③ 车速传感器有故障。

④ 转速传感器有故障。

⑤ 线路有故障。

⑥ 变速器控制单元有故障。

首先询问司机该车的一些情况，得知该车因发生碰撞事故，拆卸了自动变速器。先将车辆用汽车举升机举起，发现自动变速器的下部全是油污，分析可能是因为装配不良造成自动变速器油泄漏。再看变速器后部的车速传感器和转速传感器，其上面也是油污，用布擦净，发现左、右两插头插错了。正常情况下，左边为黑色插接器，右边为棕色插接器；而现在棕色插头却插到黑色插座里，黑色插头插到棕色插座里。

将两插接器按正确方法插接，用故障阅读仪清除故障码，再试车，故障排除。

（3）维修小结。自动变速器后部的两个传感器的配线长短不一，且有线卡，正常情况下不能插错。但该车肇事后。线卡没有，线也弄乱了，以致造成了此故障。一些不可能产生的故障，在某种特定环境下却可能发生，这应引起我们的注意。

10．挂挡后发动机怠速易熄火

故障现象：

（1）发动机怠速运转时将操纵手柄由P或N位换入R位、D位、S位、L位（或2位、1位）时发动机熄火。

（2）在前进挡或倒挡行驶中，踩下制动踏板停车时发动机熄火。

故障原因：

（1）发动机怠速过低。

（2）阀板中的锁止控制阀卡滞。

（3）挡位开关有故障。

（4）输入轴转速传感器有故障。

故障诊断与排除：

（1）在空挡或停车挡时，检查发动机怠速，正常的发动机怠速应为750r/min。若怠速过低，应重新调整。

（2）对于电子控制自动变速器，应先进行故障自诊断，按所显示的故障代码查找故障原因。

（3）检查挡位开关的信号，应与操纵手柄的位置相一致，否则应予以调整或更换。

（4）检查输入轴转速传感器。如有损坏，应更换。

（5）拆卸阀板，检查锁止控制阀。如有卡滞，应清洗抛光后装复。如仍不能排除故障，应更换阀板。若油底壳内有大量摩擦粉末，应彻底分解自动变速器，予以检修。排除程序如图8-43所示。

11．无发动机制动

故障现象：

（1）在行驶中，当操纵手柄位于前进低挡（S、L或2、1）位置时，松开加速踏板，发动机转速降至怠速，但汽车没有明显减速。

（2）下坡时，操纵手柄位于前进低挡，但不能产生发动机制动作用。

故障原因：

（1）挡位开关调整不当。

（2）操纵手柄调整不当。

（3）2 挡强制制动器打滑或低挡及倒挡制动器打滑。

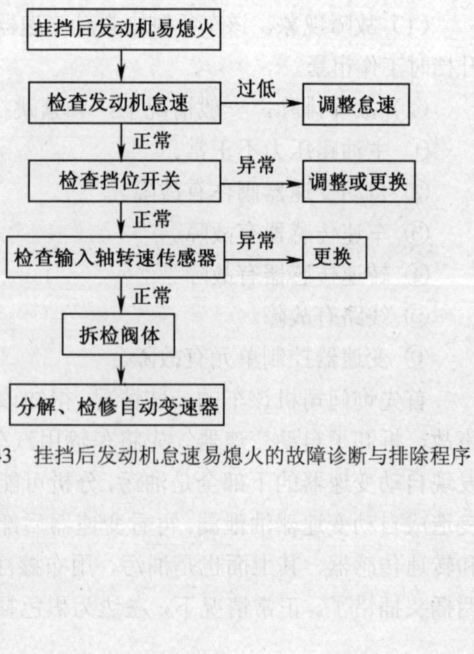

图8-43 挂挡后发动机怠速易熄火的故障诊断与排除程序

（4）控制发动机制动的电磁阀有故障。

（5）阀板有故障。

（6）自动变速器打滑。

（7）计算机有故障。

故障诊断与排除：

（1）对于电子控制自动变速器，应先进行故障自诊断，按所显示的故障代码查找故障原因。

（2）做道路试验，检查加速时自动变速器有无打滑现象。如有打滑，应拆修自动变速器。

（3）如果操纵手柄位于 S 位时没有发动机制动作用，但操纵手柄位于 L 位时有发动机制动作用，则说明 2 挡强制制动器打滑，应拆修自动变速器。

（4）如果操纵手柄位于 L 位时没有发动机制动作用，但操纵手柄位于 S 位时有发动机制动作用，则说明低挡及倒挡制动器打滑，应拆修自动变速器。

（5）检查控制发动机制动的电磁阀线路有，无短路或断路：电磁阀线圈电阻是否正常；通电后有无工作声音，如有异常，应修复或更换。

（6）拆卸阀板总成，清洗所有控制阀。阀心如有卡滞可抛光后装复。如抛光后仍有卡滞，应更换阀板。

（7）检测计算机各接脚电压。要特别注意与节气门位置传感器、挡位开关连接的各接脚的电压。如有异常，应做进一步的检查。

（8）更换一个新的计算机试一下。如果故障消失，说明原计算机损坏，应更换动变速器无发动机制动的故障诊断与排除程序如图 8-44 所示。

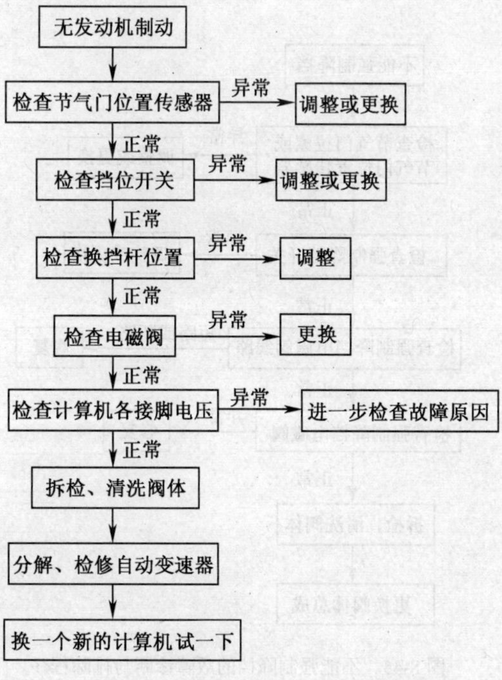

图 8-44 无发动机制动的故障诊断与排除程序

12．不能强制降挡

故障现象：

当汽车以 3 挡或超速挡行驶时，突然将加速踏板踩到底，自动变速器不能立即降低一个挡位，致使汽车加速无力。

故障原因：

（1）节气门拉索或节气门位置传感器调整不当。

（2）强制降挡开关损坏或安装不当。

（3）强制降挡电磁阀损坏或线路短路、断路。

（4）阀板中的强制降挡控制阀卡滞。

故障诊断与排除：

（1）检查节气门拉索或节气门位置传感器的安装情况，如有异常，应按标准重新调整。

（2）检查强制降挡开关。在加速踏板踩到底时，强制降挡开关的触点应闭合；松开加速踏板时，强制降挡开关的触点应断开。如果加速踏板踩到底时强制降挡开关触点没有闭合，可用手直接按动强制降挡开关。如果按下开关后触点能闭合，说明开关安装不当，应重新调整；如果按下开关后触点仍不闭合，说明开关损坏，应予以更换。

（3）对照电路图，在自动变速器线束插头处测量强制降挡电磁阀。如有异常，则故障原因可能是线路短路、断路或电磁阀损坏。对此，应检查线路或更换电磁阀。

（4）打开自动变速器油底壳，拆下强制降挡电磁阀，检查电磁阀的工作情况。如有异常，应予以更换。

（5）拆卸阀板总成，分解并清洗强制降挡控制阀，阀心如有卡滞，可进行抛光。若无法修复，则应更换阀板总成。自动变速器不能强制降挡的故障诊断与排除程序如图 8-45 所示。

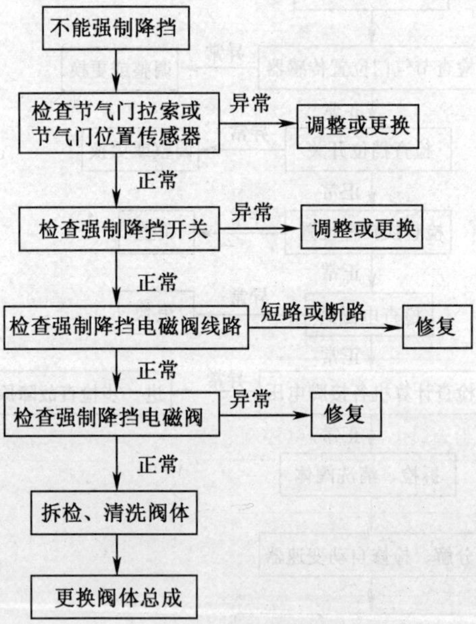

图 8-45 不能强制降挡的故障诊断与排除程序

13．无锁止

故障现象：

（1）汽车行驶中车速、挡位已满足锁止离合器起作用的条件，但锁止离合器仍没有产生锁止作用。

（2）汽车油耗较大。

故障原因：

（1）液压油温度传感器有故障。

（2）节气门位置传感器有故障。

（3）锁止电磁阀有故障或线路短路，断路。

（4）锁止控制阀有故障。

（5）变矩器中的锁止离合器损坏。

故障诊断与排除：

（1）对于电子控制自动变速器，应先做故障自诊断，检查有无故障代码。如有故障代码则可按显示的故障代码查找相应的故障原因，与锁止控制有关的部件包括液压油温度传感器、节气门位置传感器、锁止电磁阀等。

（2）检查节气门位置传感器，如果在一定节气门开度下的节气门位置传感器输出电压过高或电位计电阻过大，应予以调整。若调整无效，应更换节气门位置传感器。

（3）打开油底壳，拆下液压油温度传感器。检测液压油温度传感器如不符合标准，应更换液压油温度传感器。

（4）测量锁止电磁阀。如有短路或断路，应检查电路。如电路正常，则应更换电磁阀。

（5）拆下锁止电磁阀，检查锁止电磁阀，如有异常，应予以更换。

（6）拆下阀板，分解并清洗锁止控制阀。如有卡滞，应抛光后装复。如不能修复，应更换阀板。

（7）若控制系统无故障，则应更换变矩器。自动变速器无锁止的故障诊断与排除程序如图 8-46 所示。

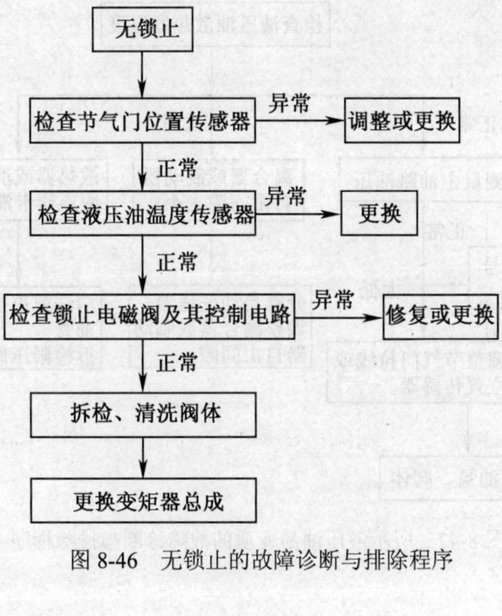

图 8-46　无锁止的故障诊断与排除程序

14．液压油易变质

故障现象：

（1）更换后的新液压油使用不久即变质。

（2）自动变速器温度太高，从加油口处向外冒烟。

故障原因：

（1）汽车使用不当，经常超负荷行驶，如经常用于拖车，或经常急加速、超速行驶等。

（2）液压油散热器管路堵塞。

（3）通往液压油散热器的限压阀卡滞。

（4）离合器或制动器自由间隙太小。

（5）主油路油压太低，离合器或制动器在工作中打滑。

故障诊断与排除：

（1）让汽车以中低速行驶5～10min，待自动变速器达到正常工作温度后，在发动机运转过程中检查自动变速器液压油散热器的温度。在正常情况下，液压油散热器的温度可达60℃左右。若液压油散热器的温度过低，说明油管堵塞，或通往液压油散热器的限压阀卡滞。这样，液压油得不到及时的冷却，油温过高，导致变质。

（2）若液压油散热器的温度太高，说明离合器或制动器自由间隙太小。对此，应拆卸自动变速器，予以调整。

（3）若液压油温度正常，应测量主油路油压，若油压太低，应检查节气门拉索或节气门位置传感器的调整情况。若节气门拉索或节气门位置传感器安装正常，应拆卸自动变速器，检查油泵是否磨损过甚、阀板内的主油路调压阀和节气门阀有无卡滞、主油路有无漏油处。

（4）若上述检查均正常，则故障可能是汽车经常超负荷行驶所致，或未按规定使用合适牌号的液压油所致。对此，可将液压油全部放出，加入规定牌号和数量的液压油。

自动变速器液压油易变质的故障诊断与排除程序如图8-47所示。

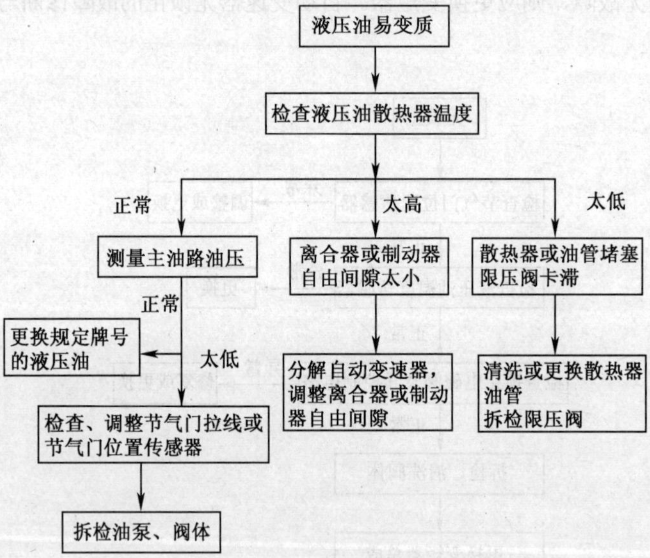

图8-47 所示液压油易变质的故障诊断与排除程序

学习测试

课题一　自动变速器概述

（请同学们在老师的指导下完成本任务。）

1．根据自动变速器分类方式说出你观察到的自动变速器的形式：

____

____

2．想一想，写出宝马 ZF4HP22EH 和 GM 公司 4T60E 自动变速器的型号含义：

____

____

____

3．根据自己的解剖实物观察，指出下图中的总成和零件名称,零件总成名称：

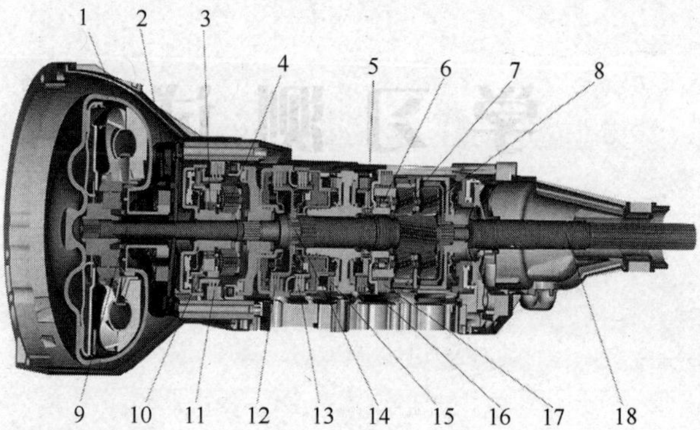

1）________________	10）________________
2）________________	11）________________
3）________________	12）________________
4）________________	13）________________
5）________________	14）________________
6）________________	15）________________
7）________________	16）________________
8）________________	17）________________
9）________________	18）________________

4．自动变速器主要由__________、__________、__________等几个部分组成。

5．变速器在汽车传动系中主要起____________和____________的作用。

6．完成下列表格：

分类方式	自动变速器的类型
按照汽车驱动方式的不同	
按液力变矩器的类型	
按传动机构的类型	
按控制方式不同	

我想对老师您说：

同学：

年　月　日

老师对您说：

老师：

年　月　日

课题二　液力变矩器

（请同学们在老师的指导下完成本任务。）

先由学员各自尽可能地自行完成如下工作页。然后，在教师的指导下完成本任务。

观察液力变矩器的认识和液力变矩器的检验任务工作页

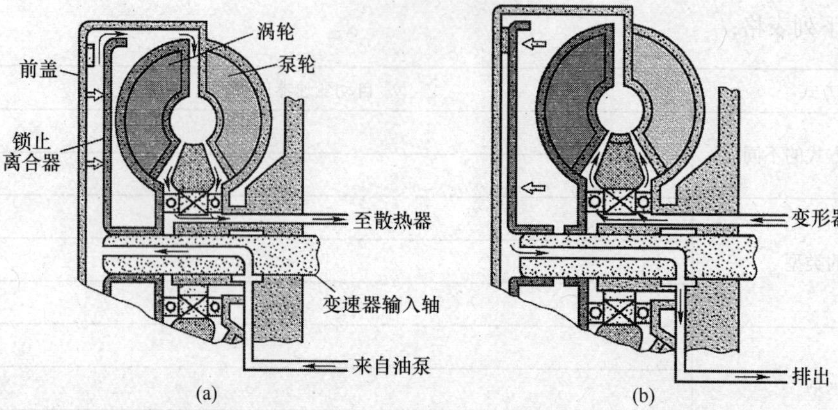

图 2-1

1．写出图 2-1（a）、（b）的工作原理

____

____

____

____

____

____

2．检查变矩器安装位置（见图 2-2）

用游标尺和直尺测量从变矩器安装面至变速器壳体前端面的距离。

正确距离：____________mm

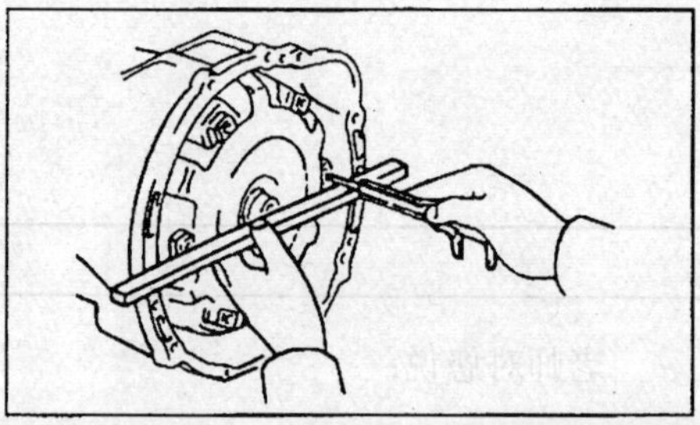

图 2-2

3．单级双相三元件综合式液力变矩器的理解

单级：______________________________

双相：______________________________

三元件：______________________________

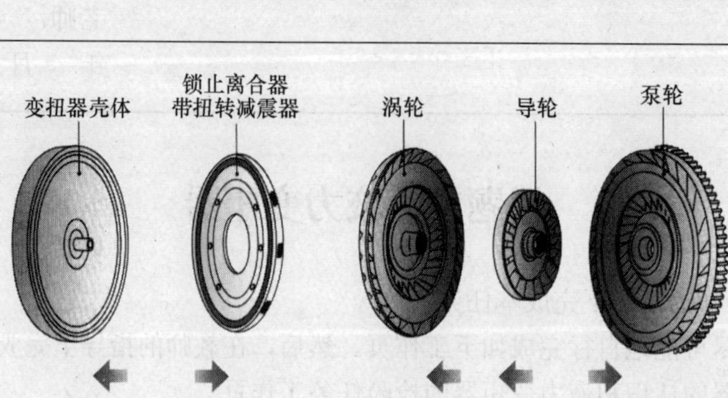

图 2-3

4．导轮的作用及工作原理

____

____

____

____

____

____

____

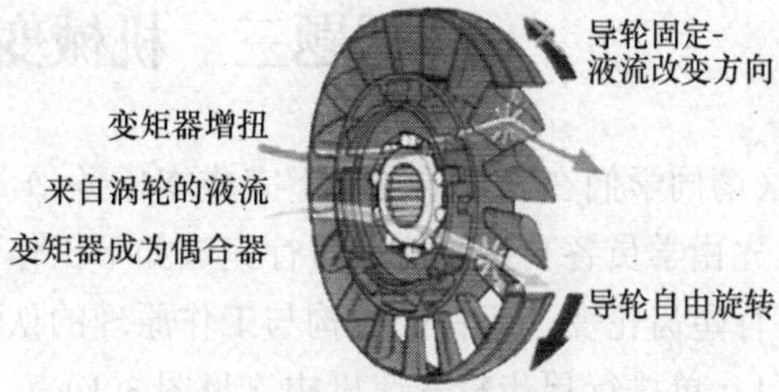

图 2-4

5．锁止离合器的作用及工作原理

____

____

____

____

____

____

____

____

____

____

图 2-5

我想对老师您说：

同学：

年　月　日

老师对您说：

老师：

年　月　日

课题三　机械变速机构的工作原理

（请同学们在老师的指导下完成本任务。）

先由学员各自尽可能地自行完成如下工作页。然后，在教师的指导下完成本任务。

行星齿轮变速机构的结构与工作原理的认识任务工作页

1．单排行星齿轮变速机构（见图 3-1）

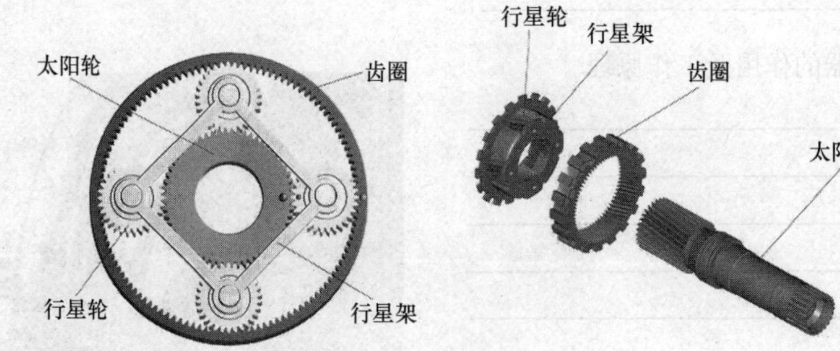

图 3-1　单排行星齿轮机构

2．请按照实物动手并填写（单排行星齿轮机构工作原理）下表 3-1：

状态	固　定	主动部件	从动部件	旋转速度	旋转方向
1	内齿圈	太阳齿轮	齿轮架		
2		齿轮架	太阳齿轮		
3	太阳齿轮	内齿圈	齿轮架		
4		齿轮架	内齿圈		
5	齿轮架	太阳齿轮	内齿圈		
6		内齿圈	太阳齿轮		

3．辛普森式齿轮变速机构组成（见图 3-2）

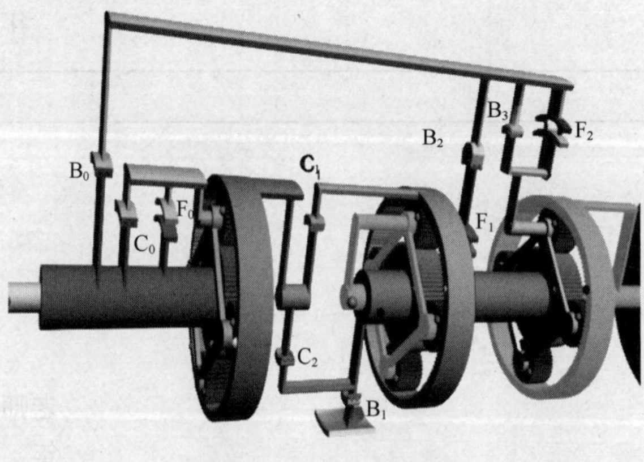

图 3-2　辛普森 A341E

4．按图 3-2 完成以下表格传动路线：

D1	工 作 原 件									
	C0	C1	C2	B0	B1	B2	B3	F0	F1	F2
D2										
D3										
D4										
2 位 1										
2 位 2										
2 位 3										
L1										
L2										
R										

5．拉维娜式齿轮变速机构组成（见图 3-3）

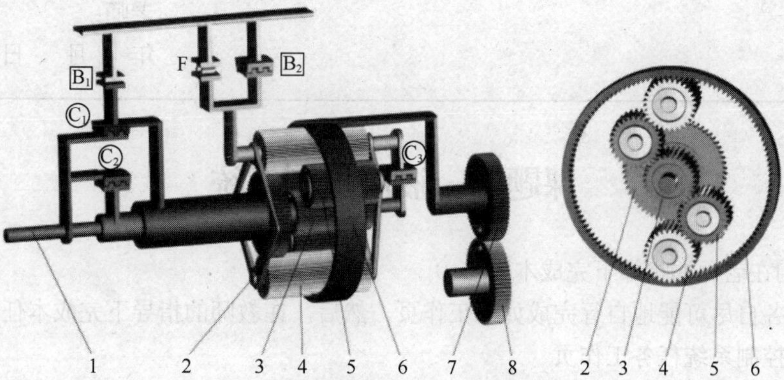

图 3-3　拉维娜式齿轮变速机构

6．写出拉维娜式齿轮变速机构零件名称

拉维娜式齿轮变速机构零件名称	1.	2.	3.	4.
	5.	6.	7.	8.

7．写出拉维娜式齿轮变速机构各档位传动路线

D1：______

D2：______

D3：______

D4：______

R：______

我想对老师您说：

同学：

年　月　日

老师对您说：

老师：

年　月　日

课题四　液压控制系统

（请同学们在老师的指导下完成本任务。）

先由学员各自尽可能地自行完成如下工作页。然后，在教师的指导下完成本任务。

分解液压控制系统任务工作页

1．根据下图完成表格任务

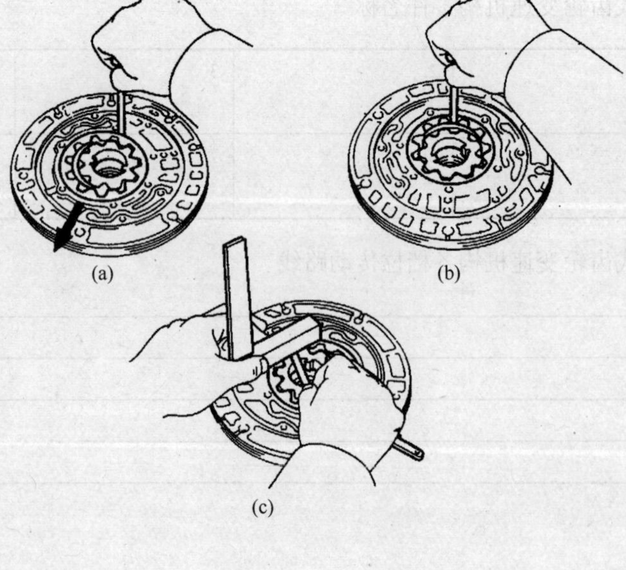

(a)　(b)　(c)

检查从动齿轮顶的间隙（mm）	
标准齿顶间隙	0.11～0.14
最大齿顶间隙	0.3
实际测量的间隙	

检查驱动齿轮与从动齿轮的侧隙（mm）	
标准侧隙	0.02～0.05
最大侧隙	0.1
实际测量的侧隙	

检查从动齿轮与泵体的间隙（mm）	
标准间隙	0.07～0.15
最大间隙	0.3
实际测量的间隙	

2．完成下列画线

液压控制系统的液压原理____

____

____

____

____

液压控制系统由______________、______________和______________机构三部分组成。

液压控制系统一般由__________、__________、__________、__________等组成

液压控制系统有两种操纵方式______________，______________。

我想对老师您说：

同学：

年　月　日

老师对您说：

老师：

年　月　日

课题五　电子控制系统

（请同学们在老师的指导下完成本任务。）

先由学员各自尽可能地自行完成如下工作页。然后，在教师的指导下完成本任务。

观察电子控制系统任务工作页

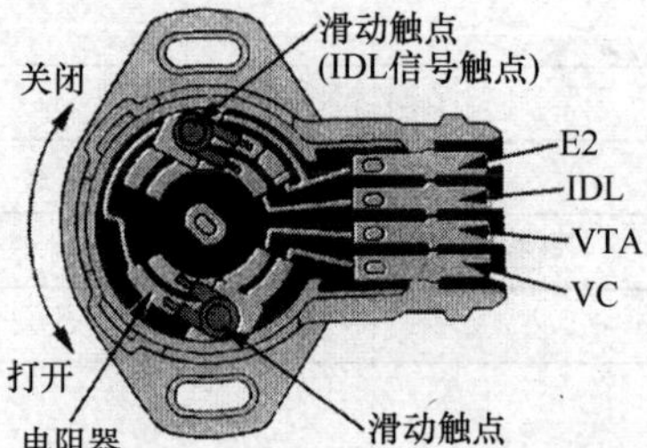

图 5-1　线性可变电阻型节气门位置传感器

1．节气门的检测

图 5-1 线性节气门位置传感器电阻测试表

限位螺钉与限位杆间隙（或节气门开度）	端子名称	实测电阻值
0mm	VTA-E2	
0.45mm	IDL-E2	
0.55mm	IDL-E2	
节气门全开	VTA-E2	
-	VC-E2	

图 5-1 线性节气门位置传感器电压测试表

端子	条件	标准电压	实测电压
IDL-E2	节气门全开	9-14V	
VC-E2	-	4.0-5.5V	
VTA-E2	节气门全闭	0.3-0.8V	
	节气门全开	3.2-4.9V	

图 5-2　车速传感器感应线圈的电阻测量

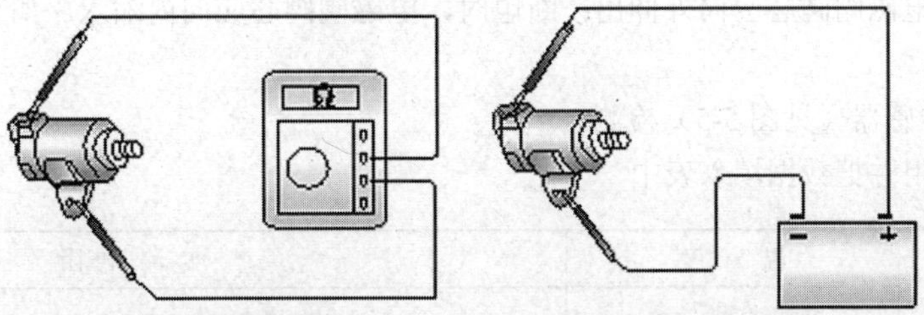

(a) 检查电磁阀的电阻　　(b) 检查电磁阀的动作

图 5-3　开关电磁阀检查

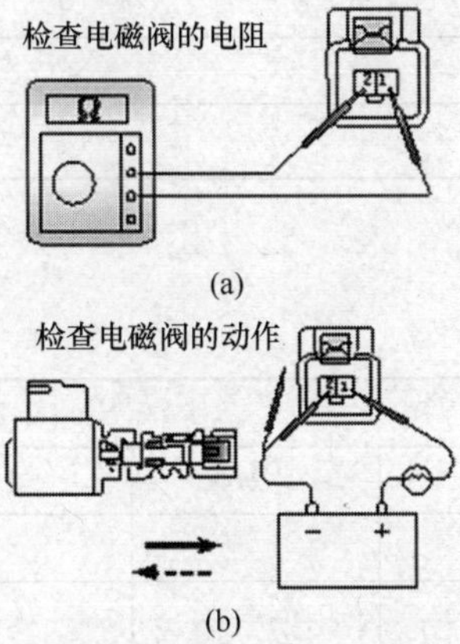

图 5-4　线性脉冲式电磁阀

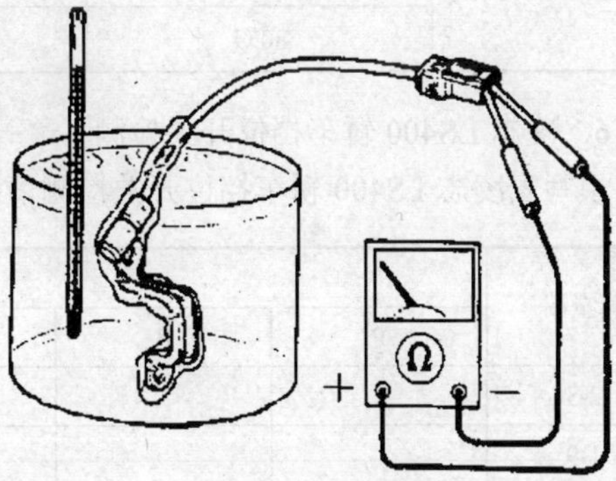

图 5-5　油温传感器

2．车速传感器检测

图 5-2 车速传感器感应线圈的电阻测量

车速传感器感应线圈的实测电阻

3．开关电磁阀检测

开关电磁阀标准电阻	开关电磁阀实测电阻
10～30Ω	

（1）图 5-3 开关电磁阀检查。

（2）检查电磁阀的动作。将 12V 电源施加在电磁阀线圈上，

此时应能听到电磁阀工作时的"咔嗒"声。否则，说明阀芯卡住，应更换电磁阀

4．线性脉冲式电磁阀检测

线性脉冲式电磁阀标准电阻	线性脉冲式电磁阀实测电阻
2～6Ω	

（1）图 5-4 所示为线性脉冲式电磁阀。

（2）将蓄电池电源串联一个 8～10W 的灯泡，然后与电磁阀线圈连接。注意：线性脉冲式电磁阀不能直接用 12V 电压接。

通电时，电磁阀阀芯应向外伸出；断电时，电磁阀阀芯应向内缩入。如有异常，说明电磁阀损坏，应更换。

5．油温传感器（见图 5-5）检测

实测出电阻并把数据填入表中

	温　度	实 测 电 阻
油温传感器	0℃	
	20℃	
	40℃	
	60℃	
	80℃	

6．凌志 LS400 轿车挡位开关检测

填写表凌志 LS400 轿车挡位开关检测情况

测量端	手动阀摇臂位置					
	P	R	N	D	2	L
2-3						
1-9						
4-9						
5-9						
6-9						
7-9						
8-9						

注：O—— 导通；　　X——不导通

请完成下列划线空格：

（1）电子控制装置由各种__________、__________、__________及__________等组成

（2）车速传感器安装在自动变速器__________附近，它是一种__________转速传感器，用于检测__________________的转速。

（3）汽车发动机的节气门是由__________________操纵的，以便根据__________________发动机的运转。

(4)开关式电磁阀的作用是______________________,通常用于______________________及______________________的工作。

(5) 电子控制系统由一个____________、____________、____________等组成

我想对老师您说：   同学： 年　月　日

老师对您说：   老师： 年　月　日

课题六　自动变速器的使用、维护、和测试

(请同学们在老师的指导下完成本任务。)

先由学员各自尽可能地自行完成如下工作页。然后，在教师的指导下完成本任务。

1. 检查自动变速器任务工作

2. 自动变速器试验任务工作

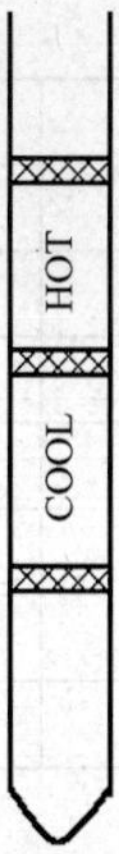

1. 油位的检查方法

____

____

____

____

____

____

____

____

____

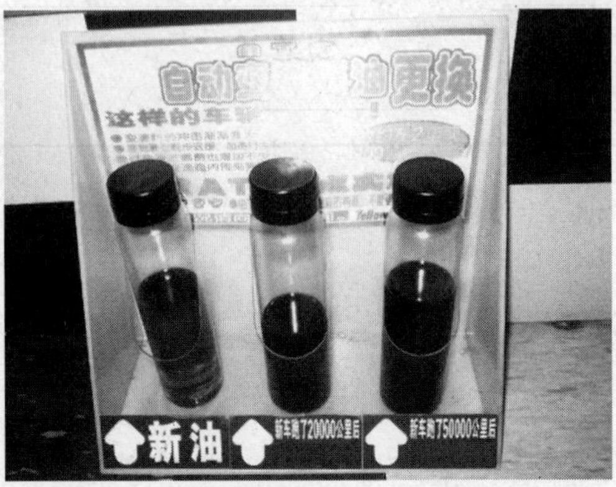

2．我的变速器油使用了一段时间后，如何知道是否应该换油？？？

请写出 ATF 品质判断方法：

____

____

____

____

____

____

____

3．写出手控换档试验作用以及完成下表格

换档位置	“D”档位	“2”档位	“L”档位	“R”档位	“P”档位
档　位					

4．完成下列划线表格及符号含义：

自动变速器挡拉有__________和__________两种。六个位置的挡位标识一般是__________位，七个位置挡位标识一般是__________位，也有的标为__________。

P——______________________________

R——______________________________

N——______________________________

D——______________________________

S——______________________________

L——______________________________

在变换选柄手柄位置时，必须先按下选挡手柄上方的选挡手柄__________，否则无法移动选挡手柄。

5．填写变速器压力与相应的可能故障原因

压力	换档杆位置	症　状	可能的故障原因	油液压力，kPa	
				标准值	维修极限
管路	N 或 P	无（或低）管路压力		800～860	760
1 档离合器	1	无（或低）1 档压力			
2 档离合器	2	无（或低）2 档压力			
3 档离合器	D4	无（或低）3 档压力			
4 档离合器	D4	无（或低）4 档压力			
	R				

我想对老师您说：

同学：

年　月　日

老师对您说：

老师：

年　月　日

课题七　读取和消除自动变速器故障码

（请同学们在老师的指导下完成本任务。）

先由学员各自尽可能地自行完成如下工作页。然后，在教师的指导下完成本任务。

读取和消除自动变速器故障码任务工作页

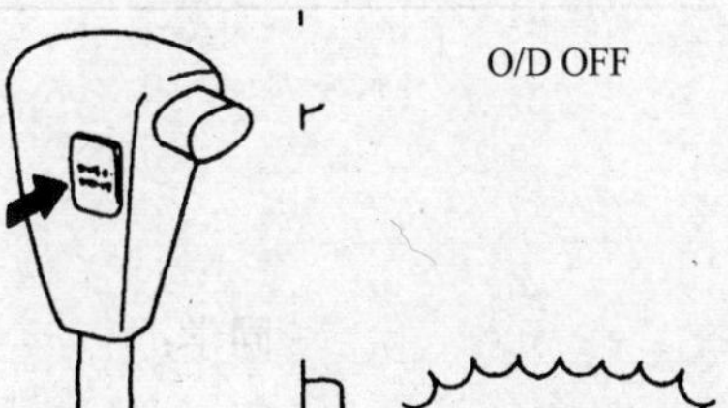

超速主开关的接通与断开

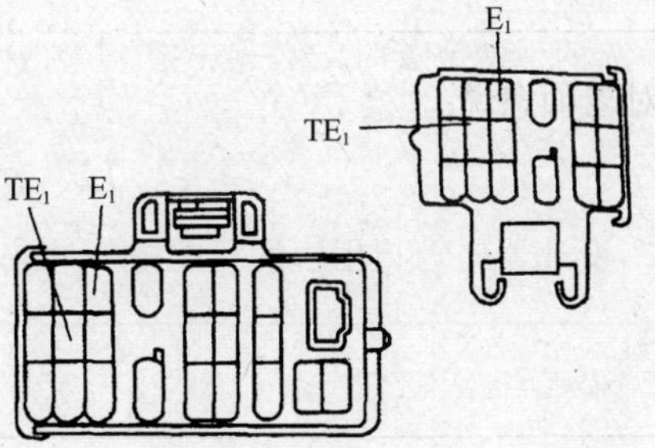

检测插头上的TE_1和E_1端子

1．人工读取故障代码时注意条件和怎样读取故障代码：

2．如何使用元征 X-431 解码器诊断故障

3．完成下列自诊断的流程图：

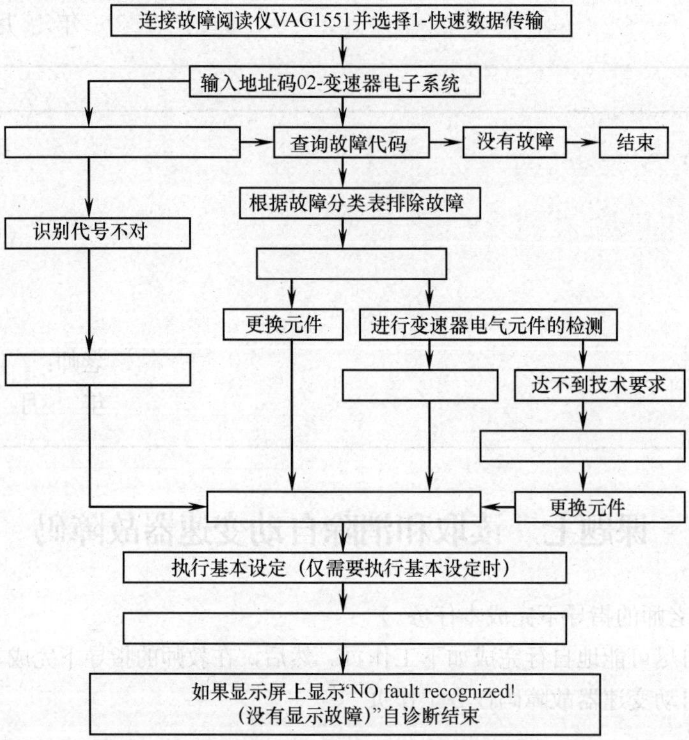

我想对老师您说：

同学：

年　月　日

老师对您说：

老师：

年　月　日

课题八 自动变速器的拆装与故障维修

（请同学们在老师的指导下完成本任务。）

先由学员各自尽可能地自行完成如下工作页。然后，在教师的指导下完成本任务。

自动变速器拆装和总成的拆装任务工作页。

丰田 A341E 自动变速器拆装记录评分表 1

组别：________选手编号：________姓名：________台架编号：________

1．安装检查（15 分，每空 1 分，要求学生在 3 分钟内完成）。

用 400～800KPa 压缩空气和百分表检查活塞行程或用塞尺检查间隙。

序号	检 查 项 目	技术要求（单位：mm）	评分	得分
1	超速挡离合器活塞行程			
2	直接挡离合器活塞行程			
3	二档强制制动器活塞杆行程			
4	超速档制动器活塞行程应为			
5	前进档离合器组件间隙			
6	二档制动器组件间隙			
7	低/倒档制动器组件间隙			
8	输出轴轴向间隙			

2．各主要部位螺柱规定力矩

序号	各部位名称	力矩（单位：N.m）	评分	得分
1	前壳体			
2	后壳体			
3	输出法兰螺母			
4	阀体、滤网			
5	油底盘			
6	油泵			
7	超速支架			

3．注意事项

（1）安全作业。

（2）零件清洁和加入 AFF 油液中。

（3）各止推垫片、止推轴承弹簧位置不可错乱。

（4）卡环开口位置。

（5）工具、零件分类摆放。

（6）各零部件与间隙检查。

（7）同一平面螺柱上紧顺序力矩与要求。

（8）其他均参照自动变速器的维修手册进行作业

丰田 A341E 自动变速器拆装评分表 2

组别：________选手编号：________姓名：________台架编号：________

开始时间________________　　结束时间：________________

1．分解工艺（配分 30 分，1 分/项）

	项　　目	评分记录					总得分
		漏装	重装	未装	漏检	扣分	
1	车速、转速传感器						
2	转速从动轮						
3	输出法兰						
4	后壳体						
5	转速主动齿轮						
6	前壳体						
7	油底壳						
8	滤网						
9	阀体						
10	止回阀						
11	蓄压器（4 只）、　驻车锁定杆						
12	弹簧片、制动鼓密封垫（管）						
13	二档强制动器活塞、推杆、卡环等元件						
14	油泵						
15	超速行星架、超速离合器						
16	超速齿圈						
17	超速制动元件（检查磨损程度）						
18	超速支架						
19	高/倒档离合器、前进档离合器						
20	二档强制制动带（检查磨损程度）						
21	前齿圈						
22	输出轴						
23	前行星架						
24	二档单向离合器						
25	前、后太阳轮与输入转鼓						
26	后齿圈、低档单向离合器、后行星架、低/倒档制动器						
27	分解超速离合器						
28	分解高/倒档离合器						
29	分解前进档离合器						
30	分解前、后太阳轮与输入转鼓						
本 题 总 得 分							

注：1．可免拆空档起动开关、手动阀拉杆轴

2．1—6 项拆卸可不分先后。

3．举手示意分解完毕

2．装配工艺（配分 35 分，1 分/项）

项目		评分记录					
		漏装	重装	未装	漏检	扣分	总得分
1	组装超速离合器						
2	组装高/倒档离合器、止推垫圈						
3	组装前进档离合器						
4	止推轴承、后齿圈、止推轴承、止推垫圈、后行星架						
5	低/倒档制动器元件、卡环						
6	二档制动鼓、卡环						
7	止推垫圈、二档离合器						
8	二档制动元件、卡环						
9	活塞衬套						
10	止推垫圈、前后太阳轮与输入转鼓组合后装入						
11	止推轴承、前行星架						
12	输出轴、卡环						
13	二档强制制动带、销、卡环						
14	止推轴承、前齿圈、止推轴承						
15	高/倒档离合器、前进档离合器、止推轴承						
16	二档强制制动活塞、推杆元件、卡环						
17	止推垫圈、超速支架、固定螺柱、卡环						
18	超速制动元件、卡环						
19	止推轴承、超速齿圈、止推轴承						
20	（超速行星架、超速离合器）止推轴承						
21	油泵、紧固螺柱（转动检查输入轴、输出轴）						
22	卡簧片、驻车锁定杆、销、弹簧、（检查驻车锁）制动鼓密封垫（管）						
23	蓄压器（4 只）、止回阀						
24	阀板						
25	滤网						
26	油底壳						
27	转速主动齿、后壳体						
28	输出法兰						
29	转速从动齿、传感器						
30	前壳体						
31	安全文明操作。						
本题总得分							

注　1：举手示意装配完毕。

　　2：27～28 项装配可不分先后。

我想对老师您说：

同学：

年　月　日

老师对您说：

老师：

年　月　日

工 作 测 试

课题一　自动变速器概述

请同学们仔细观察自动变速器，并完成以下任务：

一、自我评价

1. 请填写下表根据自己的解剖实物观察，指出下图中的总成和零件名称，并说出它们的作用，零件总成名称：

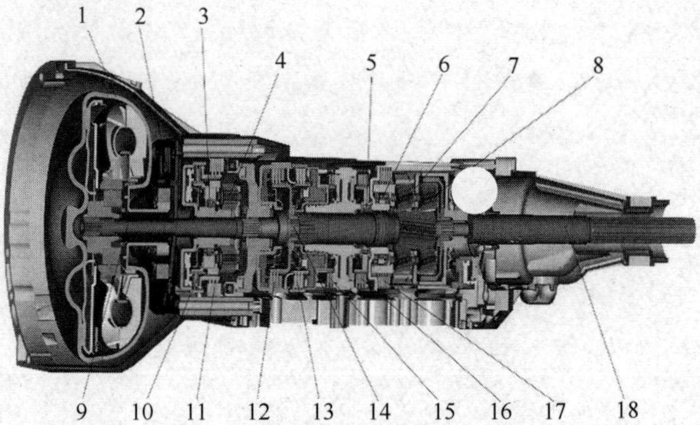

1）＿＿＿＿＿＿＿＿　10）＿＿＿＿＿＿＿＿

2）＿＿＿＿＿＿＿＿　11）＿＿＿＿＿＿＿＿

3）＿＿＿＿＿＿＿＿　12）＿＿＿＿＿＿＿＿

4）＿＿＿＿＿＿＿＿　13）＿＿＿＿＿＿＿＿

5）＿＿＿＿＿＿＿＿　14）＿＿＿＿＿＿＿＿

6）＿＿＿＿＿＿＿＿　15）＿＿＿＿＿＿＿＿

7）＿＿＿＿＿＿＿＿　16）＿＿＿＿＿＿＿＿

8）＿＿＿＿＿＿＿＿　17）＿＿＿＿＿＿＿＿

9）＿＿＿＿＿＿＿＿　18）＿＿＿＿＿＿＿＿

部件及总成名称	各部件份的安装位置
	自动变速器
液力变扭器	
单排行星齿轮	
离合器 B。	
离合器 B1	
离合器 B2	
离合器 B3	
制动器 C。	
离合器 C1	
离合器 C2	

续表

部件及总成名称	各部件份的安装位置
	自动变速器
离合器 C3	
单向超越离合器 F。	
单向超越离合器 F1	
单向超越离合器 F2	
单向超越离合器 F3	

2．观察自动变速器与手动变速器的不同之处，其优缺点是什么？

3．工作情况评价

（1）着装规范否：__________

（2）能否主动参与工作现场的清洁与整理？

评价：__________

（3）整个自动变速器外观观察过程中，你能否准确找到组成变速器的各部件及总成？

评价：__________

（4）你对学习任务过程是否满意？与小组同学的合作是否愉快？

评价：__________

（5）哪些方面应该改进？

签名：__________ ____年____月____日

二、小组评价：

序号	项　　目	评　　价
1	与他人交流是否顺畅	
2	是否尊重他人	
3	学习主动否	
4	服从安排否	
5	着装是否符合标准	
6	能否领会他人提出的问题	
7	操作是否规范	
8	能辨别工作环境安全否	
9	合理使用工具否	
10	是否注意保持学习环境的整洁	
11	遵守学习场所规章制度否	

续表

序号	项　目	评　价
12	是否有工作责任心	
13	迟到早退否	
14	能否接受改进意见	
15	团队精神如何	

参评同学签名：＿＿＿＿＿＿＿＿＿＿＿＿　＿＿＿年＿＿月＿＿日

三、教师评价

教师总体评价：

教师签名：＿＿＿＿＿　＿＿＿年＿＿月＿＿日

课题二　液力变矩器

请同学们仔细观察液力变矩器，并完成以下任务：

一、自我评价

1．观察液力变矩器的认识和液力变矩器的检验任务工作页

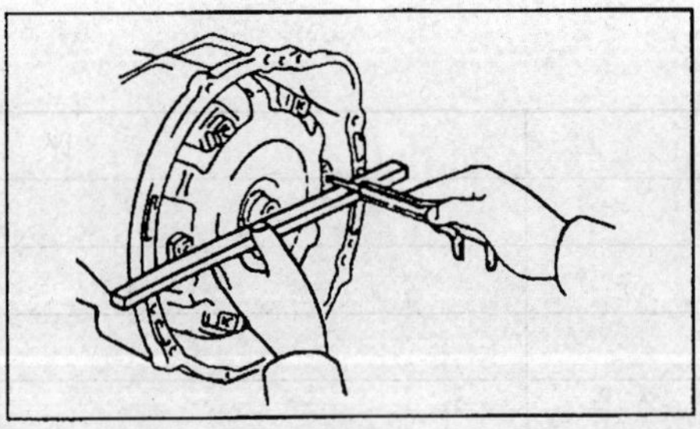

图 2-1

2．检查变矩器安装位置（见图 2-1）

用游标尺和直尺测量从变矩器安装面至变速器壳体前端面的距离。

正确距离：＿＿＿＿＿＿＿＿mm

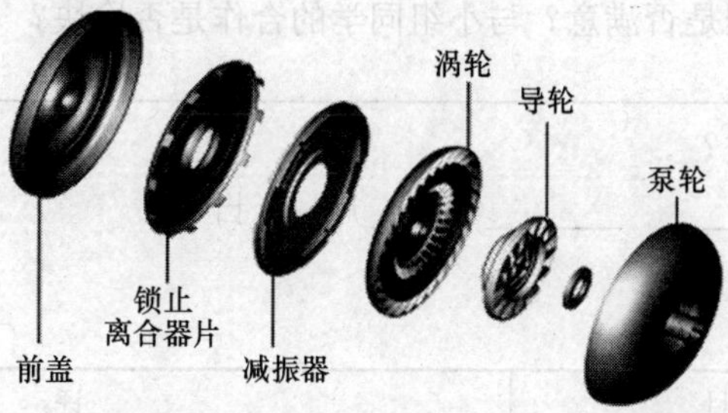

图 2-2

3．液力变矩器损坏的常见原因（见图 2-2）

4．液力变矩器的常见故障（图 2-2）

5．液力变矩器和检查

6．工作情况评价

（1）着装规范否：

（2）能否主动参与工作现场的清洁与整理？

评价：

（3）整个检查过程中，你能否准确有序的测量变矩器安装面至变速器壳体前端面？

评价：

（4）你对学习任务过程是否满意？与小组同学的合作是否愉快？

评价：____

（5）哪些方面应该改进？

签名：____________ ______年____月____日

二、小组评价：

序号	项　目	评　价
1	与他人交流是否顺畅	
2	是否尊重他人	
3	学习主动否	
4	服从安排否	
5	着装是否符合标准	
6	能否领会他人提出的问题	
7	操作是否规范	
8	能辨别工作环境安全否	
9	合理使用工具否	
10	是否注意保持学习环境的整洁	
11	遵守学习场所规章制度否	
12	是否有工作责任心	
13	迟到早退否	
14	能否接受改进意见	
15	团队精神如何	

参评同学签名：________________________ ______年____月____日

三、教师评价

教师总体评价：

教师签名：__________ ______年____月____日

课题三　机械变速机构的工作原理

请同学们仔细观察机械变速机构，并完成以下任务：

一、自我评价

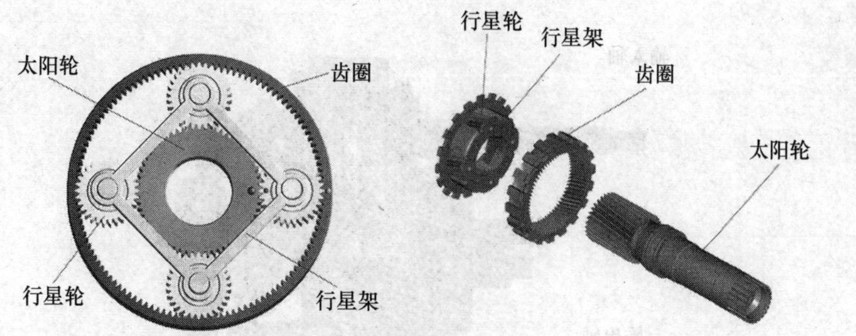

图 3-1 单排行星齿轮机构

1．请按照实物动手并填写（单排行星齿轮机构工作原理）下表中。

状　态	固　定	主动部件	从动部件	旋转速度	旋转方向
1	内齿圈	太阳齿轮	齿轮架		
2		齿轮架	太阳齿轮		
3	太阳齿轮	内齿圈	齿轮架		
4		齿轮架	内齿圈		
5	齿轮架	太阳齿轮	内齿圈		
6		内齿圈	太阳齿轮		

2．观察实物动手并且填写其名称

1）________________ 7）________________

2）________________ 8）________________

3）________________ 9）________________

4）________________ 10）________________

5）________________ 11）________________

6）________________ 12）________________

3．观察实物平行轴式齿轮变速系统的结构及讲述 1、2、3、4 挡的输出过程：

1 挡：输入轴→

2 挡：输入轴→

3 挡：输入轴→

4 挡：输入轴→

4．工作情况评价

（1）装拆规范否：

（2）能否主动参与工作现场的清洁与整理？

评价：

（3）观察实物得出数据是否正确？输入轴到输出轴的讲述过程是否正确？

评价：

（4）你对学习任务过程是否满意？与小组同学的合作是否愉快？

评价：

（5）哪些方面应该改进？

签名：________ ____年___月___日

二、小组评价：

序号	项　目	评　价
1	与他人交流是否顺畅	
2	是否尊重他人	
3	学习主动否	
4	服从安排否	
5	着装是否符合标准	
6	能否领会他人提出的问题	
7	操作是否规范	
8	能辨别工作环境安全否	
9	合理使用工具否	
10	是否注意保持学习环境的整洁	
11	遵守学习场所规章制度否	
12	是否有工作责任心	
13	迟到早退否	
14	能否接受改进意见	
15	团队精神如何	

参评同学签名：________________________　　　______年____月____日

三、教师评价

教师总体评价：

教师签名：__________　　　______年_____月____日

课题四　液压控制系统

请同学们仔细观察液压控制系统，并完成以下任务：

一、自我评价

1．根据下图完成表格任务

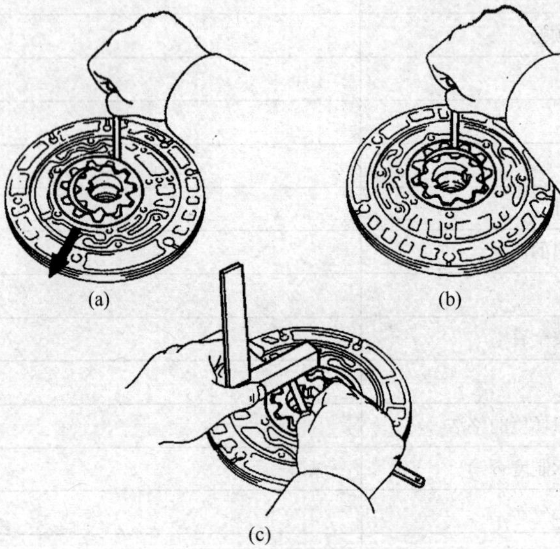

(a) (b) (c)

检查驱动齿轮与从动齿轮的侧隙（mm）	
标准侧隙	0.02～0.05
最大侧隙	0.1
实际测量的侧隙	

检查从动齿轮与泵体的间隙（mm）	
标准间隙	0.07～0.15
最大间隙	0.3
实际测量的间隙	

2．观察实物找出液压控制系统的组成和功能

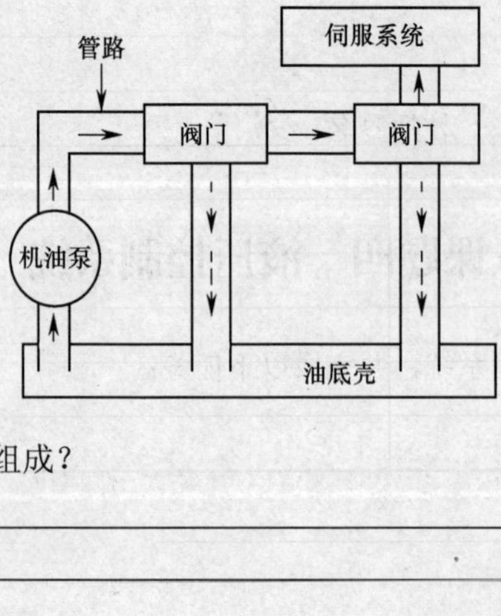

液压控制系统一般由什么组成？

机油泵作用

____

____

控制阀门作用

____

____

3．工作情况评价

（1）测量规范否：______________________________

（2）能否主动参与工作现场的清洁与整理？

评价：______________________________

（3）整个液压控制系统实物观察过程中，你能否准确找到组成系统实物的各部件及说出其作用？

评价：______________________________

（4）你对学习任务过程是否满意？与小组同学的合作是否愉快？

评价：______________________________

（5）哪些方面应该改进？

签名：____________ ______年____月____日

二、小组评价

序号	项　目	评　价
1	与他人交流是否顺畅	
2	是否尊重他人	
3	学习主动否	
4	服从安排否	
5	着装是否符合标准	
6	能否领会他人提出的问题	
7	操作是否规范	
8	能辨别工作环境安全否	
9	合理使用工具否	
10	是否注意保持学习环境的整洁	
11	遵守学习场所规章制度否	
12	是否有工作责任心	
13	迟到早退否	
14	能否接受改进意见	
15	团队精神如何	

参评同学签名：____________________ ______年____月____日

三、教师评价

教师总体评价：

教师签名：____________　　______年_____月____日

课题五　电子控制系统

请同学们仔细观察各种电子控制系统，并完成以下任务：

一、自我评价

1．按照下列检测方法完成实操：

（1）拔去节气门位置传感器的线束插头。

（2）用万用表在节气门位置传感器接线插座上测量怠速开关的导通情况（图 6-1）。当节气门全闭时，怠速开关应导通；当节气门开启时，怠速开关应不导通。否则，应调整或更换节气门位置传感器。

(a) 节气门打开时测量

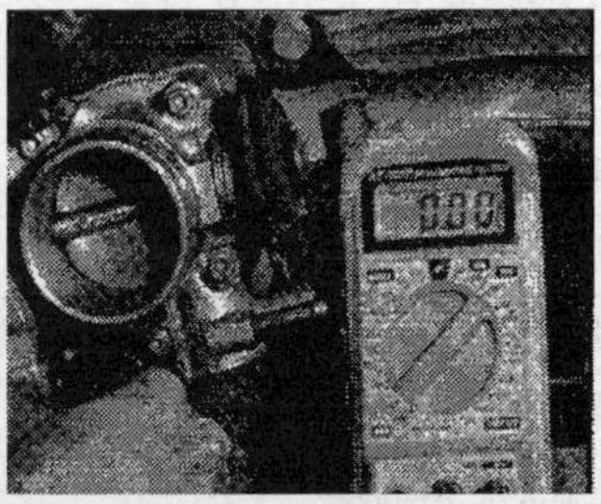
(b) 节气门关闭时测量

图 5-1　测量怠速开关

（3）用万用表测量节气门位置传感器中线性电位计的电阻（图 5-2 中 E2 和 VTA 之间的电阻）。该电阻应能随节气门开度的增大而呈线性增大。

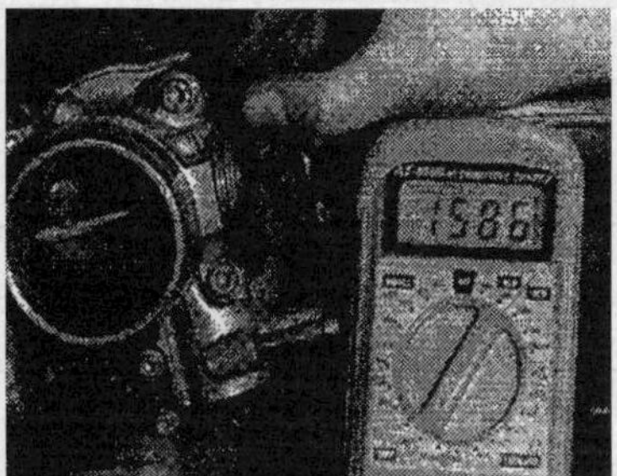

图 5-2　测量节气门电位计

（4）将测量结果与表 1 进行比较。如有不符，应调整或更换节气门位置传感器。

表 1　凌志 LS400 轿车节气门位置传感器的检测标准

测量端	节气门开度或节气门摇臂与限位钉之间的间隙（mm）	电阻(kΩ)
IDL-E	≤0.40	0
	≥0.65	∞
VAT-E	全闭	0.34～6.3
	全开	2.4～11.2
VC-E	任意开度	3.1～7.2

2．正确找出车速传感器、输入轴转速传感器、液压油温度传感器的位置，并且对它们一一的进行检测

3．工作情况评价

（1）检测规范否：

（2）能否主动参与工作现场的清洁与整理？

评价：________________

（3）各项电子控制系统实物观察过程中，你能否准确找到实物的位置及检测出它们的好坏？

评价：

（4）你对学习任务过程是否满意？与小组同学的合作是否愉快？

评价：________________

（5）哪些方面应该改进？

签名：__________　______年____月____日

二、小组评价

序号	项　目	评　价
1	与他人交流是否顺畅	
2	是否尊重他人	
3	学习主动否	
4	服从安排否	
5	着装是否符合标准	
6	能否领会他人提出的问题	
7	操作是否规范	
8	能辨别工作环境安全否	
9	合理使用工具否	
10	是否注意保持学习环境的整洁	
11	遵守学习场所规章制度否	
12	是否有工作责任心	
13	迟到早退否	
14	能否接受改进意见	
15	团队精神如何	

参评同学签名：________________　______年____月____日

三、教师评价

教师总体评价：

教师签名：__________ ______年_____月_____日

课题六　自动变速器的使用、维护、和测试

请同学们利用车间工具检测，并完成以下检测项目：

一、自我评价

序号	检测项目：	检测结果：	老师评估：
1.	发动机怠速的检查		
2.	液压油品质和油面高度的检查		
3.	自动变速器液压油的更换		
4.	节气门拉索的调整		
5.	升挡检查		
6.	升挡车速的检查		
7.	升挡时发动机转速的检查		
8.	锁止离合器工作状况的检查		
9.	换挡质量的检查		
11.	发动机制动作用的检查		
12.	强制降挡功能的检查		
13.	调速器油压的测试		
14.	主油路油压测试		
15.	油压电磁阀工作的测试		

工作情况评价

（1）检测规范否：

（2）能否主动参与工作现场的清洁与整理？

评价：______________________________

（3）使用检测工具能否准确？检测的步骤是否正确？检测的结果是否标准？

评价：______________________________

（4）你对学习任务过程是否满意？与小组同学的合作是否愉快？

评价：____

（5）哪些方面应该改进？

签名：__________ ________年____月___日

二、小组评价

序号	项　　目	评　　价
1	与他人交流是否顺畅	
2	是否尊重他人	
3	学习主动否	
4	服从安排否	
5	着装是否符合标准	
6	能否领会他人提出的问题	
7	操作是否规范	
8	能辨别工作环境安全否	
9	合理使用工具否	
10	是否注意保持学习环境的整洁	
11	遵守学习场所规章制度否	
12	是否有工作责任心	
13	迟到早退否	
14	能否接受改进意见	
15	团队精神如何	

参评同学签名：______________________ ______年____月___日

三、教师评价

教师总体评价：

教师签名：__________ ______年_____月___日

课题七　读取和消除自动变速器故障码

请同学们认真的观察车间实物，并完成以下任务：

一、自我评价

1. 观察 ECU 连接端子，正确的找出各端子的位置

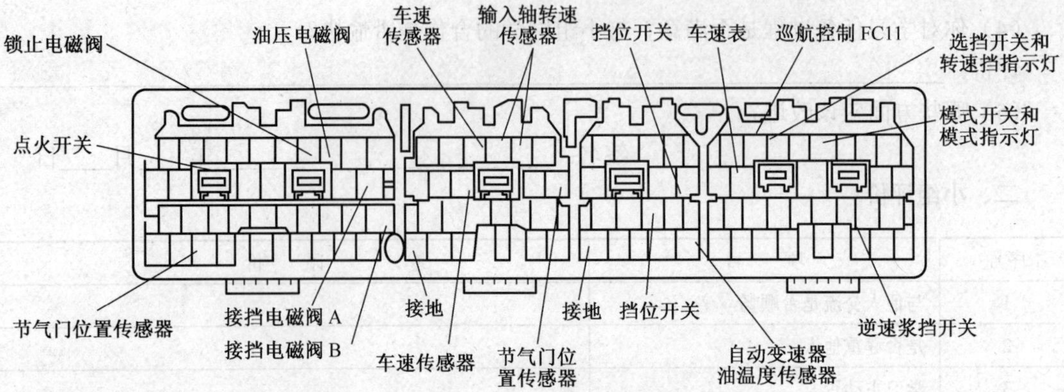

图 7-1　ECU 的连接端子

2．利用汽车电脑检测仪检测汽车的故障并清除障碍

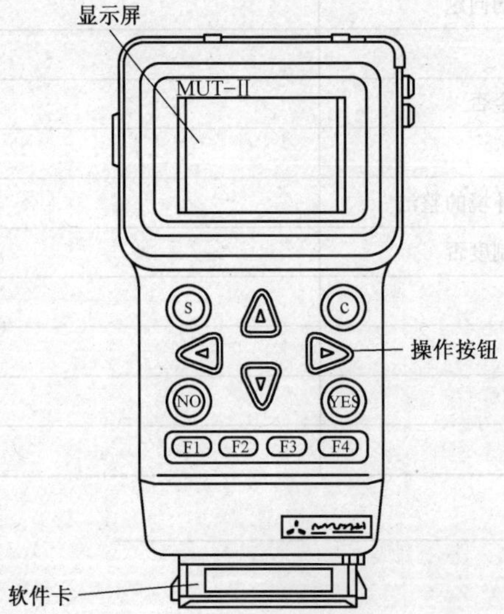

1—显示屏；2—操作按钮；3—软件卡插头

图 7-2　汽车电脑检测仪

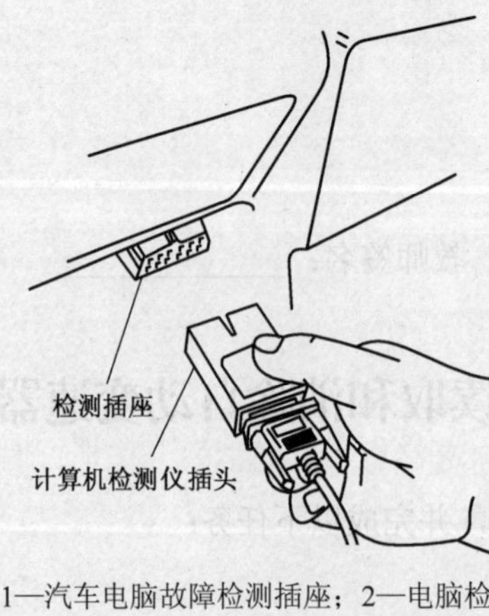

1—汽车电脑故障检测插座；2—电脑检测仪

图 7-3　汽车电脑故障检测插座

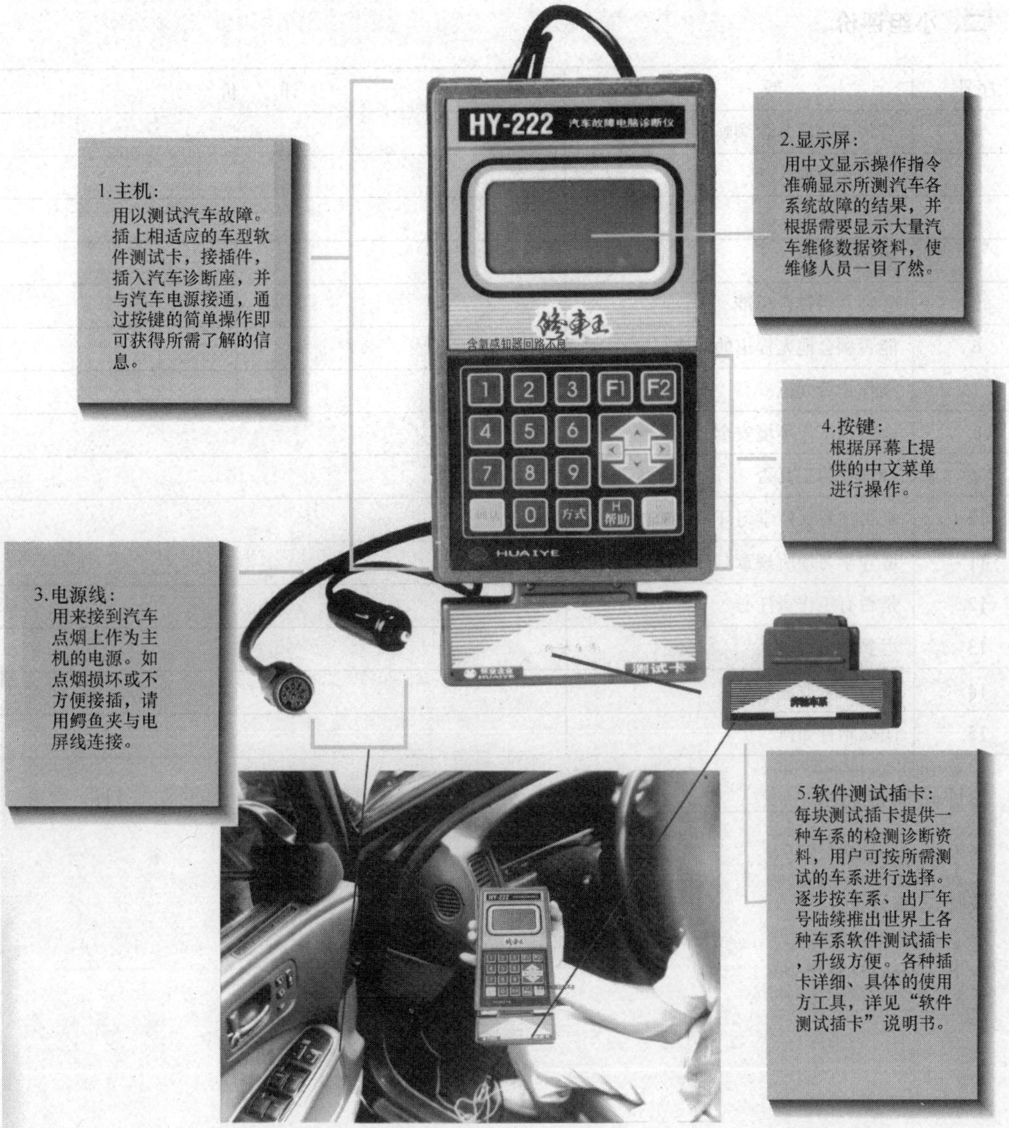

图 7-4 通用的汽车电脑检测仪

3．工作情况评价

（1）检测规范否：________

（2）能否主动参与工作现场的清洁与整理？

评价：________

（3）使用检测工具能否准确？检测的步骤是否正确？故障是否能清除？

评价：________

（4）你对学习任务过程是否满意？与小组同学的合作是否愉快？

评价：________

（5）哪些方面应该改进？

签名：________ ____年____月____日

二、小组评价

序号	项目	评价
1	与他人交流是否顺畅	
2	是否尊重他人	
3	学习主动否	
4	服从安排否	
5	着装是否符合标准	
6	能否领会他人提出的问题	
7	操作是否规范	
8	能辨别工作环境安全否	
9	合理使用工具否	
10	是否注意保持学习环境的整洁	
11	遵守学习场所规章制度否	
12	是否有工作责任心	
13	迟到早退否	
14	能否接受改进意见	
15	团队精神如何	

参评同学签名：________________________　　______年____月____日

三、教师评价

教师总体评价：

教师签名：__________　　______年_____月____日

课题八　自动变速器的拆装与故障维修

请同学们仔细观察自动变速器，并完成以下任务：

一、自我评价

1．自动变速器的拆卸必须按照正确的步骤进行，以避免损坏自动变速器。按下列步骤进行拆卸（图 8-1），填写划线部分。

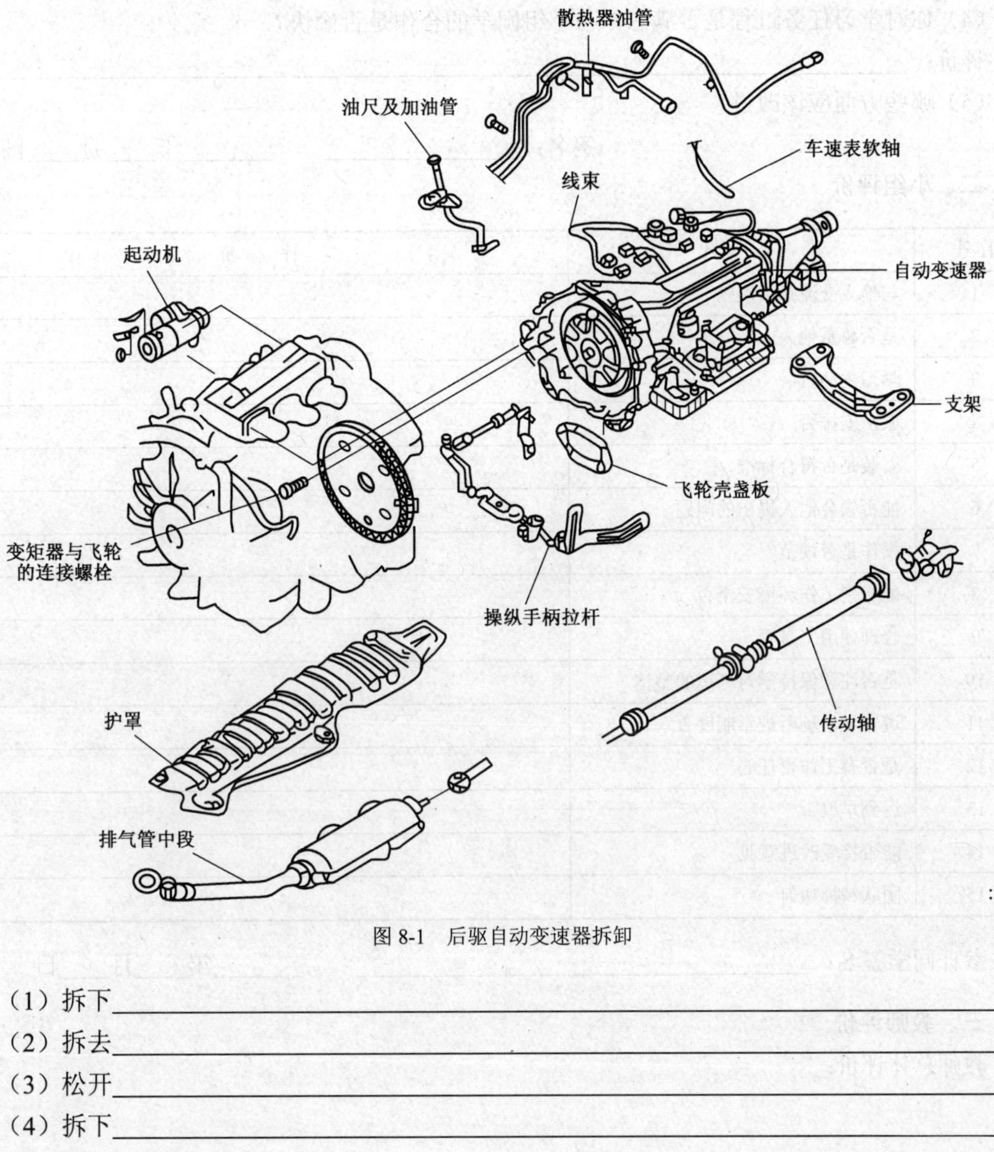

图 8-1　后驱自动变速器拆卸

（1）拆下________

（2）拆去________

（3）松开________

（4）拆下________

（5）拆下________

（6）拆下________

（7）拆下________

注：在拆卸前驱动自动变速器时，应先拆除变速器上方的有关部件，如蓄电池、空气滤清器、进气管等，同时还应拆去左右前轮和半轴。

2．工作情况评价

（1）着装规范否：________

（2）能否主动参与工作现场的清洁与整理？

评价：________

（3）整个自动变速器拆卸过程中，你能否准确有序的找到变速器的各个拆卸部件？

评价：________

（4）你对学习任务过程是否满意？与小组同学的合作是否愉快？

评价：____

（5）哪些方面应该改进？

签名：____________　______年____月____日

二、小组评价

序号	项　目	评　价
1	与他人交流是否顺畅	
2	是否尊重他人	
3	学习主动否	
4	服从安排否	
5	着装是否符合标准	
6	能否领会他人提出的问题	
7	操作是否规范	
8	能辨别工作环境安全否	
9	合理使用工具否	
10	是否注意保持学习环境的整洁	
11	遵守学习场所规章制度否	
12	是否有工作责任心	
13	迟到早退否	
14	能否接受改进意见	
15	团队精神如何	

参评同学签名：________________________　______年____月____日

三、教师评价

教师总体评价：

教师签名：____________　______年____月____日

参考文献

1. 张朝山. 自动变速器原理与检修［M］. 北京：电子工业出版社，2006.
2. 黄林彬. 自动变速器检修指导［M］. 北京：机械工业出版社，2006.
3. 罗新闻. 汽车自动变速器结构原理彩色图解［M］. 北京：机械工业出版社，2008.
4. 朱会田，等. 汽车电控与新型装置维修技术［M］. 北京：金盾出版社，2010.
5. 王惜慧，等. 汽车自动变速器原理与检修［M］. 广州：华南理工大学出版社，2007.